U0719970

博物馆的力量

小学博物馆研学课程的实践研究

唐隽菁名师工作室　编

南京出版传媒集团
南京出版社

图书在版编目（CIP）数据

博物馆的力量：小学博物馆研学课程的实践研究 /
唐隽菁名师工作室编. -- 南京：南京出版社, 2022.12
ISBN 978-7-5533-4047-0

Ⅰ.①博… Ⅱ.①唐… Ⅲ.①博物馆 – 小学教育 – 教学研究 Ⅳ.①G269.23②G629.2

中国国家版本馆CIP数据核字（2023）第013192号

书　　名	博物馆的力量：小学博物馆研学课程的实践研究
编　　者	唐隽菁名师工作室
出版发行	南京出版传媒集团
	南　京　出　版　社
社　　址	南京市玄武区太平门街53号
邮　　编	210016
联系电话	025-83283873、83283864（营销）　025-83112257（编务）
策划统筹	鲍咏梅
责任编辑	鲍咏梅　周　莉
装帧设计	赵海玥
责任印制	杨福彬
排　　版	南京新华丰制版有限公司
印　　刷	南京斯马特数码印务有限公司
开　　本	787 毫米 × 1092 毫米　1/16
印　　张	20
字　　数	346千
版　　次	2022年12月第1版
印　　次	2023年4月第1次印刷
书　　号	ISBN 978-7-5533-4047-0
定　　价	99.00元

编委会

让博物馆进课堂

（代序1）

南京是一座历史文化名城，素有"六朝古都""十朝都会"之称。六朝始于222年东吴建国，终于589年隋灭陈朝，包括东吴、东晋、宋、齐、梁、陈六个朝代，六个朝代都建都于南京，南京故称为"六朝古都"。但南京不仅仅是这六个王朝的首都，六朝之后，杨吴、南唐、南宋、明、南明、太平天国、中华民国临时政府都建都于南京，故南京又称为"十朝都会"，准确地说，先后有十三个朝代建都于南京。

正因为南京有着悠久的文明、丰富的历史文化资源，所以，今日南京有南京博物院、南京市博物馆、太平天国历史博物馆、中国近代史博物馆、中国南京云锦博物馆、中国科举博物馆等72家博物馆。作为"六朝古都"，"六朝博物馆"是中国展示六朝文物最全面的遗址博物馆，是最能代表"六朝古都"风貌的博物馆。

博物馆是一种历史的记忆，是一种历史的展现，它告诉我们人类的过去，但博物馆不能只活在"历史"中，不能只有"展示"的功能。2007年，第21届国际博物馆协会代表大会提出博物馆的三大功能，即教育、研究和欣赏，教育功能摆在第一位。习近平总书记指出，"搞历史博物展览，为的是见证历史、以史鉴今、启迪后人"，要"让更多文物和文化遗产活起来"，发挥教育功能。2020年，教育部、国家文物局联合发布《关于利用博物馆资源开展中小学教育教学的意见》，要求"各地文物部门和博物馆要会同教育部门和学校，结合中小学生认知规律和学校教育教学需要，充分挖掘博物馆资源，研究开发自然类、历史类、科技类等系列活动课程，丰富学生知识，拓展学生视野。中小学语文、历史、地理、思想政治、美术、科学、物理、化学、生物等学科教学和综合实践活动，要有机融入博物馆教育内容"。

博物馆是一个百宝箱、一部立体的百科全书，蕴含着一个朝代国家的政治、经济、文化、风俗，承载着一个民族的灿烂文明。博物馆教育是一种综合性教育，既有历史知识，也有政治、经济、文化和科技知识；既有对知识的学习，也有对民族的情感和文化的自信。博物馆不仅以实物为载体，注重实物静态展示，而且强调亲身参与和互动体验，增强学习的趣味性、互动性和体验性。因此，博物馆学习越来越受到青少年学生的喜欢，尤其是在实施"双减"政策之后，博物馆教育纳入中小学课后服务之中，各种博物馆教育作为校外教育的主要内容，对于丰富学生的学习生活，增长知识见识，引领学生传承中华优秀传统文化，坚定文化自信，发挥着重要作用。

认识到博物馆的教育功能，这是第一步，但如何利用博物馆进行教育，无论对于世界，还是对于中国，都是一个新的课题，需要我们积极探索。南京有着丰富的博物馆资源，南京人民是幸福的，南京孩子也是幸福的，因为他们可以享受，甚至是免费享受丰富的博物馆资源。利用博物馆资源，关键是要让这些资源走出博物馆，走进百姓生活，走进中小学课堂。南京市小学道德与法治唐隽菁名师工作室与南京六朝博物馆携手，联合开发"六朝风物激爱国情，文化自信立强国志"博物馆研学课程。3年来，他们每月坚持在六朝博物馆开展"六朝风物"公益项目，开发了博物馆课程，把博物馆课程引进课堂，创造了博物馆课程新的教学范式。

唐隽菁老师领导的团队，在博物馆教育方面做了很多有益的探索，这些探索很多具有开创性意义。第一，他们把小学道德与法治课程和博物馆学习联系起来，第一次开发了"六朝风物"研学课程，使道德与法治课程中历史主题的教学"活起来"，更加生动，更加生活化，更容易为中小学生理解，激发他们的爱国情感、民族自豪感和民族文化自信。第二，提出了4S博物馆学习流程。"4S"取"生活、深度、实践、思索"每个环节关键词的拼音首字母，活动流程以螺旋轮的模型，阐释学生通过"生活链接、深度参观、实践探究、思索总结"四个步骤，完成博物馆学习的原理。第三，借鉴美国学者的认知学徒制，提出了"示范、辅导、脚手架、表达、反思、探索"的教学方法，教师注重"探究、示范、辅导、搭/拆脚手架、清晰表达、反思"，学生注重"探究、观察、讨论、协作、阐释、反思/修正"，从而共同解决复杂问题。这本《博物馆的力量：小学博物馆研学课程的实践研究》就是唐隽菁老师带领的团队在博物馆课程的开发、馆校合作、博物馆课程教学等方面的记录，也是他们成长的见证。

通过这本书，我看到的不只是对博物馆课程和教学的探索，还有唐隽菁老师带领的这个团队。这个团队可以用三个"爱"来描述：一是爱学习。名师工作室不是行政组织，但他们会经常聚在一起，读书、学习、研讨，他们参加博物馆举办的学术讲座，参加道德与法治课程的各种讲座、各种培训，并把学习的成果及时通过微信公众号推送出来。二是爱研究。博物馆教育是一个新课题，教育部2020年才发文布置，但唐老师的团队之前已经开始了研究。他们作为道德与法治的学科教师，最初是把博物馆内容有机融合到道德与法治课程中的，今天他们开始探索"六朝风物"博物馆课程。他们探索课程开发，也在自己的学校、自己的班级开展教学实践，首创4S博物馆学习流程，他们走在博物馆教育的前列。三是有爱心。这个团队不仅是课程研发者，还是"六朝博物馆"的志愿者，他们作为志愿者一直在六朝博物馆开展"六朝风物"公益活动，默默地奉献着爱心。看到这本书，我不仅看到了一群道德与法治课程的教师在博物馆课程上的探索，更看到了一群道德与法治教师人格上的魅力。

祝贺唐隽菁名师工作室的老师们，祝贺《博物馆的力量：小学博物馆研学课程的实践研究》出版！虽然这本书中的探讨还是初步的，但它蕴含着无限生机。希望"六朝风物"博物馆课程在唐隽菁老师的团队的持续努力下，做得更好，成为南京中小学博物馆课程的一个品牌。

冯建军

（作者系教育部长江学者特聘教授，教育部人文社会科学重点研究基地南京师范大学道德教育研究所所长，国家教材委大中小学德育一体化专家委员会委员，教育部基础教育教学指导委员会德育工作专委会委员，义务教育道德与法治课程标准修订组核心成员）

走向美好的未来

（代序2）

博物馆是文化教育机构，它的职能是收藏、研究、展示和宣传。近年来，党和国家高度重视发挥博物馆青少年教育功能，出台了一系列政策措施，推动中小学生利用博物馆资源开展学习，促进博物馆与学校教学、综合实践有机结合，取得显著成效，为提高青少年思想道德素质和科学文化素质发挥了重要作用。2022年，文化和旅游部办公厅、教育部办公厅、国家文物局办公室联合发布的《关于利用文化和旅游资源、文物资源提升青少年精神素养的通知》中特别强调：要进一步整合文化和旅游资源、文物资源，培育广大青少年艰苦奋斗、奋发向上、顽强拼搏的意志品质，丰富青少年文化生活，提升青少年精神素养。

本书为南京市小学道德与法治唐隽菁名师工作室近年来探索馆校合作博物馆研学活动的开发与实施成果。我认识唐隽菁老师应该有十几年了，虽说我们教的是不同学段，但每每遇见总是被她的学习力、研究力、行动力所折服。作为南京市名师工作室这样一个骨干教师团队的领衔人，唐老师带领工作室的成员以群体的姿态，研教、研学、研究，共同学习理论、研究理论，进而探索将优质的博物馆资源与学校教育相结合。活动目标、主题都是由全体成员讨论"海选"确立，在共同备课、协商上课的共建中，研发了一系列博物馆学习活动。以博物馆为载体，推动工作室成员主动研究，体现了名师工作室的集群发展。

"文物是怎么命名的？古代建筑如何防水？六朝菜单上都有啥？车辙为什么这么深？动物小品妙趣何在？六朝的信封什么样？六朝人是谁的粉丝？为何不可出国

出境？这碗为什么倒扣着？……"这些选题既围绕六朝博物馆的重要文物展开，具有典型性，同时还符合儿童认知，接地气。而在博物馆展开学习活动，让学习场域升维，博物馆也成为学校，成为教室。研究团队在实践中创新教法，注重教学情境真实性、教学过程生成性、学习共同体建设性、教学序列循序渐进性。在不断地探索中，研究团队不仅注重优化课程内容，而且注重形式上的可复制可推广。如教学流程，从1.0版，到2.0版，再到3.0版，并总结为4S模式：生活、深度、实践、思索。每节博物馆课从生活链接开始，教师带领孩子们深度参观，进行实践探究，思索总结。目前他们的博物馆研学活动已经走向学校，进入课堂，让更多的学生享受到优质的学习资源，丰富了知识，拓展了视野。这种模式也便于博物馆资源相对薄弱的学校有效利用博物馆学习。

义务教育的根本任务是立德树人，唐老师的团队以"六朝风物激爱国情，文化自信立强国志"为目标，立德为先，强化了课程的育人功能。与唐老师交流时，她说团队的愿景是：让资源"合"起来；让文物"活"起来；让手脑"动"起来。在唐老师的研究团队中，所有成员既是学校老师，又是博物馆志愿者。他们参加博物馆志愿者的专业学习与培训，更加深入地了解文物的内涵与故事；他们合作研发并实施的"六朝风物"课程，创新了博物馆学习方式，受到观众们的欢迎，每每一上线就被秒抢。更难能可贵的是：参加博物馆研学活动的学生，他们不仅了解了文物背后的知识，感受到中华优秀传统文化，很多孩子还成为六朝博物馆的志愿者——"小青莲"，担任起义务讲解的工作，守护国宝文物，传承家乡千年文脉。

从唐老师领衔的小学博物馆研学课程实践研究，我看到了师生成长的样态：走向美好的未来！

陈 红

（作者系南京市宁海中学历史老师，江苏省高中历史特级教师、教授级教师，南京市高中历史陈红名师工作室主持人）

让孩子爱上博物馆

（代序3）

博物馆是什么？孩子们都很熟悉的海伦·凯勒在《假如给我三天光明》中写道："我想看人类进程的展示，时代的万花筒。这么多的东西怎么能压缩在一天之内看完呢？当然，通过博物馆。"在博物馆，我们可以一眼千年，一眼万年。可以说，一个博物馆就是一所大学校，而教育则是博物馆的重要职能之一。

在很多人眼中，博物馆是一座高高在上的"文化殿堂"。其实并不然，如今的博物馆早已变成了服务公众的公共文化机构。也早已走下"殿堂"，走进"象牙塔"，与"课堂"手牵手，为培养德智体美劳全面发展的社会主义建设者和接班人做贡献。2020年，教育部、国家文物局联合印发的《关于利用博物馆资源开展中小学教育教学的意见》明确指出，进一步健全博物馆与中小学校合作机制，促进博物馆资源融入教育体系，提升中小学生利用博物馆学习效果。

六朝博物馆是目前国内展示六朝文物最全面的遗址博物馆，也是反映六朝历史文化最系统的专题博物馆。2020年3月，听闻江苏省小学品德特级教师唐隽菁申报参加我们馆志愿者"六朝青"的考核，我就向她抛出了"橄榄枝"：能不能合作开发博物馆研学课程？我们俩一拍即合，经过紧锣密鼓的筹划、打磨，9月，六朝馆与唐隽菁名师工作室合作，面向社会联合开发实施"六朝风物"主题公益博物馆课程。课程以馆藏文物为切入点，通过道德与法治视角下的研究性学习，带领学生汲取优秀传统文化的思想精华，培养他们的家国情怀。双方合作至今，已开展相关主题课程数十次，数十所学校的近百名学生参与其中。2022年2月，唐老师进一步让这一课程在班级中落了地。

在近几年的合作中，老师们从课程实践到理论思考，博物馆资源点亮了他们的心灵，丰富了学校的教育。三年磨一剑，将我们的经验结集成书，希望对其他学校和博物馆有借鉴意义。相信馆校双方齐心协力，"殿堂"与"课堂"，一定会零距离。

行笔至此，是为序。

李　舟

戊寅年夏于六朝博物馆

（作者系南京市六朝博物馆公共服务部主任，长期在博物馆一线从事宣传教育及公共服务工作。曾获南京市首批百名优秀文化人才、南京市优秀共产党员等荣誉称号）

目　录

理 论 篇

小学博物馆研学课程的研究背景　/2

研 究 篇

当下博物馆教育中"馆校合作"的反思与展望　/24

文化自信：爱国主义主题博物馆研学活动的价值意蕴与实践路径

　　——以"六朝风物"博物馆研学活动为例　/30

馆校合作：小学博物馆研学活动的实施策略　/39

从教材看馆校合作的现实基础　/48

博物馆研学活动开发例谈

　　——"六朝风物"研学实践思考　/52

用儿童喜欢的方式打开博物馆学习

　　——以"车辙为什么这么深"为例　/58

浅探研究性学习对博物馆研学活动的有效促进

　　——以"为何不可出国出境"为例　/64

博物馆研学课程"有效问题"设计的策略探究

　　——以"动物小品妙趣何在"为例　/70

博物馆研学课程：讲述祖先的故事，彰显中华文化自信　/75

小学实施"六朝风物"博物馆研学课程现状调查与分析

　　——以南京市 X 区 S 小学六年级 3 班学生为例　/78

学 习 篇

穿越千年时空　对话六朝风流
　　——玄武区道德与法治唐隽菁名师工作室暑期课程开发和学习活动　/96
以热爱家乡为核心，促核心价值观落地
　　——玄武区道德与法治唐隽菁名师工作室暑期课程开发和学习活动　/98
共议活动名称　共定活动特质
　　——玄武区道德与法治唐隽菁名师工作室暑期课程开发和学习活动　/99
美丽服饰　相约六朝
　　——玄武区小学道德与法治唐隽菁名师工作室参加六朝博物馆晚间活动　/101
玄武区道德与法治唐隽菁名师工作室成员聆听六朝博物馆馆长胡阿祥教授
线上讲座　/102
秋染姑苏城，在这里遇见历史
　　——玄武区道德与法治唐隽菁名师工作室成员赴苏州学习侧记　/107
弘扬传统文化　促生德育成长
　　——《中小学德育》杂志毛伟娜主任莅临玄武区小学道德与法治唐隽菁名师工作室
　　　　指导　/108
玄武区小学道德与法治唐隽菁名师工作室成员参加六朝博物馆志愿者培训活动　/109
汇聚改变的力量
　　——参加南京市名师工作室高级研修班第一阶段培训有感　/110
工作室成员应邀参加"宋韵——士大夫的精神世界"特展种子教师培训　/116
工作室成员聆听南京博物院研究馆员、江苏省考古研究所副所长陈刚线上讲座　/118
工作室成员旁听南京博物院研究馆员、江苏省考古研究所副所长陈刚线上讲座　/120
工作室成员旁听文博博物馆学论坛"对话博物馆的力量"　/122
工作室成员参加六朝博物馆 2022 年全体志愿者春季业务培训　/124
工作室成员作为志愿者参加南京博物院考古启蒙夏令营　/127
唐隽菁名师工作室馆校合作项目组成员线上收看南京博物院名誉院长龚良教授
公益讲座　/129
南京市小学道德与法治唐隽菁名师工作室参与主办"南北携手研究馆校合作
共同弘扬优秀传统文化"线上论坛　/131

课 程 篇

写在课程开发之前 /134

"六朝风物激爱国情，文化自信立强国志"课程纲要（讨论稿） /137

课程1：文物是怎么命名的？ /148

课程2：古代建筑如何防水？ /152

课程3：六朝菜单上都有啥？ /157

课程4：车辙为什么这么深？ /165

课程5：六朝的信封什么样？ /170

课程6：这碗为什么倒扣着？ /175

课程7：动物小品妙趣何在？ /180

课程8：六朝人是谁的粉丝？ /185

课程9：为何不可出国出境？ /192

感 悟 篇

～ 教师 ～

志愿服务，更幸福 /198

亲历一次"共同成长"的活动体验 /202

爱上一件文物，踏出"传承"第一步 /204

寻访金陵文脉，悠悠文韵润心田 /206

博物馆研学活动，不一样 /208

博物馆新体验 /210

三重时空的交叠 /211

志愿服务也是一所学校 /213

传"六朝"昔日繁华，扬"古都"今朝新貌 /216

我是博物馆的力量 /217

～ 学生 ～

毕业季，最美好的回忆 /219

拼"砖画" /220

难忘的拼搭砖画课　/221

感谢老师们　/223

与众不同的德法课　/224

我也想成为小青莲　/226

爱上六朝博物馆，爱上南京城　/227

小青莲——我热爱的新身份　/229

文物守护，薪火相传　/231

报 道 篇

党员冬训　南京市锁金新村第一小学：党员先锋在行动，彰显冬训"历史魅力"　/234

南京市锁金新村第一小学和六朝博物馆联合开展"小青莲"六一展演活动　/237

南京市锁金新村第一小学开展"六朝风物激爱国情　文化自信立强国志"主题
研学活动　/239

传承家乡文脉　厚植爱国情怀　/241

"六朝风物"博物馆课程进班级活动正式启动　/245

馆校合作研学课程实验班开展"博物馆里过端午"主题活动　/249

江苏100名乡村优秀青年教师接受奖励培训　/251

六朝博物馆确定首批实验班级　探索馆校合作新路径　/253

古人也爱玩"拼图"！六朝博物馆馆藏文物砖画竟是这样拼搭的……　/256

"六朝风物"有多神秘？党员教师志愿者为孩子们来解密　/258

六朝菜单上都有啥？南京这位小学老师为同学们来揭秘　/259

古代建筑如何防水？东台一小学动手实操去体验　/260

暑假里，六朝博物馆来了小学生讲解员　/262

六朝的"镇馆之宝"有了群南京"小青莲"守护者！　/264

牵手六朝博物馆，南京学生开辟校外新课堂　/266

博物馆是另一个课堂！南京多家学校"牵手"六朝博物馆　/268

馆校合作：博物馆课程开发与实践工作坊暨2021冬季南京博物院种子教师
线下培训　/270

我叫"六朝青"（团队篇）六朝风物激爱国情　文化自信立强国志　/274

六一节，"小青莲"母校展演 /280

馆校合作：共建创新，我们一直在路上   /282

馆校合作：六朝风物
　　　——博物馆与学校教育的"双向奔赴"   /287

2020-2021 服务年度六朝青志愿服务社"云年会"   /290

从一个人到一群人　从志愿者到研发者
　　　——"六朝风物"志愿服务团队开展馆校合作博物馆研学课程之回顾（代后记）   /292

理论篇

小学博物馆研学课程的研究背景

一、核心概念界定

（一）核心素养

"核心素养"一词最早出现在西方一些组织和国家。各个研究团体和专家对于"核心素养"的概念界定各抒己见。联合国教科文组织将核心素养指向终身学习，并提出"学会求知、学会做事、学会共处、学会发展、学会改变"五大支柱。经合组织认为，核心素养使个人拥有良好的、成功的生活。这种成功的生活表现为与他人具有亲密的关系，理解自我和自身所处的世界，与自身的生理和社会环境自主互动，拥有成就感和愉悦感。欧盟将核心素养定义为一个人要在知识社会中自我实现、社会融入以及就业所需要的素养，其中包括知识、技能与态度。美国认为，核心素养主要指所有学生或工作者都必须具备的能力，其发展目的在于培养具有21世纪工作技能及核心竞争能力的人；苏格兰提出的核心技能是指为了全面成为一个活跃与负责的社会成员所必须具有的广泛的、可迁移的技能；澳大利亚的核心素养是指有效参与发展中的工作形态与工作组织所必要的能力，其所强调的并非某个学科或某一职业领域所具有的知识和技能，而是学生终身发展所需要的能力，是一般性的。虽然说法各不相同，但各国、各个国际组织都认为，核心素养是一种综合或整体性素质，是人们适应现在生活及面对未来挑战所应具备的知识、能力、态度。

2012年，中国共产党第十八次全国代表大会提出的"立德树人"的教育目标引领了我国"核心素养"的方向。

2013年5月16日，针对中国核心素养的"我国基础教育和高等教育阶段学生核心素养总体框架研究"重大项目正式启动，表明我国核心素养的研究正式揭开了帷幕。

2014年4月，教育部颁布的《关于全面深化课程改革落实立德树人根本任务的意见》中指出："研究提出各学段学生发展核心素养体系，明确学生应具备的适应终身发展和社会发展需要的必备品格和关键能力"，并将"学生发展核心素养体系"的研制与构建作为推进课程改革深化发展的关键环节。该文件的颁布为"核心素养"理论的深入研究和实践开展指明了方向。

2016年9月13日，北京师范大学林崇德教授以课题组成果的方式发布了《中国学生发展核心素养》的总体框架构成，即中国学生发展核心素养，以"全面发展的人"为核心，包括文化基础（人文底蕴、科学精神）、自主发展（学会学习、健康生活）、社会参与（责任担当、实践创新）3个方面6大素养，具体细化为国家认同等18个基本要点。6大核心素养既涵盖了学生适应终身发展和社会发展所需的品格与能力，又体现了核心素养"最关键、最必要"这一重要特征。6大素养之间相互联系、相互补充、相互促进，在不同情境中整体发挥作用。需要特别强调的是，每种素养既具有品格属性，又具有能力特征。

2018年1月，教育部印发了新版普通高中课程方案和课程标准，各学科首次凝练提出本学科的核心素养。普通高中思想政治课程标准修订组组长韩震教授指出：长期以来，宏观育人目标是明确的，但是中观的学科育人目标比较笼统，造成了在微观的教学目标中只关注知识学习，容易形成知识学习与学科育人功能的割裂，导致宏观育人目标、中观学科育人目标和微观课堂教学目标有机联系不够。针对这一现象，教育部研究将中国学生发展核心素养转化为学科育人目标，即学科核心素养。因此，基于核心素养的高中培养目标就是进一步提升学生综合素质，着力发展学生核心素养，使学生具有理性信念和社会责任感，具有科学文化素养和终身学习能力，具有自主发展能力和沟通合作能力。

2022年4月21日，教育部印发了义务教育课程方案和语文等16个课程标准（2022年版）。从核心素养研究与发展历程来看，其对核心素养的要求和具体描述，与之前的中国学生发展核心素养、高中各学科核心素养等相关研究内容是一脉相承的。

新修订的义务教育课程标准以习近平新时代中国特色社会主义思想为指导，落实立德树人根本任务，强调育人为本，依据"有理想、有本领、有担当"时代新人培养要求，基于义务教育培养目标，将党的教育方针具体细化为本课程应着力培养的学生核心素养，体现正确价值观、必备品格和关键能力的培养要求。《义务教育课程方案（2022年版）》中明确指出，"聚焦核心素养，面向未来"[①]是义务教育课程必须遵循的一项基本原则，各科课程标准必须坚持素养导向，依据义务教育培养目标，凝练课程所要培养的核心素养，体现课程独特育人价值和共通性育人要求，形成清晰、有序、可评的课程目标。在教材编写、教学考试评价以及课程实施管理等各方面都应基于核心素养培养要求。

可以这样说，我国的核心素养是对素质教育思想内涵的具体阐述，使新时期素质教育目标更加清晰，内涵更加丰富，更加具有指导性和可操作性。

（二）学科核心素养

学科核心素养是以学科课程为载体，基于学科的学习而形成的关键能力、必备品格与价值观念。它是学科独特育人价值的一种集中体现，是学生发展核心素养在特定学科上的具体化。学科核心素养是在学生学习学科知识技能的过程中逐步形成的，与学科课程的目标和内容密切相关，对于理解学科内容的本质，设计学科教学，以及开展学科评价等有着重要的意义和价值。

学科核心素养关注学生终身受益的学科品质与能力，是学科基础知识、基本能力、学科思想、学习态度等的综合体现，与学科内容的特征和相关的学科思维有着密切联系，反映学科发展的、理解和解决一类学科问题的思想和能力，不同层次水平、不同学段的学生的学科核心素养也不尽相同，因此其具有持久性、综合性、学科性、关键性和阶段性等特征。

各个学科在选择本学科核心素养时，大多遵循以下3个原则：它们能够很好地体现学科课程的性质，指向学生学科方面的能力和品格；它们是知识和技能、过程与方法、情感态度价值观的整合，能够帮助学生从学科的角度认识自然和社会，适应现在和未来的生活；它们是学生应该具备的学科方面最关键、最必要的素养，而且它们是可以在学科课程学习和日常生活中得到培养和发展的。

可以这样说，学科核心素养的提出，更加明确了学科课程的育人价值和目标，

---

① 中华人民共和国教育部.义务教育课程方案（2022年版）[M].北京：北京师范大学出版社，2022.

因此成为贯穿整个课程的一条红线，它是核心素养的育人价值、学科表达和学科表现。它的提出，帮助我们回答了几个学科课程根本性的问题：本课程的学科本质是什么？它的育人价值在哪里？课程的学科特点是什么？它的育人途径在哪里？学科核心素养与学生发展核心素养之间是什么关系？

学生发展核心素养主要指学生应具备的、能够适应终身发展和社会发展需要的必备品格和关键能力。而学科核心素养是针对学生在学科学习过程中形成的、体现学科本质的、具有一般发展属性的品质与能力，它既有跨学科性，又必须通过各学科的课程教学实现。因此，学科核心素养的总和不等于学生发展核心素养，我们在进行学科的课程教学的过程中，既要关注学生的学科核心素养，又要关注学生发展核心素养。

在2022年4月新颁布的义务教育阶段16门课程标准中，有关核心素养内涵的表述上，各个学科略有不同。义务教育道德与法治、英语、俄语、日语、物理、地理、信息科技、艺术等课程将核心素养表述为："核心素养是课程育人价值的集中体现，是学生通过课程学习逐步形成的正确价值观、必备品格和关键能力。"这一表述基本沿用了普通高中课程标准对学科核心素养的界定，将"学科"调整为"课程"，体现了义务教育阶段课程与高中阶段的学科化特征的区别。数学课程直接以"核心素养构成"和"核心素养表现"分别说明学生完成数学课程的学习之后应该具有的核心素养表现特征。语文、历史同道德与法治课程相较，将"正确价值观、必备品格和关键能力"置于前，"课程育人价值"置于后。劳动课程强调了"学习和劳动实践"。由此可见，义务教育课程方案和课程标准（2022年版）的学科核心素养在坚持核心素养导向的同时，体现了各学科的特性。

（三）义务教育道德与法治核心素养

注重核心素养培育是新一轮课程改革的价值取向。

2022年4月21日发布的《义务教育道德与法治课程标准（2022年版）》，坚持核心素养导向，对培育学生的核心素养提出了具体而明确的要求，有助于深入理解道德与法治课程的育人价值，为道德与法治课程的核心素养培育提供了根据，指明了方向。

将《义务教育道德与法治课程标准（2022年版）》与中国学生发展核心素养和普通高中思想政治课程标准有关核心素养的界定进行比较，发现前者延续了"育人价值的表现"和"正确价值观、必备品格和关键能力"等核心内容，体现了大中小学思政课建设一体化，强调了核心素养培育的一致性和连贯性，同时更加突出了道德与法治课程的综合性。

《义务教育道德与法治课程标准（2022年版）》在课程目标部分，按照"总述＋分述"的形式对道德与法治课程培育核心素养提出了新要求。"总述"部分，明确回答了三个基本问题：什么是核心素养？道德与法治课程核心素养包括哪些要素？这些要素对学生成长有无价值？"道德与法治课程要培养的核心素养，主要包括政治认同、道德修养、法治观念、健全人格、责任意识。政治认同是社会主义建设者和接班人必须具备的思想前提，道德修养是立身成人之本，法治观念是行为的指引，健全人格是身心健康的体现，责任意识是担当民族复兴大任时代新人的内在要求。"

"政治认同"这一核心素养名称与普通高中思想政治学科核心素养要素"政治认同"完全一致；"法治观念"在普通高中和中等职业学校思想政治学科核心素养中均被称为"法治意识"；"责任意识"与普通高中和中等职业学校思想政治学科核心素养中的"公共参与"有相似之处；在普通高中和中等职业学校思想政治学科核心素养中并未出现"道德修养""健全人格"，但"道德修养"核心内容在普通高中和中等职业学校的课程标准中均有所涉及。

李晓东、柯楠茜认为，针对这五个核心素养基本要素，《义务教育道德与法治课程标准（2022年版）》采用"1＋3"的方式进行详细说明。"1"是要素名称，"3"是各要素的基本内涵、主要表现和育人价值。道德与法治课程对核心素养的具体要求主要体现在"3"所涉及的各部分内容中。

在课程立意上，《义务教育道德与法治课程标准（2022年版）》明确将着力培育学生核心素养确定为课程的根本方向，明确回答了道德与法治"是什么课程""如何开展和实施"以及"要达到什么目标"等问题。

在课程内容上，《义务教育道德与法治课程标准（2022年版）》以发展学生的核心素养为导向，并将这一导向作为构建道德与法治课程内容的主要根据，采用了"学段＋主题"的结构形式呈现课程内容。

在学业要求上，《义务教育道德与法治课程标准（2022年版）》在各学段的内容框架部分明确提出了学生完成本学段的学习之后应该达到的行为表现。这些内容为道德与法治课程的核心素养培育指明了发展方向和落实的路径。

在学业质量上，《义务教育道德与法治课程标准（2022年版）》明确提出"学业质量是学生在完成课程阶段性学习后的学业成就表现，反映发展学生核心素养的要求"，强调"学业质量标准是以核心素养为主要维度，结合课程内容，对学生学业成就具体表现特征的整体刻画"。

在教学实施来说，无论是教学建议、评价建议、教材编写建议，还是课程资源开发与利用、教师培训与教学研究，核心素养都是《义务教育道德与法治课程标准（2022年版）》重要的关键词和落脚点。

（四）研学课程

我们的"研学"主要结合了两个方面的概念，一个是"研学旅行"，另一个是"研究性学习"。

研学旅行是一种古老而又崭新的学习方式。广义的研学与古代的游学相似。孔子在《论语·述而》中要求学生"志于道，据于德，依于仁，游于艺"，孟子说"游于圣人之门者难为言"，这里的"游"倾向于游历、游览，目的主要是拓宽眼界，增长见识。

2013年2月，国务院办公厅印发《国民旅游休闲纲要（2013-2020年）》，第一次提及"研学旅行"。2014年8月，国务院发布的《关于促进旅游业改革发展的若干意见》指出要"积极开展研学旅行"。2015年8月，国务院办公厅颁布的《关于进一步促进旅游投资和消费的若干意见》明确提出要"把研学旅行纳入学生综合素质教育范畴"。2016年12月19日，教育部等11个部门发布了《关于推进中小学生研学旅行的意见》，《意见》强调"把研学旅行纳入学校教育教学计划，与综合实践活动课程统筹考虑"，首次提出要将研学旅行作为一门课程进行统筹考虑，对全国各地中小学研学旅行课程体系的建设、保障机制的构建以及督查评价等方面提出了原则、措施和要求。2017年12月，教育部办公厅发布的《关于公布第一批全国中小学生研学实践教育基地、营地名单的通知》，指出"各中小学校要结合当地实际，把研学实践纳入学校教育教学计划"，再次明确研学应纳入学校教育之中。

研究性学习在英语中有两种不同的表达形式，即探究性学习和基于问题的学习。两者没有实质性的区别，都以培养学生的问题意识、批判性思维和生成新知识的能力为宗旨，都要求学生在相应的问题情境中实现主体性的参与。法国在初中、高中、大学都开设了相互衔接的"研究性学习"课程。英国的研究性学习纳入了各个科目的学习和高考之中。[1]日本称研究性学习为综合学习，日本文部省将其写进了从2002年起实施的小学、初中课程方案中。新加坡及我国的台湾、香港等地都先后在中小学课程结构中增加了类似我国研究性学习的板块。

"研究性学习"一词在我国正式提出是在2000年，教育部颁布的《全日制普通高级中学课程计划（试验修订稿）》中规定：研究性学习是指学生在教师的指导下，从学习生活和社会生活中选择并确定研究专题，用类似科学研究的方式去获取知识、应用知识、解决问题的学习活动。近些年来，随着在学习理论和行为理论的指导下对探究方法的认识更为深入，探究学习、问题解决学习、项目式学习等一系列学习方法得到了学界的重视。

将两者加以整合，我们认为"研学"是由教育部门和学校有计划组织安排的，依托相应课程的，使学生通过自主参与研究性学习活动发展创新精神、实践能力等综合素养的开放性、探究性、社会性的教育活动。

我国最早在唐宋时期出现"课程"一词，宋代朱熹就曾在《朱子全书》中数次提及课程一词，如"小立课程，大作功夫""宽着其限，紧着课程"等，但是此时一般指的是学习的内容安排、进程。《中国大百科全书》中的"课程"是指课业及进程，"课"主要是指讲授、学习规定的内容和分量再予以考查，"程"主要是指学习的进展安排，一定程度上将课程限制为只在学校涉及的教学科目、进程。[2]吴杰教授认为"课程是指一定的学科有目的有计划的教学进程。这个教学进程既有量的要求，更要有质的要求。它也泛指各级各类学校学生所应学习的学科总和及其进程和安排"[3]。目前对于课程并没有统一明确的定义，但是既为课程，就必须要以教学目标为基础，对教学任务的内容进行详细的划分。

学者埃克尔斯与泰普里顿指出："研学旅行课程中的知识与技能学习必须满

---

① 崔允漷，冯生尧.普通高中课程改革：世界性的课题与经验[J].全球教育展望，2018，47(10)：29-38.

② 陈桂生."课程"辨[J].课程·教材·教法，1994(11)：1-5.

③ 吴杰.教学论——教学理论的历史发展[M].吉林：吉林教育出版社，1985：168.

足学生的需求，并且与学生的日常生活是息息相关的。"①我国研学旅行进入课程体系时间晚，祝胜华、何永生认为，与学科课程相比，研学课程更具综合性；与一般的综合实践活动课程相比，课程资源更为广泛，因此也具有更深层次的教育意义。②段玉山、袁书琪、郭锋涛和周维国发表的《研学旅行课程标准（一）》中将研学旅行定位为综合实践活动课程，将其列入中小学课程结构中，与学科课程并列设置、互为补充。③游爱娇将研学课程界定为融知识性、技能性、体验性为一体的跨学科的综合课程，课程开发是其中的核心。④

综上所述，可以看出研学课程并没有明确的定义，该词源于研学旅行，是研学旅行课程化的推进。研学课程是以培养全体学生的全面发展为目的，依据课程标准、教材、学生学情以及一定的现实因素，选择合适的研学地点，结合研学课程资源所设计的跨学科课程。它有综合性、社会性、实践性、开放性、探究性等特点。

（五）小学博物馆研学课程

2017年9月，教育部印发的《中小学德育工作指南》明确提出"要结合地方自然地理特点、民族特色、传统文化以及重大历史事件、历史名人等，因地制宜开发地方和学校德育课程，引导学生了解家乡的历史文化、自然环境、人口状况和发展成就，培养学生爱家乡、爱祖国的感情，树立维护祖国统一、加强民族团结的意识"。

每个城市都有博物馆，它记录了一个地方的历史文化与城市气质，更折射着一个时代的人文精神，蕴含着丰富的教育资源，是进行家国情怀教育的优秀德育资源。国际博物馆协会在"博物馆"定义中明确指出博物馆的研究目的是"研究、教育、欣赏"，博物馆的教育功能是博物馆一切工作的根本及目的，是未来博物馆发展的重要路径。⑤《博物馆教育工作者手册》提出，广义的博物馆教育是指任何促进

---

① ECCLES J S，TEMPLETON J. Extracurricular and otherafter-school activities for youth[J]. Review of Research in Education，2002，26(1)：113-180.

② 祝胜华，何永生.研学旅行课程体系探索与践行[M].武汉：华中科技大学出版社，2018(11)：65.

③ 段玉山，袁书琪，郭锋涛，周维国.研学旅行课程标准（一）[J].地理教学，2019(06)：4-7.

④ 游爱娇.区域性中小学研学课程建设的实践探索[J].福建基础教育研究，2020(11)：12-14.

⑤ 宋向光.博物馆教育是贯穿博物馆一切工作的基本主题[J].中国博物馆，1996(04)：40-45.

公众掌握知识或得到体验的博物馆活动，其教育功能是博物馆的首要任务和整体目标，教育和展览应该是相辅相成、相互包含的。①美国著名学者维克多·丹尼洛夫在其所著的《科学与技术中心》一书中，对博物馆的教育活动进行了分类，分别从博物馆、学校、社会层面将其分为博物馆内基本教育活动、对学校教育起辅助作用的教育活动以及为社会服务的教育活动三大类，充分发挥了博物馆的教育功能。②杨瑾教授认为，广义的博物馆教育指博物馆以影响人的身心发展为直接目的而组织实施的各类活动，狭义的则指由博物馆教育人员和教育机构实施的相关活动。③

综上所述，博物馆教育是以教育为首要目的，辅助学校教学进行有目的、有计划、有组织的场馆活动，以培养学生核心素养，促进学生全面发展的非正式的学习方式。

为了实现博物馆青少年教育资源与学校教育的有效衔接，近几年我国相关部门颁发了众多关于博物馆研学课程化的政策文件。2015年，国家文物局、教育部发布了《关于加强文教结合、完善博物馆青少年教育功能的指导意见》；2019年，中共中央办公厅、国务院办公厅印发了《关于深化新时代学校思想政治理论课改革创新的若干意见》；2020年，教育部、国家文物局发布了《关于利用博物馆资源开展中小学教育教学的意见》；2021年，中央宣传部等九部门发布了《关于推进博物馆改革发展的指导意见》，同年，教育部和国家文物局还印发了《关于充分运用革命文物资源加强新时代高校思想政治工作的意见》。这些文件都指出中小学生走进博物馆学习的重要性，并建议将博物馆教育纳入中小学的学校课程体系当中。为响应国家号召，截至2015年9月底，各省级行政区出台的馆校结合政策达100多项。

小学博物馆研学课程是研学旅行课程的一种形式。牛志华提出，青少年博物馆研学是一种结合"游"与"学"的学习模式，目的是在"游"的过程中达到"学"。教亚波认为，博物馆研学呈现给学生的学习内容是真实且立体的，而不是虚无缥缈的，具有互动性、博物性、学术性以及真实性。《关于规范陕西省博物馆

① Graeme K Talboys.博物馆教育人员手册（Museum Educator's Manual）[M].台湾五观艺术出版社，2004(10).
② 维克多·丹尼洛夫（Victor J. Danilov）.科学与技术中心[M].北京：学苑出版社，1989：45.
③ 杨瑾.关于博物馆构建全民终身教育体系的几点认识[J].自然科学博物馆研究，2020，5(06)：23-31.

研学旅行的指导意见》把"博物馆研学"界定为"以中小学生为主体对象、以集体旅行生活为载体、以提升学生素质为教学目的，依托博物馆文物资源进行体验式教育和研究性学习的一种教育旅游活动"。

综上所述，从博物馆角度，众多政策文件要求博物馆教育作为校外教育，与中小学课堂教学进行有机结合；从学校教育的角度，日常教学当中包括了研学旅行，而博物馆作为重要的研学基地，也越来越受中小学的欢迎。小学生博物馆研学课程是以核心素养为导向，将博物馆丰富的资源通过科学的整合，形成综合性的课程体系。该课程通过参观博物馆、博物馆进校园等形式，提升学生思想政治素质、道德修养、法治素养和人格修养等，增强学生做中国人的志气、骨气、底气，为培养以实现中华民族伟大复兴为己任的有理想、有本领和有担当的时代新人打下牢固的思想根基。本课程是道德与法治核心素养落实的重要途径，具有政治性、思想性、综合性和实践性。

二、研究理论依据

（一）非正式学习理论

联合国教科文组织在文件《学会生存——教育世界的今天和明天》中提到非正式学习是相对于正规学校教育或者继续教育的，是指在非正式学习场合接受新知识的学习形式，主要形式是"做中学""玩中学""游中学"。因此，非正式学习是随时随地发生的，不被时间和地点限制，与实践密切相关。

其实，从人类社会发展史来看，在原始社会中，人们进行的最初的学习，都是在自然状态下随时、随地与随意发生的，这就是非正式学习。随着人类社会的不断进步，人们通过非正式学习获取的知识已经无法满足需求，于是，出现了私塾、书院、学校等固定的学习场所，由教师来授课，这才有了正式学习。由此可见，非正式学习是人类学习的原始状态，是人类的一种本能。直到20世纪50年代，非正式学习才在美国成人教育学家马尔科姆·诺尔斯（Malcolm Knowles）的非正式成人教育研究中被提出。

21世纪是一个终身学习的时代，学习已经不再是一个阶段性活动，而是伴随人们一生的行为，与人们的生活整合，无时无处不在。学习的内涵与形式更加丰富，学习不再仅仅是接受知识，学习意味着能够发现问题并解决问题，完成一件事情需要的是有好的"链接"。因此，非正式学习成为人们学习的重要方式。调查发现，学龄期儿童约有79%的时间在进行非正式学习，在个体的整个生命周期中有近90%的时间处于非正式学习情境之中。

非正式学习不仅意味着一种学习方式，代表着一种学习情境，也体现了一种学习理念。人们通常把非正式学习看作正式学习的对立面，但从更深层次的角度来看，正式学习和非正式学习受到了不同知识论、学习论和教学论的影响（见表1）。

表1　正式学习与非正式学习的主要区别

	正式学习	非正式学习
知识论	把知识看作是惰性的、抽象的和具有普适性的	强调了知识的变化性和可建构性
学习论	在认知层面强调了个体对知识的记忆、加工和理解	从认知和心理层面强调个体对知识的建构，更把非正式学习理解为一种文化性和社会性的活动，是一种社会知识的创造过程
教学论	体现了知识传递、结构化教学、教师引导为主、以书本为载体等特征	更多表现出内隐性、自主性、情境性、互动性、灵活性和非结构性等特征，体现了学习者的主观能动性

非正式学习的重点是理论知识的实践及真实的情境。学习者在参与博物馆研学课程活动中，将会了解到以展陈文物为主的场馆资源知识，并且过程中将会不断地产生交互。这符合非正式学习灵活性、社会性、情景性的特点。

（二）瑟琳达博物馆学习理论

瑟琳达博物馆学习理论是从"什么使学习变得有趣"框架发展而来的。20世纪80年代末，由美国印第安纳波利斯儿童博物馆率先发布，由芝加哥瑟琳达研究协会主任佩里进行发展以适应更为广泛的群体。该理论主要包含动机维度、参与维度以及结果维度三个理论维度，重视学习者的学习过程和成果。结果维度基于"内生性动机教育理论"，关注学习者是如何在博物馆的学习过程中受益的，包括认识、态度、行为、技能和身份的转变。参与维度是学习者在博物馆中与展览、同伴等所做的一切互动，有四种方式：物理、情感、智力、社交。动机维度出于心理需求和欲望，能够影响学习者在非正式环境中的学习能力，该维度的前提是学习者进入博物馆时，对馆内的学习有愉悦经历、学习获得的预期。

（三）博物馆流程

美国博物馆学校大部分属于磁石学校和特许学校，[①]因此享有政府赋予的办学自主权和政策支持。磁石学校兴起于20世纪60年代，是一种为学生提供个性化课程、教学方法独特的公立学校。其初衷是废止公立学校的种族隔离政策，"通过特色课程和教学方法吸引学生并提高学生的学业水平，满足每位学生个性发展的需要"[②]。圣保罗博物馆磁石学校在总结博物馆专业人员研究和策划展览时所采用的探究、实验、解释和展示四个阶段学习流程的基础上，提出了"博物馆流程"的概念。

博物馆流程呈现了博物馆专业人员在研究物品和创作展品时采用的学习过程。该流程以螺旋轮的模型阐释了学生通过探究、实验、解释和展示四个步骤完成博物馆学习的原理：通过接触以博物馆主题为中心的真实物体和现象来吸引儿童的学习兴趣，鼓励他们进行深入的探究、实验和解释，从而建构新知识和新经验，在创造、展示和评估展览的过程中让学生思考如何更好地学习。在探究部分，鼓励学生找出教师呈现的真实物体和现象中包含的相关主题。在实验部分，让学生通过收集信息以更深入地研究和学习他们的主题。在解释部分，学生需要解释他们在学习中发现了什么。这是通过与老师和博物馆教育者的书面、口头交流，以及为他们的展示制作展览标签，创造互动和富有想象力的展览来完成的。这个流程的最后一部分是展示学生开发的展品。学生将自己创造的展品向教师、博物馆教育者、同伴和父母等展示和讲解。[③]

（四）博物馆学习流程

博物馆学习流程是纽约博物馆学校的教育专家以"基于实物的学习"和博物馆流程为理论基础设计出来的一种反映博物馆研究特点与规律的学习模式，包括"反

———

① 朱峤.美国博物馆学校的运营模式和教育实践初探[J].博物馆研究，2016(2)：3—10.
② 臧玲玲，桂勤.美国磁石学校领导力教育研究——以科布斯领导力磁石小学为例[J].基础教育，2010，7(8)：60—64.
③ 王牧华，付积.美国博物馆学校的办学模式创新及挑战[J].外国教育研究，2020(2)：35—46.

复观察、提出问题、进行研究、分析与综合、展示、反馈六个环节和内容"。

博物馆学习流程整合了基于实物的学习与博物馆研究的主要流程，它的典型学生活动包括：（1）观察实物或现象；（2）进行头脑风暴和探索，提出问题；（3）收集数据（通过创建展览、物品和研究论文来综合研究结果）；（4）通过自己创建的展览展示和传播课堂外的关键知识；（5）通过写作、演讲、对话等形式演示和展示自己的学习成果，与他人分享所得，接受来自博物馆专家、教师、同学等的意见和反馈；（6）对整个学习流程进行反思。[①]博物馆学习流程作为一种循序渐进、螺旋上升的学习模式，遵循了学生发展的阶段与规律，有助于提升学生的学习和研究兴趣；展现了博物馆科学研究的流程与方法，有助于促进学生高阶思维和能力的发展。

（五）认知学徒制

在工业化时代来临之前，人们想要学习技能，就要跟着师傅学，这就是学徒制。工业化时代到来后，这种一边工作一边带徒弟的学徒制模式无法满足社会对人才的需求。为了让学生获得更好的学习效果，美国认知心理学家柯林斯和布朗等人吸收传统学徒制注重示范与指导的优点，同时结合学校教育注重培养认知能力的特点，于1989年正式提出认知学徒制理论。认知学徒制不仅克服了传统学徒制中专家思维不可视的缺点，还克服了学校教育中知识的教学与运用情境脱离的缺点，在真实情境中培养学生的认知技能，提高学生分析和处理复杂任务的能力。认知学徒制是一种基于情境认知的教学模式，它利用真实有意义的情境帮助学习者认知，强调学习的真实性、社会性以及情境中的参与性。

认知学徒制主要包含四个维度：内容、方法、顺序性和社会性。内容维度构成专业所需知识，包括领域知识、启发式策略、控制策略、学习策略四个基本构件。领域知识是学科中的显性知识，也就是传统课堂所讲授的知识。后三个基本构件——启发式策略、控制策略、学习策略属于策略性知识，策略性知识是应用领域知识来解决真实问题的方法和能力以及专家（教师）在教学中采用的技巧和学习者

---

① King, K. S.. Museum Schools: Institutional Partnership and Museum Learning [EB/OL].
[2019-04-15]. https://files.eric.ed.gov/fulltext/ED419891.pdf.

学习的方法。[①]方法维度包括示范、指导、搭建脚手架、清晰表达、反思和探究六个基本构件。其中，示范、指导、搭建脚手架是由专家（教师）根据学习内容构建模型、创建情境，将专家思维显性化的方式。清晰表达、反思和探究是对学习者的要求。顺序性维度是学习活动排序的一些基本原则，包含复杂性递增原则、多样性递增原则、全局技能先于局部技能原则三个基本构件。社会性维度主要包括情境学习、实践共同体、内部动机、利用合作四个基本构件。[②]

三、研究现状综述

（一）引言

博物馆作为一个优质的社会教育平台，其丰富多样的藏品和展项，开放式的空间，主题化、特色化的设计与讲解员的生动讲述等，均蕴含着丰富的教育教学资源。随着"双减"政策深入推进和2022年版新课标的颁布与实施，学校的教育教学急切呼唤博物馆的配合与支持。博物馆主动挖掘教育资源，积极提供教育内容也是自身需要承担的职能。近年来，对馆校合作这一主题的研究呈现出越来越丰富、越来越深入的趋势，博物馆课程在课程目标、内容、形式、评价方式等方面与学校的一般课程有诸多不同，需馆校双方形成合力方能顺利、有效实施。因而，馆校合作是学校深化教改进行特色创建的绝佳选择。

目前，西方的博物馆课程及馆校合作已经比较成熟，有丰富的研究成果和经验可供我们学习、借鉴。我国博物馆教育起步较晚，近年来才逐步呈现出"课程走向"的改革趋势，因此实践积累不足而研究成果相对单薄。博物馆教育课程化以及馆校合作共建课程是学校管理面临的新课题，教育工作者应在实践研究中不断反思改进，与博物馆共同探索出适合不同年龄段学生的博物馆课程，找到馆校合作的最佳路径。

---

① 董改花.基于认知学徒制教学模式的高职机电专业课程教学实践[J].高等职业教育探索，2017，16(1)：76-80.
② 陈家刚.认知学徒制二十年研究综述[J].远程教育杂志，2010(5)：97-104.

（二）研究设计

1. 研究资料来源

借助中国知网的电子版文献资料，笔者检索了2006年到2022年间的"中国基础教育期刊全文数据库"和"中国基础教育优秀博硕学位论文全文数据库"，从文献资料来看，2006年至2022年十七年间，题名中包含"馆校合作""博物馆课程""博物馆与学校"等关键词的文章共241篇，其具体数据见表2。

表 2

论文年份	论文数量		
	期刊论文	学位论文	合计
2006-2016 年	28	7	35
2017 年	26	0	26
2018 年	27	9	36
2019 年	35	6	41
2020 年	25	6	31
2021-2022 年	70	2	72
总量	211	30	241

2. 研究方法和工具

本文选取的研究方法为文献分析法，主要以近年来馆校合作的相关论文为研究对象，在分析文本材料的基础上，预测馆校合作未来的发展趋势，从而发现值得研究的问题。

（三）结果分析

1. 研究文献的数量与质量

通过文献梳理可以发现，我国的博物馆课程、馆校合作的研究起步晚于西方且有一定差距。从2006年至2016年十一年间，仅有35篇相关研究文献，但是近几年，涉及博物馆课程、博物馆与学校、馆校合作等相关主题的研究文献明显增多，不过从整体看，学位论文的研究成果滞后于普通学术论文。在普通学术论文中，王牧华、付积的《论基于馆校合作的场馆课程开发策略》，赵慧勤、张天云的《基于学生核心素养发展的馆校合作策略研究》和王乐的《馆校合作的反思与重构——基于扎根理论的质性研究》具有较高质量和较多的引用量。而宋娴的《中国博物馆与学校的合作机制研究》、王乐的《馆校合作研究》和王若谷的《博物馆和学校合作开展活动研究》则在学位论文中，具有较高质量和较多的引用量。

2. 研究文献的内容分析

2.1 馆校合作的界定

从已有文献资料看，馆校合作的概念，诸多学者均以各自的方式进行了表述，其中叶贝琪在《馆校合作视域下的博物馆课程开发研究——基于中美比较的视角》一文中，对馆校合作作了较为清晰、具体的定义：馆校合作是在互动与契约的前提和基础下，为学生、教师、博物馆馆员提供教育和学习的新思路，使得教育主体得以拓宽和彰显、教育资源得以深度挖掘、教育方式得以创新与重组，使得博物馆有更广泛的育人价值。[①]

胡双双在《馆校合作课程建设研究——以上海市中小学为例》中不仅对馆校合作的概念进行了界定，同时也界定了馆校合作课程的概念：馆校合作课程一般指学校与博物馆双方联合共建并专为中小学生开设的有规划的课程。[②]

2.2 馆校合作的理论基础

通过整理已有文献可以发现，不同研究者对馆校合作的理论基础的研究大多集中在情境学习理论、建构主义学习理论、瑟琳达博物馆学习理论、演化博弈理论等方面。

罗晶晶的《小学馆校结合教育现状调查与管理策略研究》一文阐述了情境学习理论，即知识的学习并不是单纯的行为，只有在社会文化环境中，才能将其意义发挥出来。知识的呈现也需要真实的情境，只有把学和用结合起来，学习者才能进行深入思考和实践，使学习活动能够在社会生产生活的互动中得以实现。

胡双双在《馆校合作课程建设研究——以上海市中小学为例》中指出，建构主义教学理论要求教师作为组织者、帮助者，利用情境、合作等学习要素来发挥学生的主动性、积极性，从而实现对知识的有效建构。充分借助博物馆的环境实现学生学习新知识的目的，考虑学生的最近发展区，以学生为中心设计和实施馆校合作课

① 叶贝琪.馆校合作视域下的博物馆课程开发研究——基于中美比较的视角[D].上海：上海师范大学，2022：4.
② 胡双双.馆校合作课程建设研究——以上海市中小学为例[D].上海：华东师范大学，2020：12.

程。在胡双双的研究中，也关注到了从结果、参与、动机三个维度框架关注学习者的学习过程与成果的瑟琳达博物馆学习理论和基于不同主体、不同组织体系的演化博弈理论。

2.3 馆校合作课程研究

2.3.1 西方馆校合作课程建设研究梳理

已有研究文献显示了西方现有的一些先进做法：美国博物馆在课程和教材领域，为教师提供了不同程度和不同类型的职业发展项目。有研究者列举了美国史密森博物学院教育中心的做法，那里的教师针对不同年龄段的学生，设计了以展览为中心的课程。他们提供的"馆校合作课程设计及教学资源"均来自教育标准的相关要求。已开设的课程主要有四种模式：博物馆主导型、学校主导型、第三方机构主导型和博物馆学校。[①]而英国编制的学习手册，同样尊重不同年龄段学生的学情特点，依据国家课程标准要求设计并执行。

2.3.2 国内馆校合作课程建设研究梳理

在宋娴《中国博物馆与学校的合作机制研究》一文的基础上，胡双双总结了目前国内馆校合作课程的四种模式及其存在的不足：

一是政府主导模式。政府的介入为博物馆和学校的合作提供了平台和媒介，同时也伴随着有关政策和资金的支持。政府主导模式的不足是缺乏馆校合作课程资源开发的考核与评价体系，课程的长期规划、合作制度、长效机制等。

二是博物馆主导模式。博物馆直接提供相关课程，学校将学生带到博物馆，只需负责学生往返途中和在馆安全问题，多以参观、体验、讲解为主。博物馆主导模式的不足是缺乏博物馆教育理念的研究，存在重建设轻管理、重建筑轻功能、重硬件轻软件、重物轻人等现象。[②]博物馆虽然努力在展览上增加了很多资源，但是在对资源的研究整合和利用上多有不足，博物馆课程开发专业性有待提高，对学情的把握也不够全面。目前，博物馆主导模式也多是从德育层面开展单次活动教育，远未达到"课程"的概念。

---

① 吴镝.美国博物馆教育与学校教育的对接融合[J].当代教育论坛（综合研究），2011(05)：125-127.

② 陆芳芳.美国博物馆教育研究[D].杭州：浙江大学，2013：56.

三是学校主导模式。由学校教师主导并主动提出课程的各方面要求，如课程目标、课程安排、课程形式等，双方进行不断的沟通、交流后，达成共识。学校主导模式的不足是在国家课程、地方课程之外，教师能够用在校本课程上的时间相对较少，也缺乏必要的博物馆教学相关知识与培训。另外受到目前考试评价制度的影响，家长、学生、学校普遍参与的积极性也不高。

四是馆校深度合作模式。由双方共同设计和实施课程，根据课程需要，这种合作既可以在博物馆开展，也可以在学校内进行。从已有的文献中可以看出，上海地区已有不少学校与博物馆展开了深度合作，在学习方式和学习空间上都有创新举措，博物馆提供了物质和环境支持，双方共同设计的课程与学校课程有着兼容性和互补性。

2.4 馆校合作课程的设计与实施研究

已有文献关注到教育理念与课程的设计、实施之间的重要关系。郝轶超在《加强馆校合作与互动，提升青少年综合素质——试论博物馆青少年课程开发》一文中认为，课程设计要突出馆校合作课程的实物性和直观性，结合馆藏特色，并且要从青少年的角度去挖掘博物馆资源，合理设计课程内容和实施手段。王国云、施茂萍在《基于博物馆资源的校本课程开发》中强调馆校双方取长补短、互通有无非常重要，馆校合作课程开发的背景、目标、内容与方式设计、组织实施保障等应尽可能通过课程审查会议进行。王牧华、付积的《论基于馆校合作的馆校合作课程资源开发策略》一文关注到教师参与到馆校合作课程开发中的重要作用，开发者也是课程资源本身。更为理想化的表现是成立博物馆、学校以及教育主管部门或第三方组成的课程审议团队。

课程实施主要指如何执行课程设计，研究并确定使用馆校合作课程的时间与空间、内容与形式。柏安茹等研究者在《我国博物馆教育课程设计现状及发展趋势》一文中提供了可借鉴的课程实施模式，有"参观+任务单""引导+体验""探究+发现"等课程模式；[①]北京史家小学的洪伟、郭志滨等在《博物馆学习：穿行在历史中的博"悟"之旅》中指出博物馆课程的发展趋势在内容上走向多学科融合，

---

① 柏安茹，王楠，马婷婷，齐亚珺.我国博物馆教育课程设计现状及发展趋势[J].电化教育研究，2017，38(04)：86-93.

在模式上趋向培养学生的独立思维和综合能力，在教学媒介上趋向使用数字技术。课程实施过程中，博物馆教育人员和教师应根据课程的需要各司其职，形成双师课堂，教师要打破传统课程的管理思路，对学生的质疑与提问给予鼓励和指导等。阮琼弘在《基于实践性学习的博物馆资源开发——从参观到参与的转变》中指出，目前较大的问题是学生、教师、学校、博物馆没有可利用的可靠的评估机制，评估机制的缺失，难以为课程学习的发展提供准确的信号。

教师作为馆校合作课程设计与实施的主角，本应具备梳理课程内容与博物馆藏品之间的联系，进行课程设计，实现一个资源多学段、多学科、多种方式使用的能力，然而现实是此类相关专业知识是教师在师范院校很少能够学习到并有机会实践的，也是教师在学校的学科课程教学之外难有精力深入研究的，但现状是大多数教师缺乏根据具体的教学目的和内容开发与选择课程资源的能力。不仅如此，夏海萍在《馆校合作课程ABC》中指出：当教师面临众多的博物馆选择时，不仅需要考虑博物馆与教学内容的契合，以及不同学科的特征，还要关注到博物馆位置距离、开放时间、内部陈设方式等。因此，教师在馆校合作课程中无论其自身能力还是外在现状，都具有较大的压力与挑战。

（四）结论与展望

1. 研究结论

作为一门课程，博物馆与学校长期、深入的合作，以有效的管理推进课程的设计与实施，是需要双方协作达成的。目前，从教育管理角度切入馆校合作研究的文献相对匮乏，在普遍注重教师专业发展的当下，教师对馆校合作课程的认可度，校领导对馆校合作课程的重视度，相关上级部门的支持度以及学生、家长对馆校合作课程的参与度等，都是亟须关注的问题。

已有馆校合作文献集中于宏观上对博物馆教育功能的探讨、中西方馆校合作课程及其发展历史的比较、博物馆教育对青少年核心素养发展的理论分析等；中观上，分析中外博物馆与学校的合作路径探索、博物馆作为学校课程资源的价值论述等；微观上着眼于馆校合作课程的教案编制、课程资源的开发策略等。但是，对于学校是如何将博物馆资源植入到学校的课表中的，课程体系如何建构，教师能动性如何发挥，馆校合作如何互动，课程资源如何建设与延续等，涉及的研究资料比较缺乏，研究中也较少地采用实证研究方法，多为文献的整理和比较分析。[①]

2. 研究展望

通过文献分析可发现，馆校合作相关的研究热点正不断拓宽，从理论研究到实践研究，现阶段对于馆校合作课程设计与实施的研究不断深化。比起西方等发达国家，馆校合作在国内的研究与实践还有非常广阔的发展空间，目前，北京、上海等一线城市已经行动在前。总结相关研究成果可知，未来，馆校合作课程建设还应该从以下几个方面寻求更深的助力与连接：

2.1 政策推进，以政府牵头搭建馆校合作平台，实现资源共享

不同于美国第三方机构在博物馆与学校之间的保驾护航的作用，因地制宜地出台相关政策推进落实馆校合作更适于我们的国情。地方可根据国家政策制定适合本地区教育和博物馆生态的地方性政策，以不断优化的机制，保障馆校合作的可持续发展。以政府牵头搭建馆校合作平台，供博物馆与学校、博物馆与博物馆、学校与学校之间的课程资源共享，减轻双方的压力。在当今信息化的大背景下，数字化的沟通与管理方式、信息资源平台的构建，对于馆校之间的共生发展而言，具有极为深刻的意义。[②]馆校合作也同样需要高校和科研院所的介入，这些机构有着大量的博物馆学、教育学的专家，可以发挥专家学者的才智，为合作的开展提供智力支持，并为合作的开展培养人才。[③]

2.2 发展素养，以贯彻课程标准要求实现"五育并举"

在美国，博物馆课程的设计与开发已比较成熟，数量众多的博物馆学校开发出不同领域的博物馆课程，这为我们进行馆校合作课程建设提供了借鉴。我国可根据中国学生发展核心素养要求，在"五育并举"的大目标下，结合新课标设计与开发馆校合作课程，更好地发挥育人功能。无论是校内外结合的馆校合作活动，还是纯博物馆场域的课程，都应在调动学生多感官参与的过程中，提高德育的实效性。将德育融入学生参加校外教育的活动中，发挥博物馆的育人作用。

---

① 胡双双.馆校合作课程建设研究——以上海市中小学为例[D].上海：华东师范大学，2020：24-25.

② 宋娟.中国博物馆与学校的合作机制研究[D].上海：华东师范大学，2014：215.

③ 胡双双.馆校合作课程建设研究——以上海市中小学为例[D].上海：华东师范大学，2020：87.

新课标围绕发展学生核心素养，在每个学科设置占总课时10%的"跨学科主题"学习活动，以强化学科间的相互关联，增强课程的综合性和实践性。"双减"政策对教育减量不减质的要求和升学评价体系的改革等，与馆校合作课程建设形成了良好呼应，也为馆校合作在新时代课程标准与课程方案下不断深化提供了契机。

2.3 建立框架，以贯穿学习的全过程评价不断优化课程设计

作为具有教育功能的公共机构，博物馆与学校都肩负着培养全面发展的人的使命。馆校合作课程的实施地点不仅可以是在博物馆内，也可以由博物馆将展览、展品以恰当的方式带进学校，如举办流动性展览、提供学习文化包及使用手册等，使课程素材成为移动的小型博物馆。学校可以基于创建的特色与相关的一个或一类博物馆合作，也可以尝试依据不同年级的学生的学情或需要，与不同的博物馆之间开发相应的课程，并通过线上平台的方式共享。在此过程中，学校应与博物馆协作搭建课程框架，基于学生的真实问题或困惑，围绕主题，确定目标，精选资源，优化教学设计，并不断实践、优化，最终形成成熟的课程课例。相似类型的博物馆课程可以将评估的内容和方法共享，可以借鉴彼此的评估计划和方法，对博物馆课程的评价应该贯穿于学习的全过程，对于每个环节的实践参与，都要有对应的评估，这里既包括学生的学习效果，也包括教师开展博物馆课程的实效。

2.4 发展教师，以教师成长为馆校合作课程建设蓄力

课程开发与建设和教师发展同向而行。博物馆课程的两方最重要的开发与实施主体是博物馆的专业教育人员和学校担任此项课程教学的教师。因此，在国家课程、地方课程、校本课程让教师的时间和精力几乎饱和的情况下，博物馆与博物馆、学校与学校、博物馆与学校之间优质教学资源和经验的互通与共享程度，决定了课程的普及程度和落实实效。共享平台能够让教师走近课程，理解课程。通过共享的方式可以解决教师时间和精力不足、课程的延续性等问题。在此过程中，各级政府为馆校合作课程搭建资源平台，各级教育主管部门对课程价值充分认可、评定，也能吸引教师主动设计与实施馆校合作课程。不仅如此，相关教育主管部门也应出台相应的激励、考核机制，搭建教师在馆校合作课程建设上的专业成长平台，真正唤起教师对课程研究的内驱力。

研究篇

当下博物馆教育中"馆校合作"的反思与展望

这些年在谈及博物馆教育这块工作时，馆校合作已然是最为重要且绕不开的内容之一。就笔者在南京博物院日常教育工作来看，同行博物馆的座谈交流但凡涉及博物馆教育的话题，馆校合作几乎是必谈的议题之一。

实际上，自2013年南京博物院二期重新开放后，和国内绝大多数博物馆一样，馆校合作已经成为南博常态化的年度工作，即使是在新冠疫情的影响下，馆校合作工作依然开展得如火如荼。

本文则立足于南京地区以南京博物院、南京市博物馆总馆为代表的博物馆馆校工作实际开展情况，对近年来尤其是近两年来的馆校合作进行阶段性总结，并从个人角度对馆校合作进行反思及展望，希望给同行提供参考与建议！

1. "馆校合作"中"馆"和"校"的概念和外延在迅速扩大，并成为今后工作的趋势

"馆校合作"中的"馆"，以往在具体工作中，主要是指传统概念下的博物馆、纪念馆、美术馆，虽然从学理上讲，博物馆人早就明白"馆校合作"中的"馆"应该包括了其他各种类型的馆，但从工作开展的实际情况看，无论是馆方还是校方，主要还是基于前面所提的各种传统概念下的馆。

但从近三年的情况看，这种情况明显有了改变。名人故居、校史馆、古代建筑、文保单位、现当代艺术馆、图书馆、文化主题公园、考古发掘现场等都纳入"馆"的外延下。

诸如拉贝故居、颐和路民国公馆区、社区将军纪念馆、六朝道路遗迹、清凉山公园、宁海中学校史馆与美术馆等不同类型的场馆，在不同学校近年来开发并实施的博物馆校本课程中都进行了落地。

　　除了类型上的拓展，"馆"的体量上，这些年的改变也很大。原有馆校合作中提到的"馆"，往往是诸如南京博物院、南京市博物馆总馆这样的"大"馆，但在这几年谈到馆校合作成果时，更多的"小"馆在馆校合作中频繁出现，并且往往专门围绕某个或某类"小"馆进行深入研发。

　　总体上看，综合性"大"馆基于人力、物力、财力上的先天优势条件，在"馆校合作"发展的早期阶段固然具有优势，但随着馆校合作的理念、方法及技术手段的不断发展，各种"小"馆也进入"馆"的概念，并逐渐形成符合自身气质与特色的"馆校合作"现状，且这一现状随着"馆"的发展而不断创新。

　　除了"馆"的变化，"馆校合作"中的"校"，在类型上也有明显变化。

　　以往在开展馆校合作工作的学校中，真正具体系统性开展这项工作的"校"，往往指的是幼儿园、小学、中学（虽然从学理上说，博物馆人都明白这个"校"的概念理论上要更大）。而在这两年的馆校合作中，中等职业学校、高等职业学校、大专院校等学校，在馆校合作中开展了很多值得分享的项目和课程。

　　比如在本次工作坊案例分享中，南京市商业学校烹饪专业围绕大运河文化，在项目中推出的运河创新菜，将南京运河文化中的点融入新品菜肴开发中，尤其值得关注（中职教育中的馆校合作，将是今后几年最容易做出成果和产生影响力的学段之一）。

　　此外，除了传统的以单个学校为主体与文博场馆进行合作外，学校教育集团、市区级教师发展中心、市区级名师工作室等组织，在校园推广、博物馆种子教师培训、课题联合申报、学科竞赛等方面进行了大量合作，比如南京市唐隽菁道德与法治名师工作室、陈红历史名师工作室、鼓楼区胡斌历史工作室、南京市职教（成人）教研室、鼓楼区教师发展中心，在教师暑期培训、日常研训、项目合作等方面与南京博物院进行了系列化合作并有丰富的成果。

　　值得注意的是，馆校合作早期阶段中，单个学校或教师个人，基于校领导个人或教师个人在文博方面的强烈兴趣，可以在短期内取得不错的馆校合作成果。但当合作达到一定阶段后，如果没有市区级的教师发展中心、名师工作室等组织的加入，这样基于个人兴趣的合作模式必然很快达到瓶颈。

2. "馆校合作"中来自政府管理部门的具体政策、实际资金等方面的支持明显增多，并成为趋势

教育部、国家文物局在2020年10月联合印发的《关于利用博物馆资源开展中小学教育教学的意见》，是博物馆人都关注到的顶层关于馆校合作这块工作的具体政策，而后江苏省文物局、南京市文旅局也就馆校合作陆续发布了相关政策。比如2021年上半年，南京市文旅局与南京市教育局联合发布了《南京市关于利用博物馆资源开展中小学生教育教学的实施意见》，这是南京市相关部门迄今发布的针对馆校合作最为详细的指导意见。

除了明确的指导性政策外，我们在江苏省文物局、南京市文旅局每年公布的课题申报指导方向中，也可以明显关注到省市两级主管部门对馆校合作的鼓励与支持。以江苏省文物局为例，在2021年12月公布的本年度江苏省文物科研课题中，除了考古、文保、文创、古建、文旅融合等项目顺利立项外，南京博物院的"博物馆研学教育馆校合作机制与路径研究"项目也在立项之列。而在江苏省文旅厅公布的2021年度全省文博优秀论文评选中，《馆校合作的深入探索与实践——以南京博物院和南京市天正小学馆校合作教育项目为例》《新时代馆校合作的多元化探索——以'讲好中国故事'馆校课程为例》两篇文章也在涉及考古、文保等主题的众多参评论文中脱颖而出。实际上，除了在课题、研究层面获得行政管理部门的支持外，近两年，中国博物馆学会社教专委会、江苏博物馆学会社教专委会等组织还专门举办了十佳年度馆校合作项目、十佳社会教育工作者等评选，这些早前从未有过的专门为馆校合作设置的评比，实际上作为风向标表明了这部分工作的意义愈加重要。

除了政策之外，投入馆校合作中的实际资金也明显增长。比如，国家局、省局在馆校合作项目出版物的印刷出版方面给予了专项补助资金，这两年的类似出版物明显增多。而在南京博物院，馆校合作工作已经放入每年日常的开放服务项目中，成为常态工作项目并有固定资金投入使用。

总体上看，馆校合作中从较早阶段的"自下而上"迅速转变为"自上而下与自下而上相结合"。

3. 疫情常态化下，基于防疫、地理空间等因素，馆校合作中的区域合作深度不断加深

这两年学校在馆校合作工作坊分享的案例中，特别突出了地理空间距离上"馆"与"校"之"15分钟生活圈"的趋势，比如南京博物院边上的海英小学（距离南京博物院最近的一所小学）、六朝博物馆边上的长江路小学（距离六朝博物馆不到600米）、南京市第29中学初中部边上的清凉山公园（与该学校隔马路相邻）、宁海中学边上的将军纪念馆与颐和路民国公馆区（都与宁海中学毗邻）。这些学校充分利用了空间距离上的便利，将"馆"的资源进行便利化、区域认同感等方面的最大化利用，策划并实施了相关校本课程或社团课程，深受师生好评。

到2019年，南京地区共有52家博物馆（纪念馆）在江苏省文物局备案，还有近200家富有特色的专题展馆、名人故居、纪念馆、遗址公园等。在实践中，不是每一所学校附近都有一个类似南京博物院这样的大型博物馆，但大多数情况下，学校所在的"15分钟生活圈"内，通常都有不少于一处的可供利用的文博资源。而在疫情常态化之下，如何和博物馆合作，学生如何去博物馆，博物馆如何去学校，面对这些问题，前面的案例其实都提供了很好的参考样本。

4. 馆校合作的主题内容往广度和深度两个层面发展

早前的馆校合作中，某某文化进校园、某某国宝进校园、某某学校走进某某博物馆等，是最为常见的形式，但在近三年中，馆校合作主题的具体内容，在广度和深度上都在快速变化中。

合作项目和课程中的内容，非但聚焦于展览、文创、研学、文物修复、考古、古建等专业性主题，更有细化到中学生语音导览词编写、配合某个特展的小学高年级观展学习单制作或专门围绕大运河文化的中学段历史课程设计等等。

比如，南京市第29初级中学2020年9月到2021年7月两个学期的校本课程（讲好中国故事校本课程）共计30个课时，就是专门为南京博物院撰写中学生版的语音导览词，两个学期的课程结束后，遴选出的优秀导览词录音后则进入南京博物院中学生语音导览器中，为所有到馆参观的中学生提供自助语音导览服务。

随着博物馆热的流行，博物馆涉及的方方面面，从如何做一个策展人，到如何修复一个陶器、如何编写一个说明牌、如何设计一款文创产品，这些都慢慢成为当下馆校合作中的一个主题（通常成为一个学期的活动或课程主题），并往往由于可以与学生发生社会性关联，受到师生家长的热烈欢迎。

5. 馆校合作输出的成果愈加多样化

早前的馆校合作中，具体某个活动是最常见的成果形式，然后慢慢过渡到一个学期的社团课程或校本课程（目前这依然是主要的、最常见的、最有效果的成果形式之一，并将继续延续），但这两年中，馆校合作的成果，已经完全从活动、课程等扩充到文创开发（实用产品与教学设计）、展览、各种项目与专题性活动等等。很多合作中的过程性成果，也愈加受馆校双方重视。

馆校合作的成果早就不局限于学校本身的活动或课程，而是将视角关注于社会本身，更多的成果在于真正服务博物馆、服务自身、服务观众、服务社会。

6. 馆校合作中的双向互转成为趋势

这几年的实际工作中，馆校合作中的双向输入与输出已经成为趋势。

第一个是馆校合作中，具体发生合作的地理空间，存在着双向互转。既有发生在"馆"中，又有发生在"校"中，更有发生在有关联的第三方空间中，这样的发生地点，往往随着合作阶段的不同，双向互转。

第二个是馆校合作中，在交流上的双向互转。既有博物馆针对学校种子教师的培训推广，也有学校针对博物馆教育专员的培训交流。这种双向培训交流，既有在博物馆进行，又有在学校进行，更有在第三方空间进行。

总体上看，当下馆校合作的双向互转，非但在项目、课题、课程活动中进行彼此互转，在一定阶段后，还往往进行再次互转和再再次互转。简单双向的馆校互转，演变为多次互转及螺旋式上升的形式。

以上六点，仅是从实际工作出发提出的个人感悟。上文对于馆校合作中的反思与展望，其实更多的是现阶段笔者对于这部分工作进行自我考核的自我评价，在笔者看来，这些发展趋势，已然成为当下馆校合作工作开展过程中的标准配置（不过，当下博物馆之间的馆情，基于人力、物力、财力、区域政策等方面的差距实在太大，中小馆如何按照所谓的标准配置开展馆校合作？这些年大馆与中小馆之间在馆校合作上的差距是拉大还是缩小？这些问题很难回答，也不应该按同一个评估标准来评价。这是另一个议题）。进一步而言，这样的认识应该固化在馆校双方人员在开展工作时的潜意识之中。

总之，从博物馆的角度出发，涉及博物馆教育服务，如果没有形成潜意识中的馆校合作思维，必定是不完善的。而从学校层面讲，如果课程或活动主题中涉及传统文化、人文历史、艺术美育、非遗保护等等，潜意识中如果没有馆校合作的思维，必定也是不全面的。

本文是在2021年12月26日"馆校合作·博物馆课程开发与实践工作坊（第四季）"上的发言，本次发表略有删减。

（陈刚，南京博物院研究员，时任社会服务部副主任，现任江苏省考古研究所副所长。南京大学考古学与博物馆学专业博士。2014年3月起负责南京博物院教育活动。主持或参与东阳汉墓、盱眙大云山汉墓等项目的考古发掘及研究，"法老·王""仙境之鹿""回家过年""兄弟·王：从满城汉墓到大云山汉墓""融·合：从春秋到秦汉——中华传统文化中的多元与包容""江都王"等展览的策展人）

文化自信：爱国主义主题博物馆研学活动的
价值意蕴与实践路径
——以"六朝风物"博物馆研学活动为例

摘要：思政课是落实立德树人根本任务的关键课程，价值引领是思政教育的初心和使命，执教义务教育阶段思政课的道德与法治教师就应该理直气壮地做一名价值引领者。在依托统编版教材执教道德与法治课的同时，我们围绕南京六朝博物馆馆藏文物，研发了爱国主义主题博物馆研学活动，凸显思想的力量、文字的力量和行动的力量，从而聚焦价值自信、增强主体自信、推动方法自信，充分发挥价值引领作用，坚定文化自信。

关键词：价值引领力；小学道德与法治；爱国主义主题博物馆研学活动[①]

2020年第17期《求是》杂志发表了习近平总书记的重要文章《思政课是落实立德树人根本任务的关键课程》。在文章中他明确指出，"青少年教育最重要的是教给他们正确的思想，引导他们走正路"，"思政课教师，要给学生心灵埋下真善美的种子，引导学生扣好人生第一粒扣子"[②]，就应该做到政治要强、情怀要深、思维要新、视野要广、自律要严、人格要正。在这6个明确要求中，正是因为思政教育担负着价值引领的重任，所以政治要强忝列首位，这也是思政课教师的鲜亮本色。

小学道德与法治作为义务教育阶段的思政课，旨在提升学生政治认同、道德修养、法治观念、健全人格和责任意识等核心素养，增强他们做中国人的志气、骨

---

① 本文系江苏省教育科学"十三五"规划课题"小学思政课堂中儿童道德学习的实践研究"（课题编号：JS/2019/GH0106-04784）阶段性成果。
② 习近平.思政课是落实立德树人根本任务的关键课程[J].求是，2020(17)：1.

气、底气，为培养以实现中华民族伟大复兴为己任的，有理想、有本领、有担当的新人，打下牢固的思想根基，①因此本课程要培养的核心素养，首要的就是政治认同，由此可见价值塑造是立德树人之本，价值引领是思政教育的初心和使命。

习近平总书记强调要增强中国特色社会主义文化自信，他指出"文物承载灿烂文明，传承历史文化，维系民族精神，是老祖宗留给我们的宝贵遗产，是加强社会主义精神文明建设的深厚滋养"。因此，我们在保质保量进行道德与法治教学的同时，充分发挥博物馆育人功能，围绕南京六朝博物馆馆藏文物，研发爱国主义主题博物馆研学活动，从聚焦价值目标、整合价值认同、推动价值实践3个路径进行了有益的探索，凝聚共同的价值追求，彰显文化自信。

1. 思想的力量：通过主题式统整，聚焦价值自信

信仰来自对真理的认同，作为信仰核心的价值，它的自信是文化自信的前提。因此，"以文化的自信建设自信的文化，就要保持对自身文化理想、文化价值的高度信心。高扬我们的文化旗帜、坚守我们的文化立场、彰显我们的文化优势，把蕴于文化自信中的文化责任扛在肩上"②。聚焦价值自信，离不开优秀文化资源的熏陶。文物就是承载灿烂文明、传承历史文化、维系民族精神、增强文化自信的重要资源。③

小学道德与法治课以立德树人为根本任务，通过厚植爱国主义情怀，增进学生对伟大祖国、中华民族、中华文化等的高度认同，着力引导学生用理想之光照亮奋斗之路、用信仰之力开创美好未来。④为此，在学习主题中设立了"道德教育""中华优秀传统文化与革命传统教育"与"国情教育"。我们对人教版小学《道德与法治》12册教材中这3个主题进行了梳理，将与博物馆文物关联的课文及其学段目标进行了汇总（见表1、表2）。

---

① 中华人民共和国教育部.义务教育道德与法治课程标准（2022年版）[M].北京：北京师范大学出版社，2022：1.
② 燕爽.以文化的自信建设自信的文化[J].求是，2017(8)：38-39.
③ 唐隽菁.馆校合作：小学博物馆研学实践活动的实施策略[J].江苏教育研究，2022(5A)：74.
④ 中华人民共和国教育部.义务教育道德与法治课程标准（2022年版）[M].北京：北京师范大学出版社，2022：2.

表1 统编版小学《道德与法治》第二学段与博物馆文物关联课文一览表

第二学段（3-4年级）		年级及课题
学习主题	内容要求	
道德教育	体验公共设施给人们生活带来的便利，形成爱护公共设施人人有责的意识。	三下《四通八达的交通》
	尊重劳动者，感受并感激他们的劳动给人们生活带来的便利，珍惜他们的劳动成果。	三下《四通八达的交通》 四下《我们的衣食之源》 三下《万里一线牵》
中华优秀传统文化与革命传统教育	从行这个方面，感受中华人民共和国成立以来的伟大成就。	三下《慧眼看交通》
中华优秀传统文化与革命传统教育	感恩父母长辈的养育之恩，以恰当的方式表达对他们的感激、尊敬和关心。	四下《我们当地的风俗》
	知道我们辽阔的疆域是各民族共同开拓的，悠久的历史是各民族共同书写的，灿烂的文化是各民族共同创造的。	四下《我们当地的风俗》
	知道中华优秀传统文化的主要代表性成果，初步感受中华优秀传统文化的魅力。	四下《我们当地的风俗》 四下《多姿多彩的民间艺术》
国情教育	感受身边的变化，了解家乡的发展，对祖国未来充满信心。	三下《慧眼看交通》 三下《万里一线牵》

表2 统编版小学《道德与法治》第三学段与博物馆文物关联课文一览表

第三学段（5-6年级）		年级及课题
学习主题	内容要求	
道德教育	懂得做人要诚信、自强的道理。	五上《传统美德 源远流长》
	体贴父母长辈，懂得感恩。	五上《传统美德 源远流长》

（续表）

第三学段（5-6年级）		年级及课题
学习主题	内容要求	
中华优秀传统文化与革命传统教育	了解中华文化的悠久历史和博大精深，体会中华优秀传统文化的精髓。	五上《美丽文字　民族瑰宝》 五上《古代科技　耀我中华》
	了解中华民族对人类文明的贡献，为中华民族创造的文明成就感到自豪，坚定文化自信。	五上《美丽文字　民族瑰宝》 五上《古代科技　耀我中华》
	了解不同文明之间交流互鉴的重要性，尊重不同文化的差异性，以包容的态度看待不同文明之间的交流对话。	六下《探访古代文明》

通过梳理我们发现，小学《道德与法治》总共有10课与博物馆文物息息相关。为了聚焦价值自信，我们明确了党和国家的战略定力，就是共产主义远大理想和中国特色社会主义共同理想，以及与此理想结合在一起的坚定信念。中国特色社会主义的"四个自信"，作为一种战略自信，也是我们党和国家战略信念的一部分。因此，我们的博物馆研学活动的目标是：激发爱国热情，坚定文化自信。活动名称也由此应运而生：六朝风物激爱国情，文化自信立强国志。

2. 文物的力量：通过创造性转化，增强主体自信

党的十八大以来，以习近平同志为核心的党中央将"中华优秀传统文化创造性转化、创新性发展"摆在突出位置，习近平总书记在十九大报告中强调，坚定文化自信，推动社会主义文化繁荣兴盛要"深入挖掘中华优秀传统文化蕴含的思想观念、人文精神、道德规范，结合时代要求继承创新，让中华文化展现出永久魅力和时代风采"[1]，着眼于增强中华文化认同、国家认同和民族自豪感。

创造性转化是按照时代特点和要求，对那些仍有借鉴价值的内涵和陈旧的表现形式加以改造，赋予其新的时代内涵和现代表达形式，激活其生命力。面对博物馆

---

[1] 习近平.决胜全面建成小康社会，夺取新时代中国特色社会主义伟大胜利——在中国共产党第十九次全国代表大会上的报告[N].人民日报，2017—10—28.

成千上万件展陈文物，哪些能作为我们开发爱国主义主题博物馆研学活动的核心文物？我们以"有乐趣、可探究、能传承"为标准，进行了筛选（见表3），在学生心理层面强化价值认同感和归属感的同时，从本源上滋养优良的民族文化基因，积极发挥文化自信的正能量。

表3　"六朝风物"爱国主义主题博物馆研学活动一览表

序号	活动主题	核心文物	现实关联物件	探究活动
1	文物是怎么命名的？	青瓷蛙形水注	自己的姓名	提供文物名称名牌，将其剪成词组，并归类
2	六朝的信封什么样？	木封检	快递信封	提供木封检复制品，尝试使用
3	六朝菜单上都有啥？	兽骨等	餐厅菜单	我们现在也在吃的食物
4	车辙为什么这么深？	陶牛车俑	马路上的车辙	车轴长短不同的两辆车行驶在宽窄不一的道路上
5	古代建筑如何防水？	人面纹瓦当	瓦当	在模拟屋顶上安装瓦当、滴水，进行防水测试
6	这碗为什么倒扣着？	席镇	地垫、镇纸	地垫防滑测试
7	为何不可出国出境？	青瓷釉下彩羽人纹盘口壶	釉上彩瓷杯、釉下彩瓷碗	尝试釉下彩、釉上彩工艺，比较两者的不同
8	砖画是怎么拼搭的？	错版竹林七贤拼镶砖画	儿童拼图玩具	依据砖侧面的编号文字，拼搭砖画
9	动物小品妙趣何在？	鸡首壶	水壶、水罐	通过倒水，体验壶与罐的不同

核心文物必须具备两大要素：能够在现实生活中找寻到关联性物件，能够进行创造性转化。"为何不可出国出境"：同学们在牛皮纸盒上绘制图案后再刷一层胶水，制作独一无二的花盒；"动物小品妙趣何在"：自行设计并用软泥捏制流口、执手，装饰自家的水壶；"六朝的信封什么样"：参照木封检，设计密码锁；"古代建筑如何防水"：设计并绘制瓦当图案；"文物是怎么命名的"：依据规律，像考古学家一样为其他文物命名；还有用人面纹、兽面纹、莲花纹等各种文物元素设计文创产品等。

经济与社会的发展是内因与外因共同推动的，其中内因是根本，是最原始的动力。因此，主体的自信是文化自信的灵魂。[①]心理学家皮亚杰认为："所有智力方面的工作都依靠兴趣，学习最好的兴趣，乃是对所学材料的兴趣。"博物馆馆藏文物承载着民族文化，记录着中国故事，体现着中国智慧，是中华优秀传统文化的重要载体。为了让文物"说话"，我们努力寻找文物与生活之间的关联，诱发学生浓厚的兴趣，让他们乐在其中，从而主动投身活动之中。在教师和学生共同组成的学习环境中，基于学生原有的概念，鼓励并倡导他们主动提出问题、主动探究。通过对文物进行创造性转化，体现的是"我要传承""我能传承"，而不是"要我探究""强人所难"，缔造了文化自信的主体与灵魂，增强做中国人的志气、骨气和底气。

3. 行动的力量：通过家校馆协同，推动方法自信

方法，即手段和途径。方法得当，事半功倍；方法不当，事倍功半。方法的自信是文化自信的实践。《中共中央关于制定国民经济和社会发展第十四个五年规划和二〇三五年远景目标的建议》明确提出，"健全学校家庭社会协同育人机制"，"增强学生文明素养、社会责任意识、实践本领"。这是传承弘扬中华优秀传统文化、加强社会主义精神文明建设的基础环节，是我国教育事业"五育并举"和"三全育人"相结合的实现方式。因此，我们在开展博物馆研学活动时，采用了家庭、学校、博物馆三方协同的方法。

为了让家、校、馆三方认识和肯定对方的"话语体系"，我们借鉴德国"学校@博物馆"项目[②]，梳理了三者的特征（见表4）。

表4　家庭、学校和博物馆特征比较一览表

特征	家庭	学校	博物馆
范围	●素养教育、礼貌教育和品德教育	●广泛的专业性内容、学科众多、通识教育	●聚焦一个专门的领域
媒介	●生活事件、物品等	●教科书、笔记本和模型 ●对象/物品的原始呈现	●物品和文件 ●对象/物品的原始呈现

---

① 黄江.文化自信的价值、主体与方法——以凤冈县"四直为民"的实践为例[J].开封教育学院学报，2018(20)：267.

② 庄瑜，洪一朵.历经八年的馆校合作——德国"学校@博物馆"项目的教育实践与启示[J].全球教育展望，2021(12)：67.

（续表）

特征	家庭	学校	博物馆
学习逻辑	●随机性学习	●教学为主 ●有计划、可持续学习 ●掌握知识、关注理性和认知 ●集体的课堂学习	●真实的感官体验占主导 ●随机性学习 ——发生在博物馆参观时 ——专注于单一"案例" ●个人游览，基于兴趣的、高自由度的学习
框架条件	●创造和谐的家庭环境 ●对孩子的要求合理、统一 ●理解和尊重孩子	●目标、教学计划、课程、教材 ●教师在场的教学 ●问责制 ●以检测为主要评价方式 ●免费	●自愿参观 ●无特定停留时间 ●参观者决定要游览的内容 ●参观者可反复游览常设展 ●国有博物馆对未成年人集体参观实行免费制度
教学方法	●亲自养育，加强亲子陪伴 ●共同参与，发挥父母双方的作用 ●相机而教，寓教于日常生活之中 ●潜移默化，言传与身教相结合 ●严慈相济，关心爱护与严格要求并重 ●尊重差异，根据年龄和个性特点进行科学引导 ●平等交流，予以尊重、理解和鼓励 ●相互促进，父母与子女共同成长①	●强调学生情境化、结构化的理解 ●教师讲授为主 ●学生有固定的学习空间	●将目光引导至特殊之处，情境化地进行倾听和观察 ●学生在移动中学习 ●学生近距离接触展品和导览人 ●自己是自己的学生
学习形式	●不连续的学习 ●非正式学习 ●体验式学习、受外部控制的学习	●基于课程的学习 ●正式化的学习 ●受外部控制的学习	●不连续的学习 ●非正式学习 ●体验式学习

美国是"家校社"协同育人的先驱，20世纪80年代，美国学者Epsteintin提出"多重环境影响"假说，并据此发现"家校社"一体化模型有助于提高学生学习效

① 中华人民共和国家庭教育促进法（含草案说明）[M].北京：中国法制出版社，2021：10.

率。①我们借鉴其最具特色、广泛应用的"家校社"一体化模型②，以学生参与为主线，强调多方合作，广泛吸收利益相关者参与并明确其分工，整合家庭、学校和博物馆等各方力量，通过三者共同参与，建构协同育人框架（见图1），形成了全员育人、全方位育人、全过程育人的良好局面。

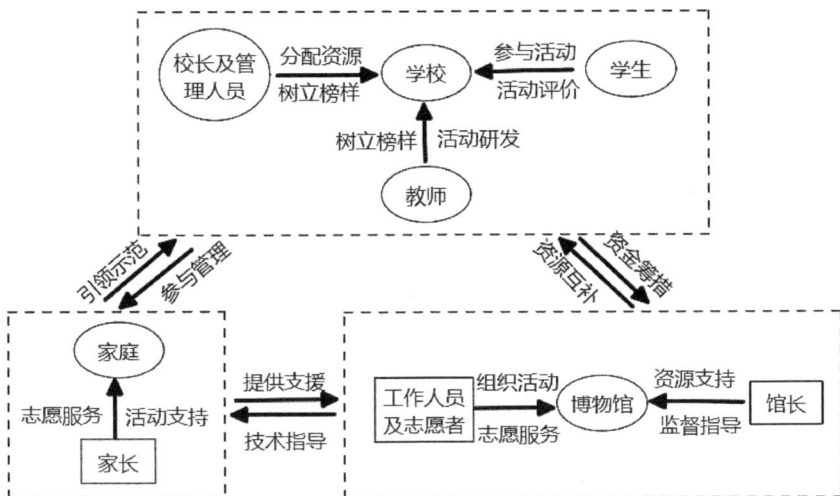

图 1　博物馆研学活动的家校馆协同育人框架

课程标准在教学建议中明确要求"丰富学生实践体验，促进知行合一"③，家庭、学校、博物馆三方合力，通过"博物馆进校园""我在博物馆长大""种子教师培训""博物馆里过端午"等活动，采取参观访问、现场观摩、志愿讲解、实验探究等方法让学生在社会实践中扩展自己的视野，提升自己的能力，学以致用，知行合一，推动价值实践，不断增强学生的文化自信。

正如史铎姆·奎斯特在《全球化世界中的教育》中所言："教育作为在一个全球化了的世界中获得成功的手段如今也被赋予了很大的重要性。"④唯有通过教

①　陈长洲，王红英，项贤林，等.美国体育素养战略计划的特点及启示[J].体育学刊，2019，26(2)：96-104.

②　王亮，范成文，钟丽萍.美国、英国、日本"家校社"协同育人的体育实践特征与启示[J].体育文化导刊，2022(7)：105.

③　中华人民共和国教育部.义务教育道德与法治课程标准（2022年版）[M].北京：北京师范大学出版社，2022：49.

④　刘海春，李婷.文化自信：新时代德育研究的重要向度[J].华南师范大学学报（社会科学版），2018(1)：74.

育，才能寻求理解人类文化差异并建设彼此尊重差异的文化。据统计，我国现有不可移动文物76.67万处，国有可移动文物藏品1.08亿件（套）。当前，中国特色社会主义进入新时代，中国特色社会主义文化建设必然面临着世界各种不同性质的思想文化相互激荡的境遇。作为思政教师，充分利用文物资源，开展爱国主义主题博物馆研学活动，坚守中华文化立场，构筑中国精神、中国价值、中国力量，培养担当民族复兴大任的时代新人，我们大有可为。

馆校合作：小学博物馆研学活动的实施策略

馆校合作是指场馆与学校为实现共同教育目的，相互配合而开展的一种教学活动。它将博物馆、科技馆、天文馆、美术馆、海洋馆、动植物园等文化机构与学校共同编入一个科学的系统协作网络，通过教育活动空间的扩大，课程资源的拓展，以及教育内涵的不断充盈，更好地实现人才培养的意义。^①传统的以偶然性馆内参观和随意性校内展览为主的馆校合作形式和内容已经不能满足小学生日益增长的精神需求，也无法充分发挥教育功能。馆校合作开展小学博物馆研学活动亟待寻得科学、便捷、可行的实施策略。

南京市锁金新村第一小学、南京市海英小学、南京市天正小学、陈红名师工作室、唐隽菁名师工作室、南京博物院、六朝博物馆等学校和场馆紧密合作，连续四年开展"馆校合作·博物馆课程开发与实践工作坊"活动。馆校合作中的"馆"，由最初的南京博物院、六朝博物馆等综合性、专题性博物馆，扩充到纪念馆、校史馆、名人故居等不同等级与类别的机构。馆校合作中的"校"，由最初的一所学校，拓展到幼儿园、小学、初中、高中、大学全学段，覆盖城市与乡村，并延展至教师发展中心、名师工作室，探索出了一条较为可行的小学博物馆研学活动实施策略。

一、确立教育目标，提炼活动特质

南京市锁金新村第一小学、唐隽菁名师工作室、六朝博物馆联合成立的"六

① 王乐，涂艳国.馆校协同教学：馆校合作教学模式的理论探索[J].开放学习研究，2017(5)：14.

朝风物"小学博物馆课程研发团队，将"爱国"确定为研学活动的目标，即厚植学生爱国主义情怀，树立学生文化自信，建立国家认同，把爱国情、强国志、报国行自觉融入实现中华民族伟大复兴的奋斗之中。在活动中，学生通过欣赏研究文物，了解其用途和作用，知道文物具有极其宝贵的价值；通过欣赏、探究文物，培养收集、处理信息，提高解决问题的能力；通过体会中国文化的丰富与精深，增强保护文物的责任意识，唤起对家乡的自豪感，树立文化自信，激发热爱家乡、热爱祖国之情，感受作为中国人的自豪感，立下强国志向。

　　我们认为，馆校合作的小学博物馆研学活动应具有乐趣为源、探究为径、传承为要这三个特质。

　　1. 乐趣为源。心理学家皮亚杰认为："所有智力方面的工作都依靠兴趣，学习最好的兴趣，乃是对所学材料的兴趣。"我们只有寻找文物与生活之间的关联，引起儿童浓厚的兴趣，让他们乐在其中，才能使他们主动投身活动之中。因此，乐趣是小学博物馆研学活动的根基。

　　2. 探究为径。研学，即研究性学习，是以学生为中心，在教师和学生共同组成的学习环境中，基于学生原有的概念，让学生主动提出问题、主动探究、主动学习的归纳式学习过程。因此，探究应是小学博物馆研学活动的主要方式。

　　3. 传承为要。博物馆馆藏文物承载着民族文化，记录着中国故事，体现着中国智慧，是中华优秀传统文化的重要载体。我们开展小学博物馆研学活动的最终目标，就是要激发儿童的爱国热情，让他们坚定文化自信，自觉传承中华优秀传统文化。因此，传承就是小学博物馆研学活动的核心。

二、构建合作模式，实现多元发展

　　以往的馆校合作，基本上是"一所学校＋一个博物馆"模式，以博物馆为主体，学校配合为辅。四年来，为了实现共同教育目标，南京锁金新村第一小学等学校充分发挥师资优势，与南京博物院等场馆共同努力、相互配合、协同发展，形成了全方位的教学合作关系，按照活动场地划分，创新了多种合作模式。①

---

① 　许越.合作·共享：中国大运河博物馆馆校合作的模式与活动策划[J].东南文化，
　　2021(3)：168.

1. 学校主导型合作模式。此模式以学校或者教师个人为开发主体。学校开发的博物馆研学活动以教师团队为开发主体，注重学科融合。例如南京市紫竹苑小学围绕南京博物院馆藏文物，以不同主题分别开发了"遇见·青铜""遇见·书画""遇见·瓷器""遇见·木器"等项目，将道德与法治、语文、数学、音乐、美术、科学、信息、综合实践、体育全部打通，开展探究性、社会性、调控性、审美性、技术性实践活动。

2. 博物馆主导型模式。此模式的开发主体是博物馆教育专员，其方式主要有三种。第一种方式是依据馆藏文物设计好研学活动，邀请小学生进馆体验；第二种方式是博物馆将展览搬入校园，学生足不出校，就能与文物面对面；第三种方式是博物馆教育专员依据合作学校的校园文化，结合馆藏文物进行研学活动开发，直接送课上门。

3. 教师发展中心（名师工作室）主导型合作模式。此模式的开发主体同样是教师团队，但是与学校主导型合作模式不同，教师发展中心、名师工作室可以不受学校、地区的局限，汇聚更多优秀、热情、投入的骨干教师，具有引领性、前瞻性和开拓性的特质。例如南京市小学道德与法治唐隽菁名师工作室开发出了"六朝风物激爱国情，文化自信立强国志"主题系列研学活动。

4. 学生需求牵引型模式。这一模式的主体是学生，学生围绕自己的兴趣，整合资源开发实践活动。例如南京市锁金新村第一小学的学生，利用节假日到六朝博物馆进行义务讲解。当他们发现身边的同学对文物也很感兴趣之后，围绕大家的兴趣点、疑惑点，利用自己所学，和老师一起先后开发出"文物上为啥有数字""青瓷之王为何是它"等活动，将自己守护的文物向同学做详细介绍，带领同学动手实践各种工艺流程。

5. 共建型合作模式。此模式打破了博物馆与学校之间的边界，研学活动由双方共同开发，根据教学内容，依据实施地点，可以分为"校—馆—校"和"馆—校—馆"两种方式。前一种方式是学生先在学校开展，再入馆学习，最后回到学校总结、创作。例如南京市海英小学的学生们在学校提出问题、合理猜想后，到南京博物院开展研究性学习探秘解惑，再回到学校创作作品。后一种方式是先在场馆学习再回学校深入研讨，最后回到场馆验证、展示。例如南京市长江路小学联合周边场馆等开发长江路文化场馆系列课程，先在各个场馆开展实境化、生成化的教学活动，再回校交流探讨，研究成果在各场馆展示。

三、设计活动流程，创新教学方法

现有的小学博物馆研学活动，基本上是学校教学内容和博物馆文物介绍的简单叠加，并没有真正发挥馆藏文物的教育价值。于是，"六朝风物"小学博物馆研学活动研发项目组依据道德与法治主动课堂教学模式，开发了"链接生活—馆内参观—体验探究"的小学博物馆研学活动3步教学法。

随着研究的深入，项目组成员接触到了美国圣保罗博物馆磁石学校总结的博物馆流程，这种基于博物馆专业人员研究和策展、以学习者主动学习为特点的学习模式，包含了4个主要步骤：探索、实验、解释和展示。根据实际情况，依托博物馆流程，团队又制定了活动流程的2.0版（见表1）。通过与博物馆文物关联度极高的生活场景和物件，激活学生的学习兴趣，进而鼓励他们大胆提出问题；之后，通过探究、实验，建构新的知识和经验，最终进行反思总结，进一步激发学生的爱国热情，激励他们立下强国宏志。现以南京市同仁小学蔡兰华老师开发的研学课程"六朝的信封什么样"为例，展现整个研学活动过程。

表1　小学博物馆研学活动流程

步骤	要求	目的	时长	对应博物馆流程
1	生活链接	主动质疑	30分钟	吸引
2	深度参观	探寻答案	30分钟	展示
3	实践探究	答疑解惑	25分钟	实验、探究
4	思索总结	激情导行	5分钟	解释

生活链接环节是从身边寻常之物入手，引发学生主动质疑。活动伊始，蔡老师向学生们展示了生活中常见的普通信封和快递信封："信封，同学们一定见过。我们为什么要用它？""保密。"学生的回答简明扼要。"今天，我们在六朝博物馆，看到这个信封，你们有没有什么问题？"学生马上提出诸多问题："古人怎么寄信？""古代的信封是什么样的呢？""博物馆里有古代的信封吗？"……孔子云："疑是思之始，学之端。"无论是科学探究还是科学发现，无不都是从问题开始的。博物馆研学活动必须让文物"活"起来，因此务必从学生熟悉的生活出发，以他们喜闻乐见的形式出现，进而走进甚至融入百姓文化生活。

深度参观环节由博物馆志愿者带领学生们进馆参观，与之前走马观花式的参观不同，此时的参观路线、讲解文物都是由课程开发老师与博物馆志愿者联合确定、选择的。六朝博物馆是中国展示六朝文物最全面的遗址博物馆，也是反映六朝文化最系统的专题博物馆。全馆共设4大展厅。由于本次研学的核心文物是木封检，本次参观场馆确定在负一层"六朝帝都"展厅的"生活篇"部分。该展区还原六朝时期人们的衣食住行，这其中就有木封检。封检是竹木简时代的"信封"，博物馆志愿者在此停留的时间最长：只是告知此文物是六朝时人们使用的信封，只是让学生有足够的时间仔细观察，但不告知如何使用。

实践探究环节就是开展实验、答疑解惑了。美国麻省理工学院的简·麦戈尼格教授在《游戏改变世界》一书中总结了游戏的四个魅力，其中一点是优秀的游戏带给玩家比常见生活更加宏大的意义。这一环节就是要培养学生对人类文明的参与感。蔡老师给每位学生提供了一套木封检复制品、一张竹简、一段麻绳、一枚印、一盒印泥，请大家独立研究：木封检怎么用？学生们立刻开动脑筋，采用各种方式进行捆扎。经过不懈努力，同学们最终恍然大悟：封检上有槽，捆扎竹木简的绳子可以从槽里穿过，封检上的方形小槽放封泥，封泥上盖印章，如有人私拆信件，封泥则会损坏，相当于现在的封条。他们穿越回六朝，体验了六朝人的生活。

博物馆首先得是一个让人发现世界之大之美、让历史穿越时空和我们说"你好"的乐园，而不是一个"施教场所"。①有了前3个环节的铺垫，到了思考总结环节，学生们情绪高涨。他们知道古人如何使用木封检之后，纷纷赞叹我们祖先的聪明才智；了解了茶壶上的流口与执手，欣赏了鸡首壶、青瓷扁壶、青瓷狮型插器等文物图片后，古人在制作生活器具时将实用性与艺术性完美统一的高超技艺，令他们叹为观止。文物承载着灿烂文明、传承着历史文化、维系着民族精神，是增强文化自信的重要资源。当博物馆变得有趣，当文物变得可亲可近可感，学生就自然生发出对中华文明基于理解的热爱。

在具体的教学方法设计上，团队借鉴了美国认知心理学家柯林斯和布朗等提出的认知学徒制。在博物馆研学活动中，立足不同的学习环节，确定了"示范、辅导、脚手架、表达、反思、探索"等基本的教学方法；并根据不同角色的作用，明

① 张晓扬. 博物馆儿童课程的目标与实施[J]. 教育研究与评论，2016(4)：37.

确了适合主讲人与志愿者使用的不同的活动教学方法①（见图1）。此外，我们认为小学博物馆研学教育还必须凸显"四个性"，即教学情境真实性、教学过程生成性、学习共同体建设性、教学序列循序渐进性。

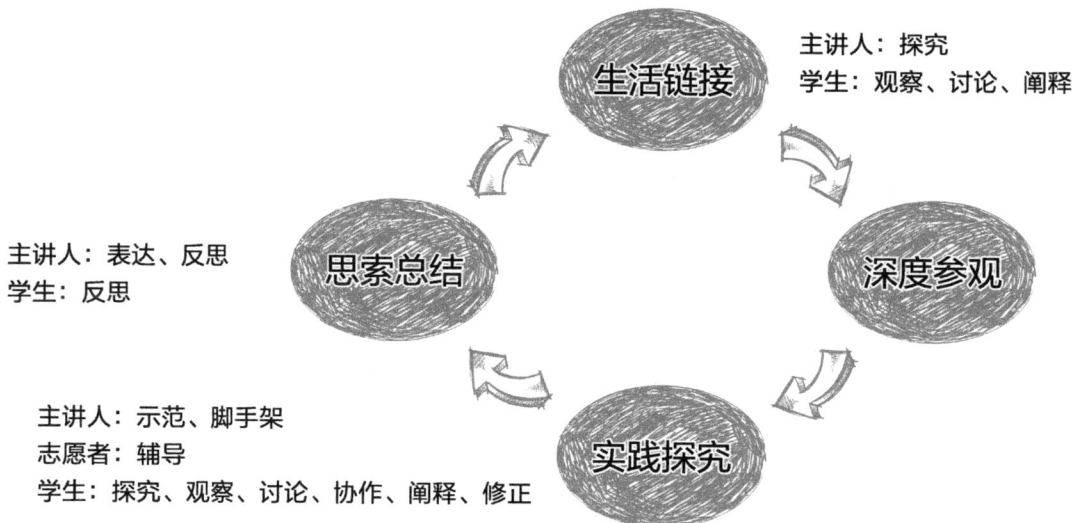

主讲人：探究
学生：观察、讨论、阐释

生活链接

深度参观

思索总结

主讲人：表达、反思
学生：反思

主讲人：示范、脚手架
志愿者：辅导
学生：探究、观察、讨论、协作、阐释、修正

实践探究

图 1　馆校合作小学博物馆研学活动教学方法

四、注重增值评价，关注全面发展

评价，既是博物馆研学活动实施的"终点"，亦是持续发展的"起点"，而且伴随着研学活动的全过程。《中小学综合实践活动课程指导纲要》明确要求进行多元评价和综合考查，突出评价对学生的发展价值，充分肯定学生活动方式和问题解决策略的多样性，鼓励学生自我评价、与同伴合作交流、分享经验。

1. 基线测评，重视起点

每个学生都是独一无二的，在他们身上既体现着发展的共同特征，又表现出发展的巨大差异，且他们发展中差异的表现形式又各不相同。因此，增值评价首先就必须承认并尊重学生的发展存在差异的普遍性、客观性和多样性特征。针对小学阶段儿童的特点，馆校合作课程研发团队设计的调查表更加倾向直观化、趣味性，旨

---

① 唐隽菁.博物馆研学活动开发例谈——南京市锁金新村第一小学"六朝风物"研学实践思考[J].中小学德育，2021(5)：47-48.

在在轻松愉悦的氛围下，获得真实的表达，从而全面深入地了解学生已有知识、能力、情感的起点（见表2）。

表2　馆校合作小学博物馆研学活动调查表

问题	选项	测评素养
我在场馆中看展览时	有自己独到的见解（　　） 听过讲解或者看过简介后能大致了解（　　） 完全不懂（　　）	人文底蕴
参观前，我会提前阅读相关书籍（不包括杂志期刊等碎片化阅读）	经常这样做（　　） 有时（　　） 不会（　　）	人文底蕴
对于老师的讲解我通常的反应	参与讨论（　　） 提出问题（　　） 没有反应（　　）	学会学习
我发现问题的能力和独立思考的能力	很强（　　） 一般（　　） 还需加油（　　）	学会学习
我经常主动与别人分享自己的学习收获	经常这样做（　　） 有时（　　） 不会（　　）	健康生活
平时参观游览时，我一般能走这么长时间	1小时以内（　　） 两三个小时（　　） 半天（　　）	健康生活
参加研学活动时，我能够听从指挥，遵守各项规定	经常这样做（　　） 有时（　　） 不会（　　）	责任担当
如果有机会学习一项传统技艺，我的态度是	非常乐意（　　） 有时间再学（　　） 没兴趣（　　）	责任担当
在博物馆研学活动中，我最喜欢的是	馆内参观（　　） 实验探究（　　） 老师讲解（　　）	实践创新
我在研学活动中如果遇到问题，更倾向于	独立思考（　　） 寻求帮助（　　） 搁置不管（　　）	实践创新

2.活动观察，关注过程

教育的价值孕育于教育过程之中，只有关注教育过程，才能获得相对理想的教育结果。增值评价更加关注学生在学习过程中细微的变化。结合研学活动特点、儿童年龄特点，馆校合作课程研发团队设计了学生研学活动等级课堂观察量表（见表3）。

表3 馆校合作小学生研学活动等级课堂观察量表

序号	学生表现	评分
1	研学兴趣浓厚，情绪高昂	
2	倾听老师的讲解（眼睛看着老师），有辅助行为（记笔记/查阅/回应）	
3	倾听同学的发言（眼睛看着发言同学），有辅助行为（记笔记/查阅/回应）	
4	参与提问/回答的质量（有理有据简要表达，不重复其他同学的观点，不打断其他同学发言）	
5	参与小组讨论的质量（共享资源，有理有据简要表达，不重复其他同学的观点，不打断其他同学发言）	
6	自主研学质量，有自主研学形式（探究/记笔记/阅读/思考）	
7	研学中，对师生提出的观点大胆质疑，提出不同意见	
8	研学中，应用已经掌握的知识和技能，解决新问题	
9	预定的研学目标达成，有证据（观点/作业/表情/板演/演示）	
合计		
评分标准：优（5分），良（4分），好（3分），一般（2分），尚可（1分）		

观察表也是行为的指针。通过观察表的学习，学生知晓在博物馆研学活动中，应如何听讲、如何发言、如何参与。通过多次观察，每一位学生都能清晰地看到自己在原有基础上的发展程度，进而学会在自我比较、自我教育中看到自己的进步，增强自信。

3.终结测评，增值评价

每次博物馆研学活动告一段落，馆校都会联合开展终结测评，旨在全面深入地了解学生的学习进步程度，帮助老师提高博物馆研学活动的教学水平。对于学生的测评，我们重点关注学生在博物馆研学活动中参与的态度、获得的体验、方法的习得、能力的发展这4个维度（见表4）。

表 4 馆校合作小学生研学活动效能测评表

评价项目	具体内容	评价等级				总评
		优秀	良好	一般	加油	
参与的态度	认真参加每一次研学活动					
	主动提出设想、建议					
	乐于合作，尊重他人，认真倾听同学们的观点和建议					
获得的体验	善于提问，乐于研究，勤于动手					
	在研学活动中，能进行自我反思					
	不怕艰辛，勇于克服困难					
方法的习得	愿意学习、借鉴其他同学的方法					
	会用多种方法搜集、处理信息					
	能运用已有知识解决问题					
能力的发展	有求知的好奇心、探索的欲望					
	独立思考，主动发现问题、提出问题					
	积极实践，发挥个性特长					

活动开始之前所做的"馆校合作小学博物馆研学活动调查表""馆校合作小学生研学活动等级课堂观察量表"，在活动结束前，还会再次进行测评。通过增值测评，馆校合作团队关注博物馆研学活动中师生在原有基础上的进步程度，成功解决"重结果而忽视师生努力程度"的问题，让每一名师生都能体验成长的快乐。

从教材看馆校合作的现实基础

教育部、国家文物局联合印发的《关于利用博物馆资源开展中小学教育教学的意见》中（以下简称《意见》），明确提出"中小学语文、历史、地理、思想政治、美术、科学、物理、化学、生物等学科教学和综合实践活动，要有机融入博物馆教育内容"。小学学科丰富，有语文、数学、英语、音乐、体育、美术、科学、道德与法治、信息技术与综合实践等，我们对所有学科所有教材进行了博物馆知识与内容的梳理。

学科教材中的博物馆知识与内容梳理

1. 小学语文学科

表1　小学语文学科教材中相关博物馆知识与内容概况

年级	语文学科
三年级	《陶罐和铁罐》《纸的发明》《赵州桥》
四年级	《呼风唤雨的世纪》《蟋蟀的住宅》《习作：写信》《西门豹治邺》《猫》《母鸡》《白鹅》《口语交际：自我介绍》
六年级	《故宫博物院》

从对小学语文学科教材的梳理来看，共计12篇与博物馆相关联的课文，其中一、二、五年级的数量为0，三年级3篇，四年级8篇，六年级1篇。相比较而言，中高年级涉及博物馆教育的课文较低年级要多一些，尤其中年级的内容相对而言比较集中。从内容上来看，有与相关历史和馆内展品价值有直接性关联的课文，比如四年级《呼风唤雨的世纪》、六年级《故宫博物院》；有与展品材质、质地有关联的课文，比如三年级《陶罐和铁罐》《纸的发明》，四年级《蟋蟀的住宅》等；也有博物馆与展品介绍方法的指导，比如《口语交际：自我介绍》。

2. 小学数学学科

表2　小学数学学科教材中相关博物馆知识与内容概况

年级	数学学科
一年级	《认识图形（二）》
二年级	《厘米和米》《观察物体》《认识万以内的数》《分米和毫米》《角的初步认识》《数据的收集和整理（一）》
三年级	《千克和克》《长方形和正方形》《周长是多少》《平移、旋转和轴对称》《千米和吨》《年、月、日》《长方形和正方形的面积》《数据的收集和整理（二）》
四年级	《观察物体》《垂线与平行线》《平移、旋转和轴对称》《三角形、平行四边形和梯形》
五年级	《多边形的面积》《统计表和条形统计图（二）》《圆》
六年级	《长方体和正方体》《圆柱和圆锥》《比例》《绘制平面图》

小学数学教材中每个年级都有相关的博物馆知识与内容。其中一年级相对较少，只有一个《认识图形（二）》的主题，其他年级的主题相对比较均衡。从纵向来看，同一主题在不同年级具有延伸性与拓展性，比如二年级和四年级都有《观察物体》的主题，二年级和三年级都有《数据的收集和整理》，但是具体教学内容有不同指向。从教学知识与内容来看，有对博物馆与具体展品的大小、形状、重量的观察与测量等实际应用，比如一年级《认识图形（二）》、二年级与四年级《观察物体》、三年级与四年级《平移、旋转和轴对称》，也有对数据的测量、收集、整理与分析能力的培养，比如三年级《数据的收集和整理（二）》、五年级《统计表和条形统计图（二）》。在与其他学科的对比中我们发现，数学教材中的博物馆相关知识与内容，不仅可以提升学生的知识，对学生科学素养的提高也有着极大的影响。

3. 小学道德与法治学科

表3　小学道德与法治学科教材中相关博物馆知识与内容概况

年级	道德与法治学科
三年级	《四通八达的交通》《慧眼看交通》《万里一线牵》
四年级	《正确认识广告》《我们所了解的环境污染》《我们的衣食之源》《我们当地的风俗》《多姿多彩的民间艺术》
五年级	《美丽文字　民族瑰宝》《古代科技　耀我中华》《传统美德　源远流长》
六年级	《探访古代文明》

小学道德与法治学科教材中一、二年级没有涉及博物馆相关的知识与内容，三至五年级中相对比较均衡，六年级上册为法治教育专册，因此仅梳理了下册，内容相对而言比较少。从内容上来看，本学科教材中涉及的多为与博物馆相关的历史性知识与内容，比如五年级上册以《骄人祖先　灿烂文化》为主题的第四单元，涵盖了《美丽文字　民族瑰宝》《古代科技　耀我中华》《传统美德　源远流长》三课，从文字、科技、美德多个方面展现了我国古代人的智慧和文化，学生在课堂教学与博物馆教育的融合中，容易产生强烈的爱国情感的共鸣，这与博物馆的教育主旨不谋而合——为提高青少年思想道德素质发挥了重要作用。

4.小学美术学科

表4　小学美术学科教材中相关博物馆知识与内容概况

年级	美术学科
一年级	《圆圆的世界》《方方的物》《找找三角形》《土与火的艺术（彩陶）》《形的组合》《太阳和月亮》《秋天来了》《水墨游戏》《玩泥巴》《雕泥板》《我的地图》《美丽的盘子》《叶子片片》《好大一幅画》《中国民间玩具》
二年级	《难忘夏天》《诱人的瓜果》《小挂件》《感觉肌理》《印出来　印出来》《虾和蟹》《老人和儿童》《青花盘》
三年级	《色彩明度渐变》《点彩游戏》《我设计的服饰》《形形色色的人》《对称美　秩序美》《动物明星》《水墨画动物》《漂亮的灯》《风筝》《风》《装饰瓶》《纸版画》《远古的动物朋友》《动物面具》《水墨情趣》《小泥人》
四年级	《黑　白　灰》《门　窗　墙》《老房子》《水墨改画》《图画文字》《玉石文化》《下雨啰》《鸟和家禽》《我是一只小小鸟》《水墨画鸟》《罐和壶》《土与火的艺术（彩陶）》
五年级	《参观和旅行》《学学构图》《风景如画》《水墨山水画》《有表情的面具》《船》《非洲雕刻艺术》《近大远小》《线条的魅力》《柱状雕刻》《藏书票》《诗配画》《青铜艺术》
六年级	《水墨画蔬菜》《水墨园林》《头饰和帽子》《玩偶》《印花布》《画人物》《水墨人物画》《运动的动物》《木版年画》

在梳理的所有教材中，美术是涉及博物馆知识与内容较多的学科。"美术和博物馆是文明的家"，从古至今，两者间就有着千丝万缕的联系。从每个年级的教材内容来看，一、二年级可以从形状上观察博物馆与展品，比如《圆圆的世界》《方方的物》《青花盘》；三、四年级可以从色彩上入手，比如《色彩明度渐变》《黑　白　灰》《罐和壶》；五、六年级则从结构上多加关注，比如《学学构图》

《近大远小》。除此之外，中高年级还可以带领学生从欣赏的角度出发，实地了解《诗配画》《青铜艺术》《线条的魅力》等，引导学生在博物馆的殿堂里"向美而生"，增加具体而又有指向性的美育教育。

5. 小学科学学科

表5　小学科学学科教材中相关博物馆知识与内容概况

年级	科学学科
一年级	《衣食住行的变化》《轮子的故事》《石头》《玩泥巴》《形形色色的动物》《多姿多彩的植物》《动物·人》
二年级	无
三年级	《纸》
四年级	《鸟类》《鱼类》《哺乳类》《常见的岩石》《认识矿物》《矿物与我们的生活》
五年级	《云和雾》《雨和雪》
六年级	《消失的恐龙》《化石告诉我们什么》《用化石作证据》《影响人类文明的里程碑》

小学科学是实践性的学科，学生从观察、探究、实验中可以获得很多有趣的知识。从六个年级的教材梳理情况来看，除二年级没有相关的博物馆知识之外，每个年级都有相对比较均衡的内容。从教材内容来看，低年级相对而言以观察与动手制作简单的物品为主，如《玩泥巴》《石头》等；中高年级则以相对比较专业的科学角度探寻大千世界里生命生存的痕迹，比如四年级《鸟类》《鱼类》《哺乳类》《认识矿物》等，六年级《消失的恐龙》《化石告诉我们什么》等。其中四、五、六年级的主题相对而言具有整合性，如四年级从"鸟""鱼""哺乳类"三个类别了解生命，六年级从"恐龙""化石"层层递进的教材内容，引导学生由表及里，探寻科学的秘密，这与博物馆教育一脉相承，具有积极的现实教育意义。

从对小学语文、数学、道德与法治、美术、科学这几门学科的教材分析中可以看出，教材为馆校合作提供了充足的现实基础，馆校合作为学生的全面发展提供了良好的平台和契机。《意见》强调要"推动博物馆教育资源开发应用""开发博物馆系列活动课程"，学科教材将会为博物馆资源的开发和课程的建设奠定坚实的基础，让馆校合作"更有抓手、更接童气"。

博物馆研学活动开发例谈
——"六朝风物"研学实践思考

　　2020年9月30日，教育部和国家文物局联合发布的《关于利用博物馆资源开展中小学教育教学的意见》要求：各地教育部门和学校要充分利用各类博物馆资源，组织开展爱国主义、革命传统、中华优秀传统文化、生态文明、国家安全等主题的研学实践教育活动……发挥实践育人作用。博物馆作为传承中华民族优秀传统文化的重要阵地，拥有丰富的文化资源。将馆藏文物资源所蕴含的中国故事、民族精神引入学校教育，会更好地引领学生传承中华优秀传统文化，坚定文化自信。由此，唐隽菁名师工作室、锁金新村第一小学与南京六朝博物馆携手，联合开发"六朝风物激爱国情，文化自信立强国志"（下文简称"六朝风物"）博物馆研学活动，开展了有益的实践与探索。

　　1. 以"爱国"统整博物馆资源与德育课程，确定"文化自信"之活动目标

　　"六朝风物"博物馆研学活动的设计，最初源自小学道德与法治历史主题教学拓展课程资源的实践思考。博物馆通过科学、系统的展陈体系，清晰的历史、文化、科学和自然脉络，借助生动的文物，展现国家辉煌的过往和自信的当下，成为培育国家认同、文化自信的宝贵资源。尤其对于道德与法治历史文化等相关主题教学，可以说是生动的课程资源。

　　实践中，我们逐渐认识到，博物馆研学活动理应是博物馆与学校为实现共同教育目的，相互配合而开展的一种教学活动[①]。它将博物馆与小学道德与法治课程共同编入协作系统，利用场馆教育资源的深度开发，对小学道德与法治课程形成功能

---

① 王乐.馆校合作的反思与重构——基于扎根理论的质性研究[J].中国教育学刊，2016(10)：72-76.

性补偿，依托博物馆独特的资源优势，共同促进"人的全面而自由的发展"。而这正回应了"核心素养"的教育诉求。①

于是，在理解核心素养，研读课程的上位指南，即品德与生活（社会）课程标准（2011年版）和《青少年法治教育大纲》的基础上，我们认为，"爱家乡、爱祖国"这一课程目标与博物馆资源的相关德育价值高度契合。正如品德与社会课程标准所指出的：珍视祖国的历史与文化，具有中华民族的归属感和自豪感是课程目标之一。《青少年法治教育大纲》也明确要求，培养和增强青少年的国家观念。

由此不难理解，核心素养之"国家认同"与课程标准之"热爱祖国"、《青少年法治教育大纲》之"国家观念"的培育要求，都可用社会主义核心价值观之"爱国"加以统整。因此，我们将"六朝风物"博物馆研学活动的目标确定为"爱国"，即引导学生树立身份自信和文化自信，从而建立国家认同，能够豪迈地说出："我骄傲，我是中国人。"具体而言：

在知识与技能方面：通过欣赏研究六朝文物，了解其用途和作用，知道文物具有极其宝贵的价值。

在过程与方法方面：通过欣赏、探究文物，培养收集、处理信息，提高解决问题的能力。

在情感、态度、价值观方面：体会中国文化的丰富与精深，增强保护文物的责任意识，唤起对家乡的自豪感，树立文化自信，激发热爱家乡、热爱祖国之情，感受作为中国人的自豪感，立下强国志向。

2. 以"对话生活"活化博物馆教学质料，激发文化探究与传承

博物馆的社会角色不单是抢救被遗忘的物件，还应从不断堆积的文化消费中选择构建意义。②"六朝风物"博物馆研学活动属于遗址类博物馆爱国主义研学的一部分，目前，国内没有太多经验可以借鉴。为此，团队教师首先以合格讲解员作为结业标准，接受了"卷入式"实战培训。随着学习的深入，原先冰冷的文物在教师眼中有了温度，他们不仅对文物产生了兴趣，更重要的是激发了探究欲望。老师们

---

① 王乐，刘晓霞.基于核心素养的馆校合作课程资源开发研究[J].教育与教学研究，2019(8)：24-25.

② 王芳."驿路同游"：建构馆校合作研学实践新模式[J].文博学刊，2019(3)：53.

自发地走进文物丰富的人文世界，探寻它们的前世今生。这为我们选取活动内容奠定了坚实基础。

现实是教学的资源库，主题资源的启迪、课程资源的开发、空间资源的利用等都源于教学对生活的问询。[①]我们秉持着活动内容甄选应源于现实这一共识，着力寻找与现实生活有着密切关联的教学质料，积极对话生活，围绕"有趣·探究·传承"之活动特质，努力让文物"活"起来（见表1）。

表1　"六朝风物"博物馆研学活动主题一览表

序号	活动主题	核心文物	关联文物
1	文物是怎么命名的？	青瓷蛙形水注	青瓷插器、青瓷重沿罐
2	文物上为啥有数字？	青瓷小马	青瓷神牛
3	六朝的信封什么样？	木封检	木名刺
4	六朝菜单上都有啥？	兽骨	贝壳、鹿角
5	车辙为什么这么深？	金陵第一路	陶牛车俑
6	古代建筑如何防水？	瓦当	滴水
7	六朝人是谁的粉丝？	错版竹林七贤拼镶砖画	竹林七贤与荣启期砖画
8	这碗为什么倒扣着？	席镇	镇纸
9	青瓷之王因何得名？	青瓷莲花尊	
10	为何不可出国出境？	青瓷釉下彩羽人纹盘口壶	青瓷扁壶

例如，主题活动"古代建筑如何防水"以六朝博物馆的展品——瓦当墙为核心文物，带领学生通过拓印的方式，了解瓦当的纹样；通过"我是小瓦工"的活动，以小组为单位，同学们尝试在屋面模具上铺设瓦当、滴水，并接受雨水喷淋测试。主题活动"这碗为什么倒扣着"，老师则带领同学们从耳熟能详的镇纸入手，通过席地而坐的实验，揭示席镇的作用，由此了解六朝时期人们的生活方式、审美取向。

"一切真历史都是当代史"，正如贝奈戴托·克罗齐所言，文化遗产是过去留存在今天的碎片。作为历史的物证，我们需要让文物以适当的方式"活起来"，与今天发生关系[②]，从而与学生的认知和情感发生关系。我们通过变化诠释维度，释

---

① 王乐.美国博物馆学校的办学特色及其启示——基于目的、内容与方法的案例分析[J].中国博物馆，2020(1)：63.

② 许潇笑.让文物"活起来"：策展再塑博物馆的社会表达方式[J].东南文化，2020(3)：155.

放文物丰富多样的文化内涵，让它们变得鲜活而立体，变得可亲且可感，让学生直观感受先人的聪明才智，为祖先而骄傲。

3. 以"4S"架构博物馆学习流程，自主体悟中国故事与精神

在具体教学中，美国圣保罗博物馆磁石学校总结的博物馆流程这一学习模式为我们提供了借鉴。博物馆专业人员研究和策划展览时，通常采用探究、实验、解释和展示四个阶段。博物馆流程这一学习模式基于这四个阶段，以学习者主动学习为特点，其本身也是一种与学生一起创建展览，让学生在探究、实验、解释、展示的过程中获得全面发展的教育工具。[①]"六朝风物"是面向广大青少年，突破了学校、年级、班级限制的研学活动。因此，根据实际情况，我们依托上述博物馆流程，制定了"4S"活动流程（见表2）。

表2　博物馆研学活动"四S"活动流程

步骤	要求	目的	时长	对应博物馆流程
1	生活链接	主动质疑	30分钟	吸引
2	深度参观	探寻答案	30分钟	展示
3	实践探究	答疑解惑	25分钟	实验、探究
4	思索总结	激情导行	5分钟	解释

"4S"取每个环节关键词的拼音首字母（生活、深度、实践、思索），活动流程以螺旋轮的模型，阐释学生通过"链接生活、馆内参观、深度体验、反思总结"四个步骤，完成博物馆学习的原理。即通过与博物馆文物关联度极高的生活场景和物件，激活学生的学习兴趣，进而鼓励他们大胆提出问题；之后，通过探究、实验，建构新的知识和经验，最终进行反思总结，进一步激发学生的爱国热情，激励他们立下强国宏志。

其中，生活链接环节重在引导学生提出问题。在这一环节，我们着重鼓励学生根据具体的现实生活场景和物件，提出希望探寻的问题，进而确定本次活动需要解决的一个问题；之后，在深度参观环节，鼓励学生带着疑惑，借助讲解，找出相应文物；在实践探究环节，主要通过小组合作、动手实验、交流讨论来解决问题。这

---

① 王牧华，付积.美国博物馆学校的办学模式创新及挑战[J].外国教育研究，2020(2)：41.

一流程的最后一个步骤——思索总结环节，主要用以呈现探究成果，学生需要解释他们在学习中的所思所想所获。

通过"4S"流程的活动体验，学生的所得必将指向一个中心思想：闪耀着璀璨艺术光华的历史文物，让所有中华儿女引以为豪和骄傲。而许多与古代科技有关的文物所折射的中华民族无与伦比的发明创造的智慧之光，更是令人叹为观止。这些文物告诉我们一个无可辩驳的历史事实，即中华民族是一个伟大、智慧且极富创造精神的民族，"在3-13世纪，中国保持了一个让西方人望尘莫及的科学知识水平"①。

在研学活动中，我们注重将主动权从教师转移到学生，转教为学。教师在整个过程中只发挥导学、诊学、助学的作用，这有别于以往博物馆研学活动中以教师"讲授"为主的教学方式，力求让学生知学、愿学、会学。如此，让学生通过切身体验和学习，发现、挖掘文物中所蕴含的中国故事和民族精神，在感悟、传承中华优秀传统文化中坚定文化自信。

4. 以"思维与能力"创新教学方法，夯实文化自信之思想根基

在具体的教学方法设计上，我们借鉴了认知学徒制。这种教学方法认为，学生的学习不能脱离相关知识应用的文化背景，否则容易导致学生只能获得无法应用的惰性知识。②认知学徒制由美国认知心理学家柯林斯和布朗等提出，被视为一种教学模式或学习环境，强调培养学生的认知技能，即专家实践所需的思维、问题求解和处理复杂任务的能力。③

但是，认知学徒制有一个主要的缺点，即大多数学校无法接触各种学科的专业人员。针对这一问题，我们对认知学徒制进行了改进。即在博物馆研学活动中，立足不同的学习环节，确定了"示范、辅导、脚手架、表达、反思、探索"等基本的教学方法；并根据不同角色的作用，明确了适合主讲人与志愿者使用的不同的活动教学方法。

① 吴晓丛.文物在爱国主义教育中的重要作用[J].文博，1995(4)：84.
② King，K.S..Museum School：Institutional Partnership and Museum Learning[EB/OL].(2019-4-15)[2020-11-30].https:// files.eric.ed.gov/fulltext/ED419891.pdf.
③ 张琦，杨素君.论情景学习视域中的认知学徒制[J].现代远程教育研究，2004(4)：42-43.

以"六朝的信封什么样"主题活动为例，在"生活链接"环节，主讲人负责"探究"，鼓励学生提出自己的问题并激发解决问题的意愿："为了保密，现在我们写完信都用信封。六朝时，人们用什么来确保书信、文书的安全呢？"于是，学生带着这个问题进馆参观。在"实践探究"环节，主讲人负责"示范"和搭建"脚手架"，演示"木封检"是如何使用的，将其内部过程和活动外显化，借助图片、文字等为学生提供支持。志愿者则负责"辅导"，在学生独立尝试使用木封检捆扎竹简时，观察他们执行任务的情况并为其提供建议、挑战、反馈等，帮助他们完成任务。在"思索总结"环节，主讲人则负责"表达"，引导学生表达和完善自己的理解。

依托认知学徒制，我们明确小学博物馆研学活动必须凸显"四个性"：教学情境真实性、教学过程生成性、学习共同体建设性、教学序列循序渐进性。教师注重"探究、示范、辅导、搭/拆脚手架、清晰表达、反思"，关注学生"探究、观察、讨论、协作、阐释、反思/修正"，从而共同解决复杂问题。

由此，借助认知学徒制克服传统学徒制中专家思维不可视和学校教育中知识教学脱离其使用情境的缺点，这将让学生浸润在专家实践的真实环境中，切实培养学生的高阶思维，提升其问题解决和处理复杂任务的能力。在这一过程中，诸如木封检等文物变得鲜活起来，向学生展现了古人精巧的生活智慧和创造力，民族自豪感和爱国之情油然而生。这样的爱国教育更具思想性，充盈着学生的自主思考与探究，指向的将是真正的内化与认同，帮助学生夯实厚重的文化自信根基。

"六朝风物"博物馆研学活动的开发与实践，让我们对小学道德与法治课程和博物馆资源的育人内涵有了更加深刻的理解，切实推动了教学方式的转变，也提升了教师的课程开发能力。我们将继续探索。

用儿童喜欢的方式打开博物馆学习
——以"车辙为什么这么深"为例

博物馆，记录了一个国家或城市的历史文化沿革，在纵横数千年间诉说着沧桑与繁华。正如习近平总书记所说，"一个博物院就是一所大学校"。如何让文物说话，让历史说话，让文化说话？作为一名道德与法治的学科教师，我参加了"六朝风物"博物馆课程公益活动，在探索课程研发、实施、评价的过程中，我越来越深切地感悟到：用儿童喜欢的方式打开博物馆学习，让"逛博物馆"成为儿童的一种生活方式，这应该是我们的一种教学追求和价值旨趣。

1. 主题厘定——体现"探究、思维、生活、文化"的四维一体

在和团队老师的反复研讨及与儿童的充分交流中，我们渐渐明晰：博物馆课程不同于学校课程，更不同于学科课程，它需要在儿童的生活与思维方面，建立广泛的联结，实现深度的探究，臻至主动的传承。正如爱因斯坦所强调的，"兴趣是最好的老师"，如何在浩如烟海的历史资料中唤起儿童关注文物、探究文物、对话文物的兴趣和热情，这是博物馆课程的重要起点。

以"车辙为什么这么深"一课为例。最初接到任务时，我的活动主题是"陶牛车"，具体研究陶牛车的什么呢？六朝博物馆的老师给我发了很多陶牛车的资料，经过大量的阅读，我一时拿不定主意。于是，我将问题抛给班级学生：看看这幅陶牛车的图，你想知道什么？学生提出的最多的问题是：为什么要用牛拉车，不用马拉车？这个问题很好解答，学生只需要简单查阅资料就可得知，牛车在古代是很重要的交通工具，牛拉车走路平缓，舒适稳当，牛车是贵族青睐的出行方式，显示了车主高贵的身份地位。学习仅仅到此就结束了吗？是不是没有其他更值得探究的主题了？我将目光从陶牛车转移到其他地方，发现比陶牛车本身更吸引人的元素是陶牛车脚底下那两道深深的车辙。为什么会有深深的车辙呢？车辙为什么又这么深？

它向千百年后的人们诉说了什么？

其一，这两道车辙某种程度上体现了当时建康城经济文化现状。馆方将陶牛车安放在"金陵第一路"上，这两道深深的车辙印记，为我们展现了曾经的繁华过往，300多年前的建康城不愧是当时中国的经济、文化、政治、军事中心，当时世界上最大的城市之一。

其二，两道深深的车辙，说明古代车辆的车轴同宽，这就是著名的"车同轨"制度。为什么会有这一制度？谁颁布的？在什么背景下颁布的？有何长远考量和意义？车同轨在今天又有何发展？就这样，一系列问题被关联了起来，极具研究意义！

于是，活动主题确定了——车辙为什么这么深？可见，博物馆研学课程设计的第一步就是定好主题。这样的主题要力求体现探究、思维、生活、文化的四维一体。

（1）探究的意义性。博物馆学习的开展，绝不能是文物资料的查找和堆叠，也不能停留在复述文物知识和记忆结论的肤浅层面，它应该能够打开儿童的思维之窗，让儿童独立的思想照进来，让儿童在博物馆学习中热情互动、大胆实践、积极思考、趣味研究，充分体现对话传统文化、濡染传统文化的探究过程。

（2）思维的延展性。一个好的主题，它应该串起学生碎片化、扁平化的认识，不应该是就某个文物讲某个文物，而是要通过螺旋上升的课堂环节，层层递进地引发儿童思维向更深更广发展。

（3）生活的关联性。博物馆学习应穿越历史的藩篱，对接学习者今天的生活，比如"车同轨"代表的是一种标准体系，在当今的交通、生活等方面还有很多其他的例子，学生可以古今联系，延伸拓展。

（4）文化的聚焦性。"车辙为什么这么深"这一主题时刻聚焦儿童"文化理解力"的培养，深度探寻车辙背后的历史根脉、文化内涵，我认为，博物馆学习的主题应有文化味，突出"文化性"，是儿童理解传统文化、传承中华文化的爱国行动与情感表达。

2. 要素分析——借"5W"思维工具统整博物馆研学课程资源

在明晰博物馆课程的研究主题和方向后，我们需要确定学习的内容，和儿童共同编写属于博物馆课程自身的"教科书"。作为博物馆课程的开发者，我们在活动设计之前，应该全面梳理与主题相关的博物馆课程资源，也就是要素分析，这是对博物馆资源进行系统分析的思维工具。美国有学者提出了"5w"的构架，用以学习探究各种事物和现象——人物（Who）、时间（when）、地点（where）、行为（how）、思想（what）。

以"车辙为什么这么深"为例，将该主题置于五大要素所构成的脉络中，在备课前，我作为课程开发者思考了这些问题：

陶牛车脚下的这条路在哪里？深深的车辙说明了什么？

车同轨的颁布者是谁？

什么时候颁布的？颁布的历史背景是什么？

车同轨是如何影响中华文明的？

几千年后的今天，是否还有影响？我们可以为文明传承做些什么？

按照五要素进行分析，可避免我们在茫茫的博物馆资料中抓瞎，有助于我们以文物为着眼点，详尽地梳理文物背后的文化脉络。博物馆课程资源的梳理，也是教学结构化、板块化的过程，随着儿童年级的升高，我们也可以逐步放手让儿童自己去叩问和思考，寻找属于自己的博物馆课程学习资源和构架。

以第三、第四板块的课程学习为例。课堂上，老师引用《礼记·中庸》中讲秦始皇巩固政治的重要举措——"今天下车同轨，书同文，行同伦。"这是建立一个标准体系来造车，统一的标准规定路宽。秦始皇到底是出于什么考量呢？或者从不同的角度来说，这样有什么好处和深远的意义呢？学生打开研学单，借助课前查阅到的资料和伙伴们展开深入交流。

（1）从道路行车的角度看——古时候都是土路，车轮反复碾压之后会形成与车轮宽度相同的两条硬地车道，就是我们看到的车辙印。马车走的时候，车轮一直在硬地车道上，行走平稳，能够显著减少畜力消耗和车轴磨损，车辆跑起来更快、更平稳。

（2）从经济发展的角度看——中国有句话："要想富，先通路，要想富，先修路。"没有路，致富有难度。可见闭塞落后的交通严重阻碍经济发展，"车同轨"制度促进了各地往来与经济运输，这无疑有益于国家的经济发展。

（3）从文化交流的角度看——相对于从前的闭塞与隔绝，现在交通的互通有无，加速了各地域文化的传播。各地文化的交流互鉴，整体上促进了中华文化的发展与进步。

（4）从军事御敌的角度看——不管在任何时候，修路都有军事考量。秦始皇统一了车轨和道宽，并修筑地道，建立以咸阳为中心的交通网，如果哪个地方出现了叛乱，就可以调集兵力，快速赶到。

（5）从民族统一的角度看——连年不断的战争，国与国之间早就有了深深的矛盾。虽然统一了六国，但是这种敌视的态度仍然存在。统一了车轨后，各地车辆往来就方便了，不论是哪国的子民都将是秦国的子民，所以，车同轨促进了原七国在实质上的融合和统一，让中华民族凝聚到了一起。

3. 活动设计——境脉学习理论视角下的博物馆研学新范式

活动设计是博物馆研学课程落地、落实的环节。没有一个学生是空着脑袋来到博物馆的，任何真正的学习绝不是孤立存在的。博物馆学习亦是要尊重学生的具体学情，按照学生的经验逻辑组织教学。怎样让儿童在博物馆中更好地学？境脉学习理论给了我们很大的启发。

2018年6月，英国伦敦举行的第13届学习科学国际大会上，专家经过梳理和解读，得出"始终关注真实境脉的学习"是当前学习研究的主要特征和趋势之一。所谓教学或学习的境脉，指教学中以一连串有逻辑主线、有推进序列的情境活动为脉络而展开的学与教学的活动。境脉学习呈现这样三个特点：

认知过程的有序性：强调知识的系统性，强调学习过程遵循一定的逻辑性，从初经验链接，到新旧经验的关联碰撞，再到新经验的重构，一步步螺旋递进。

学习活动的浸润性：强调创设立体的、动态的、真实的情境，让学生沉浸于学习活动中。

学习主体的主动性：学习主体是主动参与的，在学习过程中获得学习的效能感，赢得乐趣满足。

结合境脉学习模式图，我尝试了"车辙为什么这么深"一课的活动设计：

（1）先验新知接境：同学们和爸爸妈妈出去旅游过吗？回忆一下，出去玩的时候都走过哪些路？这是乡郊野外，茫茫草地，如果现在在你面前的就是这片草地，你会下意识地走哪里穿过这个草地？为什么不走边上？（好走　方便　已经形成路了）对，人们习惯性地从这条车辙形成的路上走。

这里，我链接学生过去的经验，找寻通向新知的临界点实施教学。

（2）创设任务启境：在六朝博物馆，陈列着这样一条路，它还原了六朝时期的金陵原貌，我们跟随着唐老师一起参观，听听唐老师是怎么介绍的。

参观之后，学生再次观察陶牛车脚下的这条路，我趁机提问：你发现了什么？刚才唐老师是怎么介绍的？

对，这条路被称为"金陵第一路"。看着这两道车辙印，你能联想到什么画面呢？

学生展开想象，不知道有多少辆车来来往往，才能印出这道深深的车辙印呀！

除这条路上有两道车辙印，请看，这是很多古代的街道（出示图），你看到了什么？你有没有产生疑问？

学生自然会产生问题：为什么街道上的车辙都印在一条道上？为什么车辙这么深？

在这一环节中，我通过创设题境来引导学生质疑，以具有纲领性的大问题"为什么车辙这么深"，开启接下来的博物馆学习。

学生经过观察发现秦统一六国以前，各国的马车大小、标准不一样。马车车轴的宽度有一米多宽的，两米多宽的，甚至还有三米多宽的，有一匹马拉的，有三匹马拉的。

（3）经验碰撞入境：境脉学习理论启示我们，真正的学习必须要有学习者内外世界的链接贯通，必须要有先经验和新知的碰撞与激荡。为了让学生真切地感受车同轨推行的必要性，我拓宽了学习的场景——模拟"六国"道路。

那么不同国家的马车可以在不同国家的道路上行走吗？很多同学不假思索地说，可以走！

真的可以吗？你们想不想试一试？

这是秦国和魏国的道路，请几组同学合作扮演秦国的百姓，这是你们的马车（学生手持绳子，绳子的长度是马车的宽度），你们几位去魏国运输货物。可以往前走吗？你们遇到什么问题了？

学生在有趣的体验中，很快发现自己想得太简单了，窄马车可以在宽马路上行走，但是宽马车根本无法在其他国家的窄路上行走，我调侃道："你们走着走着就掉到旁边的水沟里了。"

现在秦始皇统一天下了，看到原来的七国之间道不同宽，车不同轨，他会怎么做？秦始皇统一六国后进行了改革——车同轨，道同宽。全国所有马车车轮的距离一律为六尺。这是秦始皇巩固政治的重要举措。用一个标准体系造车，用统一的标准规定路宽。这就是，车同轨，道同宽。

仅仅明白车同轨的概念还远远不够，仅仅是为了方便走路吗？秦始皇到底是出于什么考量呢？这样有什么好处和深远的意义呢？

借助学习单，学生彼此间交流碰撞，分别从行车便捷的角度、国家统一的角度、军事统治的角度、经济发展的角度、文化交流的角度深切理解了看似简单的车同轨的深远内涵，这其实是秦始皇下的一盘大棋。历史学家评价秦始皇为"千古一帝"，之所以有这样至高的评价，因为，他的伟大之处不仅在于结束了春秋战国500多年分裂的局面，更在于统一后作出像"车同轨"这样的政治决策，让秦国更加强盛，文化更加融合，这是政治家的大智慧。

这一步学习脉络明晰、版块推进，在遵循学本逻辑的基础上，学生在真实的任务情境中，内在世界与外在场域碰撞，旧经验迭代、升华，生成了新的经验认识，理解了"车同轨"这一伟大举措。

（4）延展脉络出境：这一步注重联系生活，梳理知识，鼓励学生基于今日所学进行继续迁移探究，适度拓展。

车同轨在今天的交通上是否还有应用？谁能举例说明？

秦始皇的"车同轨"代表的是一种标准体系，建立某一种标准体系，在当今的交通、生活等各方面是不是还有其他的例子？

儿童是天生自由的探究者，是无限可能的发现者：有的说，爸爸的车，不管车在哪里坏了，只要拖到这个品牌"4S店"，一说哪个零件坏了，修车师傅马上就知道给你换什么件儿，啪啪几下，修好走人。手机的充电线，同品牌的可以共用。家里灯泡坏了，看下型号，就能买到合适的。

原来，建立一个标准体系在生活中是那么重要，它让我们的生活更便捷、更有序，让文化交流更顺畅。古人智慧妙哉！中华文化可赞！

"车辙为什么这么深"研学活动，充分体现了认知过程的有序性、学习活动的浸润性、学习主体的主动性，经历了经验再重构——规律再梳理——文化再理解的学本逻辑。这样的博物馆研学，有研究的气质，有鲜活的氛围，有思维的味道；这样的博物馆研学，儿童在现场，在探究，在发现，在思考。

有趣，探究，传承，儿童怎能不喜欢呢？

浅探研究性学习对博物馆研学活动的有效促进
——以"为何不可出国出境"为例

2020年教育部和国家文物局联合印发了《关于利用博物馆资源开展中小学教育教学的意见》（文物博发〔2020〕30号），特别强调推动博物馆教育资源与学校需求的有机衔接，更加明确教育主管部门、中小学校、文物部门与博物馆各自在利用博物馆资源开展中小学教育教学中的责任分工和具体要求。各大博物馆大力推行馆校合作课程，各种丰富多彩的研学活动竞相出现。那么众多课程的开展情况是怎样的呢？

一、博物馆研学活动现状

各大博物馆研学活动开展得如火如荼，但是在这丰富的活动中却也有不少值得参与老师深思的问题。

1. 研学活动参与度无法保证

开展研学活动时，老师们往往会根据课程内容或者面对学生的年龄段不同来调整学习方式和学习形式。可是目前的博物馆研学活动，大多采用网络报名的形式展开，虽然活动报名的介绍中会说明适合参加活动的学生年龄段，但是有时针对高年段学生开展的活动，到场学生的可能会有幼儿园的孩子。面对年龄跨度较大的学生，相同的研学活动往往会在调动学生参与兴趣上无法做到面面俱到。

2. 研学活动效果无法保证

现阶段，大部分博物馆研学活动较多的组织形式还是以参观为主，不同于传统参观形式的是会有专门的老师负责讲解，讲解中与学生之间增加互动，在学生较为感兴趣的地方会做详细的解读或是给予学生现场提问的机会。这样的研学活动与学生单独参加相比，增加了互动性。但是在这样的过程中，我们也不难发现，参观群体中仍有部分学生是跟在队伍中听，而不能实现参加互动，有的学生存在不好意思互动的心理，也有部分学生因为时间原因，无法提出心中的疑惑，久而久之也就疏离于活动之外了，那学习效果自然也无法得以保证。

面对这样的种种问题，如果能恰当地采取研究性学习的方式，将对博物馆研学活动的有序开展产生极大的促进作用。

二、研究性学习的特点

研究性学习是以"培养学生具有永不满足、追求卓越的态度，培养学生发现问题、提出问题，从而解决问题的能力"为基本目标；以学生从学习生活和社会生活中获得的各种课题或项目设计、作品的设计与制作等为基本的学习载体；以在提出问题和解决问题的全过程中学习到的科学研究方法、获得的丰富且多方面的体验和科学文化知识为基本内容；以在教师指导下，学生自主采用研究性学习方式开展研究为基本的教学形式的课程。

那对于博物馆研学活动而言，研究性学习所具有的以下几个特点将对活动的开展有极大的促进作用。

1. 开放性

研究性学习中，学生为学习主体，在一定的学习主题内，学生以自己的兴趣为活动的起点，也可以自己的能力来决定活动的深度。博物馆研学活动相较于课堂教学而言，没有界限分明的对与错，对于学生而言参与、研究的深与浅，可以年龄、兴趣为依归，极大地保证学生的参与热情。

2. 研究性

研究性学习，是以研究性活动为主的学习方法。提出问题、大胆假设、制订计划、查找资料、得出结论是一般性过程，而这一切恰好与研学活动的过程不谋而合。提出问题、实地参观、动手实践、得出结论，这样的过程，其实就是一次研究性学习的真实发生。因此我们更应该在研学活动中好好探索研究性学习的生发点，让每个学生都能真正参与到活动之中，并有所收获。

3. 综合性

研究性学习也是综合性的学习方式。参加研学活动的孩子大多互相不认识，在这样的过程中，孩子们的小团队自然形成，共同为了一个学习目标而努力。这样的研学过程不仅仅是知识、文化的学习，更是团队协作性的锻炼，而且在研究的过程中，因为真实参与所带来的情感体验，也是普通学习活动所无法比拟的。

三、研究性学习在研学活动中的运用

1. 研究性学习是对学习兴趣的激发

爱因斯坦曾说过，兴趣是最好的老师，他也用自己一生的经历诠释着这样一句话的内在。兴趣是帮助学生燃起学习、探究欲望的开始，如果没有兴趣的引领，学生将进入被动的学习状态，这在小学生的身上尤为明显。那么面对年龄段跨度较大的参与活动的学生，如何才能"点燃"每一个学生的学习兴趣呢？

在以六朝博物馆的镇馆之宝——青瓷釉下彩羽人纹盘口壶为主题的研学活动中，一件不可出国出境的文物，这样的话题具有一定的专业性，如何能一下子抓住所有参加研学活动的孩子们的注意力，从而激发他们的学习热情呢？让我们先去课上看一看吧。

师：今天，我们就要请出六朝博物馆的"镇馆之宝"，你看——（图片）这件镇馆之宝名字也很特别，你看——（出示）青瓷釉下彩羽人纹盘口壶。这件文物的名字有点长，谁愿意来尝试读读这件文物的名字？

问题抛出后，学生纷纷尝试着自己读了起来。

生1：青瓷釉下/彩羽/人纹/盘口壶。

师：你是怎么想的呢？

生1：我觉得盘口壶应该是个完整的名称，彩羽应该是彩色的羽毛，人纹是人形的花纹。

师：那其他同学有没有自己不同的读法？

生2：青瓷釉下彩/羽人纹盘口/壶。

师：你是怎么想的呢？

生2：釉下彩，我听过，不是彩羽。

师：想法也不错，那究竟怎么读才是正确的呢？我们请刚才那位记得这件镇馆之宝的同学来读一读，你能读对吗？

生3：青瓷/釉下彩/羽人纹/盘口壶。

师：是不是还有其他同学也跟他一样的读法呢？这文物的名字究竟要怎么读

呢？等会儿可要同学们自己去找找答案哦！

从活动中，我们不难看出，一个名字的不同读法就将学生们的眼光吸引住了，他们一下子就由学习的局外人，走进了学习活动之中。其实，对于研究性学习而言，是将研究这样的事情交到了学生自己的手中，具有较大的灵活性。对于不同年龄段的学生而言，这个问题的深度是各不相同的，并没有做特别的约束或是强制性要求，年龄较小的学生只是凭着自己的日常经验积累来读一读名字，年龄略大些的学生开始调动自己日常的积累来判断名称中的内涵。此时，老师根据不同年龄特点的孩子的回答给予点评，但并不急于判断对错，而是让孩子们自己去后续的参观活动中寻找其正确的读法，其实这就是研究性学习的开放性，这样的开放性为后期学生的自主探究奠定了基础。当学生心中带着问题、带着目的进行参观时，他们的专注度明显提高了，收获的信息也愈发多了起来，与无目的性的参观效果自然大不相同。

不难看出，以兴趣激发为起点，兼具开放性原则的研究性学习，可以很快将学生卷入研学活动之中，推动着研学活动的进程，也让整个学习过程变得有趣、生动起来。特别是对于小学阶段的学生，他们具有较强的好奇心，求知欲旺盛，顺着此阶段学生的心理特点，把问题抛给学生，激发学生对文物的好奇心，那研学活动的顺利开展自然就可以事半功倍了。

2. 研究性学习是对有效学习的助力

有了兴趣的引领，为研学活动奠定了基础，那研学活动又该如何开展呢？从实际的博物馆之行中，我们发现学生大多乐于参观，面对大量新奇的文物时，好奇心大涨是普遍现象，可是只有兴趣促进下的研学活动是达不到我们所期待的有效学习的。要知道研学活动是以深度探索、研究为目的，如何才能促进学生与文物之间产生真正的对话，研究性学习依然是最好的助力。

对于小学生而言，研学活动的点不能过深，这需要老师从文物价值中深入浅出地寻找便于学生开展研学活动的点，以点带动研究性学习的深入开展。真正的"研"必须想方设法让学生动起来，手动起来，脑子动起来，才是真正有效的学习。

让我们回到课堂之上去感受一下——

师：大家都关注到了釉下彩工艺，这件文物的出名，也是源于这种工艺。原先，人们经过对出土文物的研究，都认为釉下彩工艺始于唐代，可是随着"青瓷釉下彩羽人纹盘口壶"的出土，以及一系列相关文物的出土，专家研究发现我国釉下彩绘工艺出现的时间可以追溯到比唐朝还要早近五百年的东吴呢！

生：这实在太了不起了。

师：提到釉下彩工艺，不得不说一说另一种工艺的名字，那就是釉上彩。有很多人都不太能分得清这两种工艺呢！你能分得清吗？

生：刚才的视频中有，釉下彩是先绘画，再上一层釉。

师：说对了。两种工艺的顺序有些不同，先画画再上釉，是釉下彩工艺。而先上釉，再画画，则是釉上彩工艺。那这两种工艺的工序不同会带来什么效果呢？让我们动手试一试吧。

生根据活动要求，在研学单上动手实践（花瓶左侧模拟釉上彩工艺，右侧模拟釉下彩工艺）。绘画、上釉、吹干，学生们头也不抬，一刻也没有停歇。

师：完成了吗？那这两种工艺的工序不同会带来什么效果呢？

生1：釉上彩，必须等釉干了才能画画，否则图案会花掉。

生2：釉下彩，也不容易，如果绘画图案不干就上釉，图案也会变模糊。

师：那釉面在上、在下，对色彩又有什么不同的改变呢？请你试着用老师发的湿巾擦拭你的绘画作品，有什么发现吗？

生：釉下彩的图案一点儿不受影响，但是釉上彩这半边的花纹糊了。

师：让我们再来看看这件历经了1700多年岁月洗礼的文物，在它的外壁和外口沿处绘有图案，其实就连器盖内壁、内口沿等不易落笔之处，都绘满了仙草、云气等精美纹饰，而这些纹样今天看来依然图案清晰，色彩持久，相信都是源于釉下彩工艺的保护！

研究性学习的关键在于研究，学生实际的动手操作可以让学习真正发生。从课例中，我们发现想要成功模拟不同的两种工艺，首先需要学生认真地听懂两种不同工艺的顺序，接着需要学生实际动手操作，当学生面对着属于自己的那一份作品时，整个人的投入度非常高，丝毫不会受外界影响，甚至有的学生因为自己操作中出现了失误而惋惜连连。这样的动手研究，使得学生的学习有真实体验，学习也才能真正走进学生的内心，成为一种发自内心的学习体验，也就更好地达成了研学课程所设置的目标。

3. 研究性学习是对综合性学习的催生

一次博物馆研学活动的是否成功，我们大多时候会以学生是否对文物有了深刻的了解为评判标准。其实，一次研学活动的过程中，除了知识性的收获外，学生的道德修养的提升、健全人格的形成，以及从活动中生发出的深刻的政治认同等，都应该是我们需要关注到的细节。

让我们先来听听学生自己的心里话——

师：当我们再次看到这件不可出国出境的文物时，你有怎样的感受？

生1：这些手工艺人们实在太了不起了。

生2：我很同意前一位同学的看法，多亏了这些手工艺人们的精巧手艺，我们才能看到这样的文物。

生3：我们祖国的文化如此灿烂，太值得我们骄傲了。

在一次研学活动之后，我们不难发现学生感慨的是古代劳动人民的智慧与祖国悠久的灿烂文化，其实这也是研学活动的最终目的所在。在研学活动中，不停实践，深入思考都是为了激发学生对祖国悠久历史的赞叹，以及产生传承之心。

随着时代的发展，我国有很多优秀的文化遗产震惊世界，但在感慨已有成就之时，你是否也发现中国有部分非遗项目缺少了传承之人？不是因为当代中国人不愿意传承，而是有些历史、有些文化不被人们所了解。这一道理，同样适用于博物馆课程，通过研究性学习所自然生发的政治认同，对祖国历史的热爱和深入研究的愿望，这将是研学活动的最好价值吧！

当然我们更加希望每一次研究性学习后，学生都能因这一次的美好体验，走向更多的研学活动，把博物馆里的学习作为一种成长、学习的起点，相信那将是我们喜闻乐见的。

综上所述，研究性学习对博物馆的研学活动有极大的促进作用，善用研究性学习可以研促学，引导学生走向更为广阔的学习天地，真正落实博物馆研学活动的根本，对学生有多方面的提升。

博物馆研学课程"有效问题"设计的策略探究
——以"动物小品妙趣何在"为例

习近平总书记说:"让收藏在博物馆里的文物、陈列在广阔大地上的遗产、书写在古籍里的文字都活起来,丰富全社会历史文化滋养。"博物馆具有自身独特的文化育人功能,如今,博物馆研学已然掀起了一股教育热潮,它打破课堂的边界,为学生提供了优质的资源聚集群,使得学生能够在真实的世界中认识、分析和解决现实问题,有利于学生发展核心素养,增强政治认同,培育家国情怀,激发学生对优秀传统文化的热爱,从而在研学探究过程中提升实践能力和文化品格。

博物馆蕴含的丰富课程价值,让学生在与"文物"的历史对话中,实现对真实世界事物与概念的认知和重建。[①]笔者结合白身参与博物馆研学课程开发与实施的经历发现,实现博物馆文化育人功能价值主要取决于学生参与课程学习的结果,包括道德认知的深化,道德品质、道德践行能力的提升等显性和隐性学习所得。而这样的学习结果是通过"对话"和"问题"一步步展开的梯度引导。这就意味着学生在博物馆中的有效学习与课程执教教师的"有效问题"设计有着密切的联系。

一、博物馆课程"有效问题"设计的意蕴

1. 促进研学的真实发生

博物馆是为了学习而设计的,从展品到建筑,再到墙上的文字,处处都是研学的元素。缺乏"有效问题"设计的博物馆研学过程是零散的、支离破碎的,学生的体验也是蜻蜓点水般的,因而研学过程未能促进学生深度思考与探究,学生核心素

---

① 姜肖,唐丽芳,郭建.过去、现在与未来的连接:博物馆校本课程的开发[J].基础教育课程,2022(07):9.

养的培育更无从谈起。相反，在"有效问题"设计背景下，博物馆研学过程更有层次性，有利于实现由表及里、由浅入深的思维体验，从而促进真实研学的发生。

2. 实现文物的多重对话

博物馆研学的核心是"文物"，它们静静地以各种姿态出现在博物馆里。"有效问题"设计有利于帮助学习者建立与文物展品的联系，激发好奇，驱动探究。还可以帮助学习者建立文物与历史、与当下的联系，建立文物与生活、文物与自然的联系，从而深刻认识文物的人文历史价值。博物馆课程中师生对话以问题为纽带，执教者以"有效问题"激发学生的创造力，可以促进持续性和发展性的对话。

二、博物馆课程"有效问题"设计的策略

有学者认为人与文物之间的关系是："在文物的背后，是人的方法和技能；在方法和技能的背后，是人对自然的了解；在人对自然了解的背后，是人类了解现在、过去与未来的万丈雄心。"这其实阐明了博物馆研学课程的价值目标，即透过文物本身领略背后的历史人文价值，感受博大精深的中华传统文化。因此，博物馆研学活动中"有效问题"的设计是实现由表及里式的文化探寻的桥梁。接下来，笔者将以"六朝风物——动物小品妙趣何在"为例，阐述博物馆课程"有效问题"设计的具体路径。

1. 捕捉即时反应的问题

博物馆研学活动中教师要善于捕捉即时反应性问题，这方面的问题通常与学习者初次见到文物时的视觉或其他感官元素有关，例如文物的形状、颜色、独特之处等，旨在提升学生研学的专注度。

图 1　鸡首壶

师：今天上课前老师想请大家仔细观察这幅图（图1），你发现了什么？

生1：我发现这件文物身上有鸡的图案。

生2：我发现它很像水壶。

生3：我发现它器身斑驳，年代很久远。

师：是的，像这样的壶嘴像鸡头形状的瓷壶，我们就称它为"鸡首壶"。

不难发现，即时反应性问题对学生而言思考的难

度不大，主要是获得对文物的形象认知。需要注意的是，在这一观察、认知的过程中要能够捕捉到文物较为显著的外在特征，使人印象深刻之处，即文物本身的独特性。正如上述案例中学生提到的"我发现这件文物身上有鸡的图案"，这样生动的具象图成了学生捕捉的"即时点"，同时也揭示了此文物名称与外形的契合度。教师通过捕捉即时反应性问题有利于加深学生对文物的具象认知，为接下来指向更高思维阶梯的"有效问题"设计作铺垫。

2. 引发思维冲突的问题

"思维冲突性问题"强调学生在研学过程中思维的碰撞和冲突，可以借助文物对比的形式感知文物之间的不同之处，从而厘清不同之处产生的原因及意义。

师：请你用火眼金睛再仔细观察一下（图2），这两件鸡首壶有什么不同呢？

图2　鸡首壶对比图

生：我发现左边的鸡首壶只有鸡头，没有脖子，而且鸡嘴巴是闭着的。而右边的鸡头不仅有脖子，而且鸡嘴巴是张开的。

师：我们称它为"流口"。

生：左边的西晋青釉鸡首壶没有壶把子，而右边的鸡首壶鸡尾巴上扬，构成了一个壶把。

师：这叫作"执手"，是的，左图是西晋时期的鸡首壶，其形体较小，器形较为矮胖，鸡首与鸡尾对应贴塑，鸡首尖嘴、无脖子，鸡头都是实心的，与壶体不通，基本上就是一种装饰。那么，你再看看右边的这个鸡首壶，又有了怎样的变化？

生：右边的青瓷鸡首壶形体变大，壶身是瘦高形的，鸡首由尖嘴变成了圆口。

师：你观察得真仔细，从整体到局部，感受到了鸡首壶的变化。

这一教学过程中教师紧扣"不同"之处引发学生进行思维冲突，一步步通过表象的对比观察走向深入的思考，促使学生在具象体验中初步感受到了鸡首壶的演变过程，即随着时代的发展，整个器身形态由"矮胖型"过渡到"高挑型"，壶嘴由"实心"到"相通"。

3. 激发任务驱动的问题

任务驱动教学法是一种建立在建构主义学习理论基础上的教学法，它将以往以传授知识为主的传统教学理念，转变为以解决问题、完成任务为主的多维互动式的教学理念，将再现式教学转变为探究式学习，使学生处于积极的学习状态，调动学生参与问题解决、探究的热情。

师：经过现场参观后，相信大家已经对鸡首壶有了更进一步的了解，同为鸡首壶，为什么一个有流口，一个没有流口呢？

（出示两个带执手的茶壶，其中一个茶壶的流口用盖子套住呈封闭状态）

（小组讨论后，有学生自主上台进行实践操作）分别体验用两种茶壶倒水。

师：这一倒水的过程有什么不一样的体验？

生：有流口的茶壶可以用来倒水，没有流口的茶壶不具备这一功能。

师：为什么同为鸡首壶，会有这样的变化呢？

生：这说明鸡首壶的作用越来越大了。

师：这体现了鸡首壶的功能性，也就是更加实用了。没有流口的茶壶倒不出水，就像闭合的鸡嘴巴一样，似乎不具备实用性，仅仅体现了外形的美观。

可见，激发任务驱动的问题需要创设与当前学习主题相关的、尽可能真实的学习情境，引导学习者带着真实的"任务"进入学习情境，使学习更加直观和形象化。不是由教师直接告诉学生应当如何去解决面临的问题，而是由教师向学生提供解决该问题的有关线索，倡导学生之间进行讨论和交流，自主探究，从而获得对鸡首壶演变的深刻认识，理解文物背后的艺术性和实用性的价值意义。

4. 启发思维迁移的问题

学习迁移是指一种学习对另一种学习的影响，或习得的经验对完成其他活动的影响。在博物馆研学活动中教师要创新性地提出旨在培养思维迁移能力的问题，引导学生用习得的经验和方法解决新的问题，获得新的知识和技能。

师：在刚刚的博物馆实境参观的过程中，你还看到了哪些像鸡首壶这样具有美观性和实用性的青瓷动物小品呢？

生：我还看到了一头青瓷牛，栩栩如生，更有意思的是它的两侧还有翅膀呢！透过这头青瓷牛我仿佛体会到了农耕时代的生活气息。它两侧有翅膀，可不是一只普通的牛，而是一头神牛，体现了古代匠人的艺术创想，颇具艺术鉴赏性。

生：我还看到了青瓷动物插器图，我了解到它是文房用品。

师：（出示青瓷狮子插器图）你瞧，它呈现狮子模样，惟妙惟肖，传神生动。不仅如此，你关注到狮子背上这一特殊的圆形设计了吗？

生：通过参观我了解到圆筒与狮子身躯是相通的，应该是供插蜡烛照明用的插器或者是文房用具。所以，青瓷动物小品不仅因神似狮子而具有艺术性，还具备实用性呢。

综上所述，基于"有效问题"设计的博物馆研学活动，有利于激发学生深入探究六朝青瓷动物小品背后的故事。在这里，每一道纹饰都是一次文明的遇见，每一个标本都是一个不朽的奇迹，每一件藏品都是一段历史的记忆，每一座建筑都是一本石头的史书。"六朝风物"博物馆研学课程旨在让文化财富积淀到孩子的血液中，在潜移默化中，在耳濡目染中，熏陶艺术修养，润泽童年底色，浓郁爱国情怀！

博物馆研学课程：讲述祖先的故事，彰显中华文化自信

为什么要在现代化的生活中，特别关注博物馆的力量？因为博物馆是文物的家，文物是先人精气神的寄托，先人的精气神是今天我们文化自信的源泉。

1. 历史，涵养自信源泉

自信是一个民族的精神脊梁，实现中华民族伟大复兴的中国梦，不仅需要坚实的物质基础，还需要强大的精神支撑。"四个自信"就是中国梦的精神支柱。"周虽旧邦，其命维新"，民族复兴的中国梦需要文化自信，需要价值支撑。世界上没有哪一个民族像中华民族这样，既创造了5000年的悠久文化，也承受了近代以来山河破碎、丧权辱国的巨大痛楚；也没有哪一个民族，有着如此强烈的复兴意志。这种意志植根于中华优秀传统文化的沃土，具有顽强的生命力，不仅在中华民族遭受外侵之后浴火重生，而且在马克思主义中国化的过程中不断与时俱进。

历史，记载着中华民族从萌芽时期开始的点点滴滴，很多很多当年的往事，很多很多当年的器物，很多很多当年的文字，留存到今天，既让我们有"当时明月在，曾照彩云归"的怅惘，也会有"俱往矣，数风流人物，还看今朝"的豪情。翻阅历史的画卷，我们更多地珍视和津津乐道祖先们曾经创造的各种"了不起"，在对他们的事迹的咏叹中，我们微笑、赞叹、惊奇，我们挺直了胸膛，为那个时代的他们感到无比自豪，所以，回望历史，就是涵养文化自信，对历史的脉络溯源求根的过程，往往就是文化自信得以滋生和扎根的过程。

让儿童建立文化自信，最好的办法就是从小抱着他们，读一读历史故事，评一评英雄豪杰，赏一赏名家书画，甚至品一品传统美食，这些事情虽然微不足道，却会带给儿童或精彩，或壮烈，或赞叹，或垂涎的各种积极情感，这些点滴的情感串联起来，就是对自身所在地域的认识与认同，悦纳身处的此时此地，文化自信悠

然而生。在未来遇到其他文化冲击时，这种儿时的信念必然会筑起最牢固的精神长城，成为护卫中国梦最好的力量。

2. 博物馆，珍藏往事所在

历史文物，承载着一个民族的灿烂文明。"博物馆是保护和传承人类文明的重要殿堂，是连接过去、现在、未来的桥梁。"①身处博物馆内，时间和空间，在这里凝固；神思和情思，从这里漾开。

古城南京，拥有极其丰富的博物馆资源。截至2022年，全国一级博物馆共有204家，南京则拥有五家。它们分别是南京博物院、南京市博物总馆、雨花台烈士纪念馆、侵华日军南京大屠杀遇难同胞纪念馆和南京中国科举博物馆。其中，南京市博物总馆下辖"七馆一所"，包括南京市博物馆（朝天宫）、太平天国历史博物馆（瞻园）、中国共产党代表团梅园新村纪念馆、南京市民俗博物馆（甘熙宅第）、渡江胜利纪念馆、江宁织造博物馆、六朝博物馆和南京市文化遗产保护研究所等八家市属文博馆所。

在这些博物馆中，数不清的文物用它们自身的存在向我们述说中国往事。上下五千年中，祖先的悲欢喜乐、愤奋忧哀，都寄托着他们的思考与选择。我们也能尝试着从托庇在博物馆的文物中，解读他们的生活，了解他们的现实生活和精神世界。从这个角度看，"一个博物院就是一所大学校"②。借助文物，我们能从不同的窗口窥见祖先们的筚路蓝缕、奋发图强，看见辉煌，凝眸低谷，以古鉴今，启迪后人。

3. 研学，让文物讲述故事

从儿童的角度回望历史，孩子们最感兴趣的是"故事"。因此，怎么让文物开口讲述一个个有意思的故事，从而把历史的智慧告诉孩子们，这是激发儿童的民族自豪感和自信心的成功节点，也是非常值得博物馆界和教育界共同思考的一个话题。

非常开心的是，南京的博物馆们，尤其是六朝博物馆，正在和不少学校、特级

---

① 二〇一六年十一月，习近平致国际博物馆高级别论坛的贺信。
② 二〇一五年春节前夕习近平赴陕西看望慰问广大干部群众时的讲话（2015年2月13日—16日），《人民日报》2015年2月17日。

教师名师工作室开展跨界研学活动。以热爱历史、以涵养儿童民族骄傲为己任的老师们在参加博物馆志愿者培训活动后，参与到了研学活动的开发中。我们是一群喜欢文物又善于和儿童对话的人，通过敏锐的感觉，挑选出蕴含古人智慧又能充分激发儿童兴趣的文物，赋予它们故事的外衣，设计出小朋友可以动手参与的活动，让孩子们充分经历"参观""发问""研究""实践""解惑"的过程。这样，凝结着中华民族传统文化的文物就能让儿童"在传承祖先的成就和光荣、增强民族自尊和自信的同时，谨记历史的挫折和教训，以少走弯路、更好前进"①。

　　与此同时，博物馆社会服务部的社教专员们也主动下沉到学校，热情地把孩子们的手牵上，领着他们走近文物，用自己专业的学识给儿童讲述文物身边的风流云散，效果特别出色。

　　于是，祖先的生活被这两组内心火热又能量爆棚的团体用一件件文物作引子，用一个个故事作线索，再现于儿童的视界。微微风簇浪，散作满河星，历史的天空就这样一点点被点亮，先人的光辉岁月也同样点亮孩子们的眼睛。充盈儿童内心世界的，就是满满的文化自信。

---

① 二〇一五年春节前夕习近平赴陕西看望慰问广大干部群众时的讲话（2015年2月13日-16日），《人民日报》2015年2月17日。

小学实施"六朝风物"博物馆研学课程现状调查与分析
——以南京市 X 区 S 小学六年级 3 班学生为例

一、调查背景与目的

2020年9月30日，教育部和国家文物局联合下发《关于利用博物馆资源开展中小学教育教学的意见》，对中小学利用博物馆资源开展教育教学提出明确的指导意见，即进一步健全博物馆与中小学校合作机制，促进博物馆资源融入教育体系，提升中小学生利用博物馆学习的效果。

"双减"背景下，家庭和学校对于多元化的优质教育资源的需求加大。博物馆作为一种高雅的文化、休闲、娱乐活动场所，其教育功能日益凸显。博物馆的课程、展览等对学校课堂教育，对学生学习兴趣的激发、实践能力的提高和创新思维的培养都具有重要意义。

基于国家、社会、家庭对博物馆教育功能的需求，2022年2月24日，六朝博物馆在南京全市确定首批馆校合作研学课程实验班级，南京市锁金新村第一小学六（3）班成为第一个馆校合作研学课程实验班级。经过一学期的研究与实践，博物馆研学活动对学生有着怎样的影响呢？研究团队对六（3）班学生进行了问卷调查和随机访谈，希望能够通过真实的数据和样本分析，对前期的实践进行总结、梳理，提炼有价值的做法，并为下阶段的研究寻找新的起点、拓展新的思路。

二、调查对象的基本情况

此次调查对象为南京市玄武区锁金新村第一小学六（3）班全体学生。学生所在的学校和家庭居住地居于城市经济、文化、教育较为完善、发达的区域。学生的家庭均为普通工薪阶层。学生参与了一学期"六朝风物"博物馆研学活动。

通过以上调查对象的基本情况分析，研究团队认为本次调查对象的样本具有一定的普遍性，可以为更多面向大众百姓的馆校合作提供参考。

三、调查方法与局限

本次调查采用了问卷调查和随机访谈的方法。问卷调查对学生进行了前测、后测。前测即参与博物馆研学活动前的元认知状态，后测是学生参与一学期博物馆研学活动后的测试。随机访谈是记录下学生在参与博物馆研学活动过程中的一些收获、体会。随机访谈的问题较为开放："你的收获是什么呢？""你印象最深的是什么？""对于博物馆研学活动，你还有什么建议？"

问卷、访谈选取的实验班级六（3）班学生全员参与，且匿名提交问卷、访谈文稿，因此调查的数据、样本比较客观、真实。

由于时间仓促、研究团队成员大多是一线教师，本次调查也存在局限性：1.调查对象的限制，虽然实验班学生的调查数据更有说服力，但是人数受到限制；2.调查形式的单一，有些更加专业、科学量化的调查形式不能及时跟进。

四、调查结果分析

研究团队对提交的所有问卷进行了数据统计，对学生的访谈文字稿认真阅读。这些来自学生的真实的数据、想法告诉了我们什么？博物馆研学活动对学生的影响究竟有哪些？

（一）前测问卷数据分析

1.学生日常生活中接触博物馆的频率

学生每年去博物馆的次数

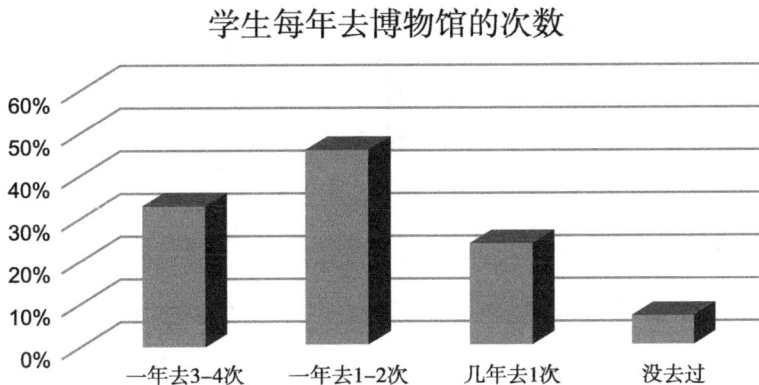

以上柱状图统计显示，日常生活中学生一年去博物馆的次数分别为：30%的学生一年去3-4次，44%的学生一年去1-2次，22%的学生几年去1次，4%的学生没去过。虽然有4%的学生表示没去过博物馆，但是大部分学生在生活中都有参观博物馆的行为。由此可见，南京丰富的博物馆资源，使得身处其中的学生对于博物馆并不陌生，为博物馆研学活动的开展奠定了良好的基础。

2. 学生对博物馆的兴趣与关注度

学生是否喜欢去博物馆

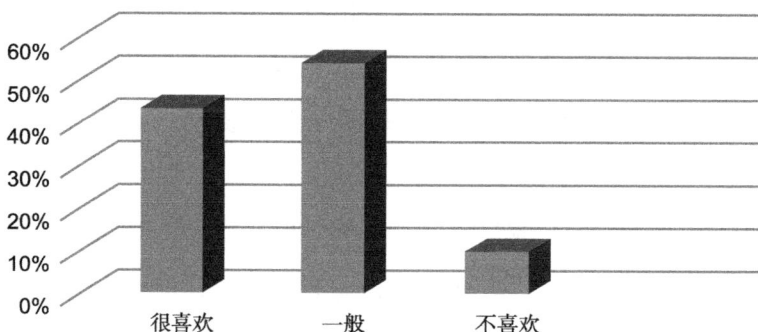

根据统计，41%的学生选择很喜欢，52%的学生选择一般，7%的学生选择不喜欢。可见，大部分学生对于博物馆并不讨厌。研究团队认为，向身心都在成长的未成年人播下"博物馆的种子"，通过研学活动激发他们对博物馆的兴趣和关注很重要。

学生外出旅游是否去博物馆

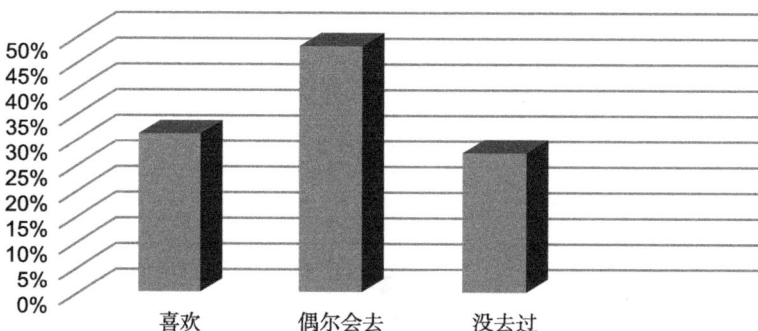

此题调查的是学生和父母到其他城市旅游时，是否去博物馆。29%的学生选择"喜欢，每到一个城市都会参观当地的博物馆"，46%的学生选择偶尔会去，25%的学生选择没去过。外出旅游是一种休闲，可以根据自己的喜好安排行程，因此这组数据比较真实地反映了学生及学生所在的家庭对博物馆的兴趣和关注情况。

学生喜欢去博物馆的原因

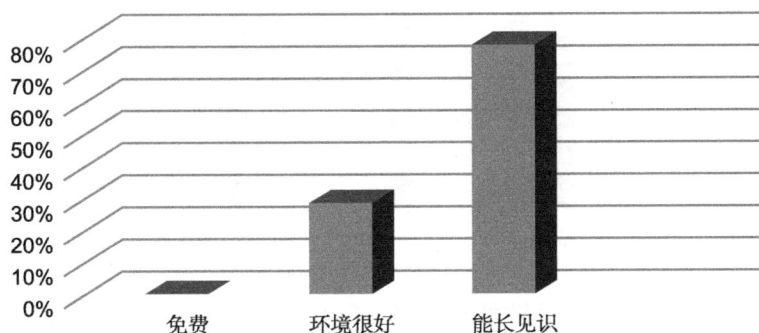

学生喜欢去博物馆的原因，26%的学生选择环境很好，74%的学生选择长见识，没有学生选择免费。博物馆在学生的心目中是一个环境优雅、丰富知识、拓展视野的地方，是一个学习的地方。

学生不喜欢去博物馆的原因

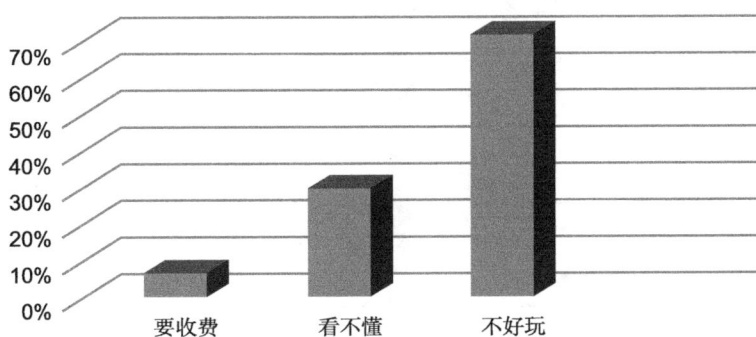

学生不喜欢博物馆的原因，69%的学生选择不好玩，27%的学生选择看不懂，只有4%的学生选择要收费。这组数据与上组数据（学生喜欢去博物馆的原因）结合起来看，研究团队认为博物馆丰富的馆藏、静态的陈列，与小学生的距离甚远。因为小学生自己参观博物馆缺少相关的背景知识，加之作为未成年人的专注力、理解力受限，因此博物馆对于他们而言比较深奥、枯燥。

学生对博物馆的选择排序

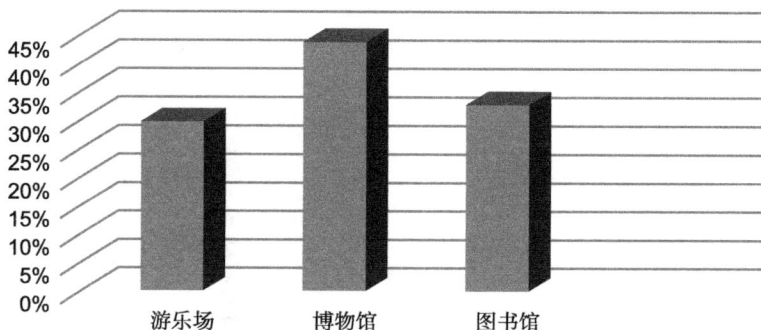

在游乐场、博物馆、图书馆的选择排序中，排在第1位的是博物馆，排在第2位的是图书馆，排在第3位的是游乐场。这组数据或许不能完全反映学生的真实想法，但是可以看出学生潜意识中知道选择能够长知识的地方是比较合适的，说明博物馆在学生心目中是一个具有正面影响的学习场所。

3. 学生参加博物馆活动的情况

学生参加博物馆活动的次数

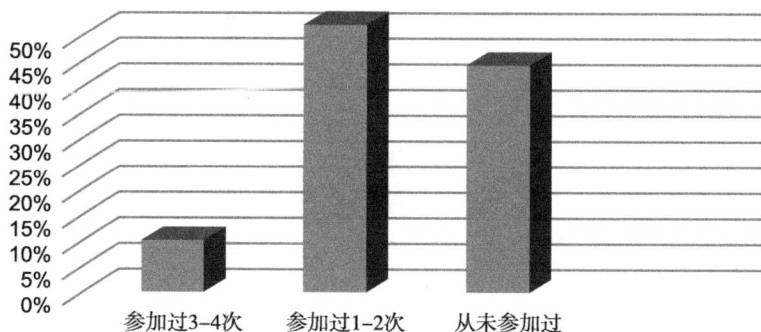

在学校没有开展博物馆研学活动前，50%的学生曾参加过1-2次博物馆活动，8%的学生参加过3-4次，42%的学生表示从未参加过。研究团队认为，随着博物馆创办理念的变化，很多博物馆都会整合资源，开发多样的活动，发挥博物馆的育人功能。近年来，不少博物馆关注未成年人群体，组织面向未成年人的参观活动。因此，数据显示半数学生曾参加过博物馆活动，但是参加的次数比较少，且随机性较大。

4. 学生对开展博物馆研学活动的期待

学生对开展博物馆研学活动的期待

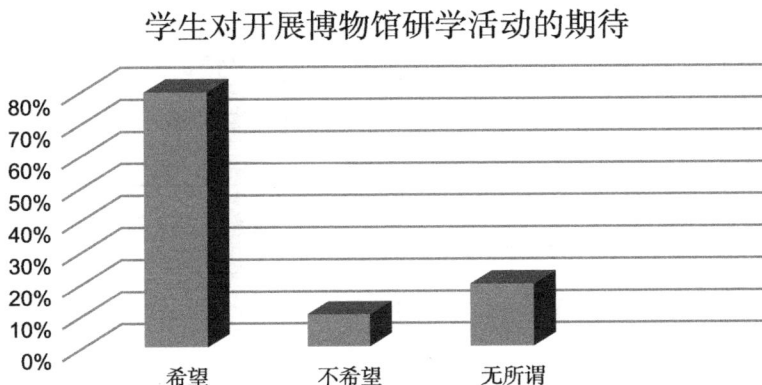

由以上统计可知，76%的学生希望学校开展博物馆研学活动，8%的学生表示不希望，16%的学生表示无所谓。研究团队认为大部分学生对于学校开发的博物馆研学活动充满期待，因此开展"馆校合作·博物馆研学活动"具有一定的可行性。

（二）后测问卷数据分析

后测问卷是在实验班级的学生参与了一学期系统的博物馆研学活动后进行的测试。

1. 学生对博物馆的兴趣与关注度

学生是否喜欢去博物馆

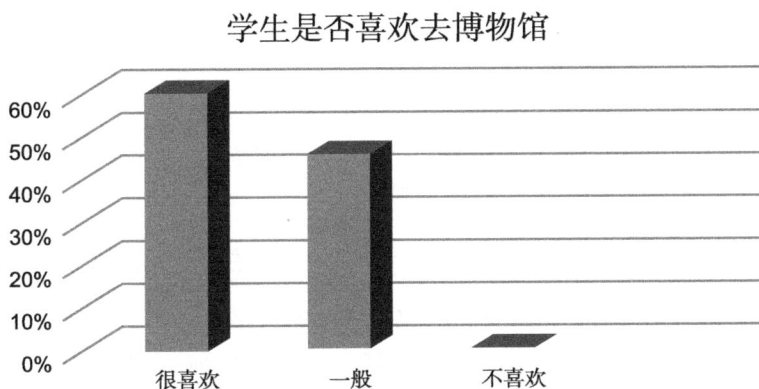

以上统计显示，58%的学生表示很喜欢博物馆，42%的学生表示一般，没有学生选择不喜欢。由此可见，博物馆研学活动中学生的参与、体验、实践等生动的形式有助于提升学生对博物馆的好感。兴趣是最好的老师，激发学生兴趣有助于学生主动参与研学活动。

学生喜欢去博物馆的原因

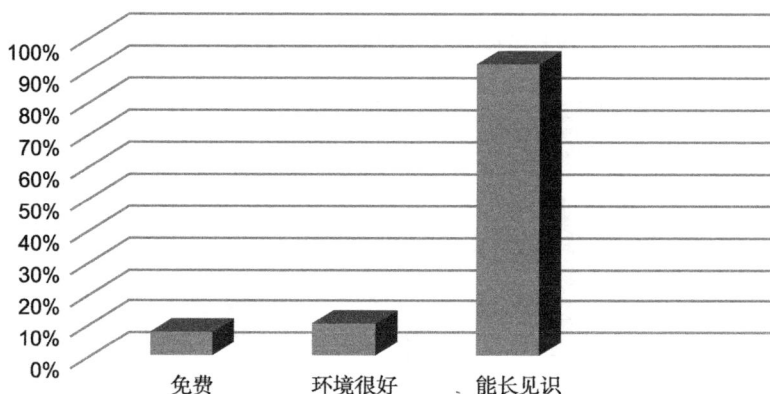

以上统计显示，学生喜欢去博物馆的原因，88%的学生选择能长见识，8%的学生选择环境很好，还有4%的学生选择免费。研究团队认为，学生参与了系统的研学活动后，对博物馆的认识更加全面，大部分学生认为博物馆是一个巨大的知识宝库，能够学到很多课本以外的知识。

学生不喜欢去博物馆的原因

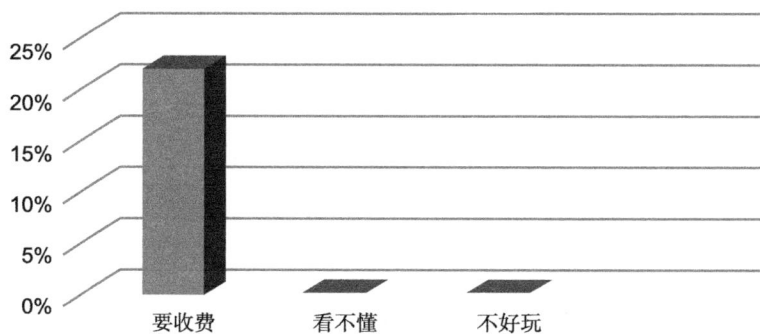

后测问卷中，大部分学生跳过了这一题，少数学生选择完成，原因显示是博物馆要收费。研究团队根据日常观察，以及与上一题的对比分析认为，大部分学生比较喜欢博物馆，少数学生因为家庭条件等因素影响觉得部分博物馆的"收费"是导致其不能畅游博物馆的主要原因。

学生对博物馆的选择排序

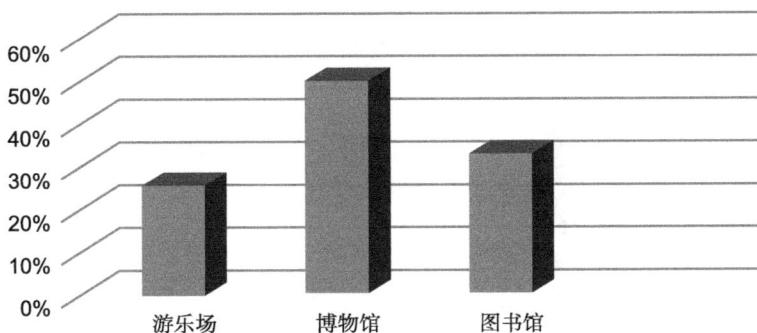

在游乐场、博物馆、图书馆的选择排序中，大部分学生选择博物馆，说明学生对博物馆的兴趣和关注度不断提升。研究团队认为，随着学生对博物馆的兴趣和关注度的提升，博物馆对于学生的正面影响愈发显现。

2. 学生参加博物馆活动的情况

学生参加博物馆活动的次数

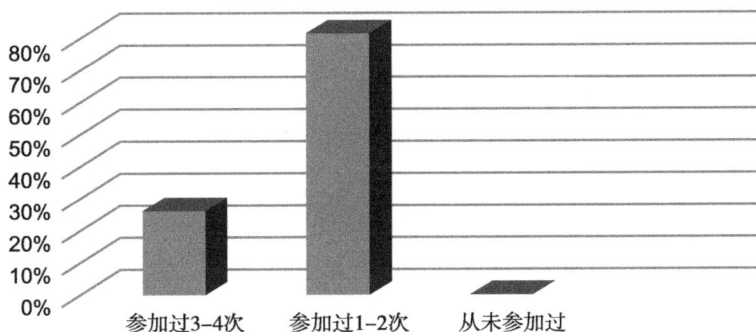

以上统计显示，大部分学生能够主动参加博物馆活动，并且参加的频次在增加。研究团队认为，学生通过研学活动对博物馆有了进一步了解，兴趣和关注度提升后，能够主动参与博物馆的各项活动，博物馆正在走进学生的日常生活。

3.学生对开展博物馆研学活动的期待

学生对开展博物馆研学活动的期待

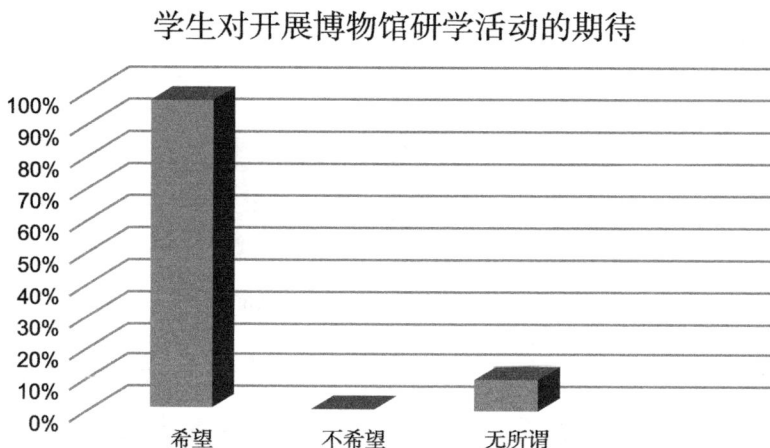

以上统计显示，93%的学生希望学校开展博物馆研学活动，7%的学生表示无所谓，没有学生选择不希望。说明前期的研学活动是被学生认可的，受到学生的欢迎，学生对下阶段的研学活动充满期待。研究团队认为博物馆研学活动是有价值的，并且应该坚持开展。

4.学生参加博物馆研学活动的感受

这部分的问卷主要是了解学生参与一学期的研学活动之后内心的真实感受，所以前测部分是没有的。

学生通过研学活动的收获

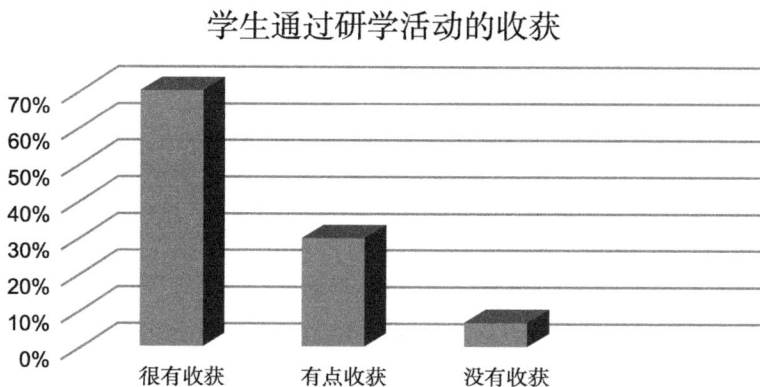

以上统计显示，68%的学生表示通过研学活动很有收获，27%的学生表示有点收获，4%的学生表示没有收获。研究团队认为，博物馆研学活动是在一种轻松民主的氛围中进行的，没有任何学业压力，对学生不做硬性要求，但是大部分学生通过研学活动收获是很大的。这说明，学生喜欢博物馆研学活动，研学活动能够促进学生多方面的收获和进步。

学生是否希望其他班级开展研学活动

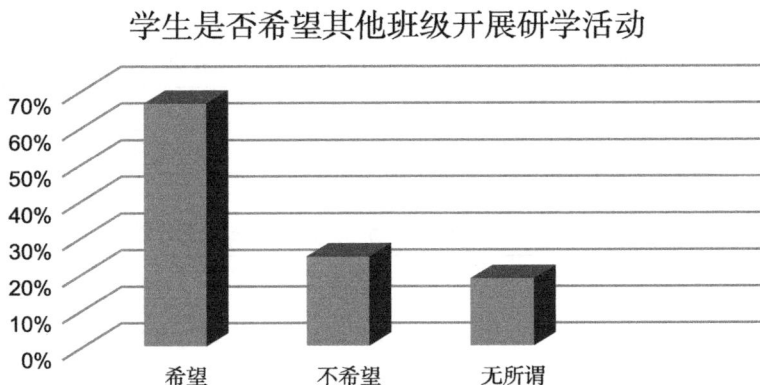

以上统计显示，63%的学生希望其他班级开展研学活动，21%的学生不希望，16%的学生表示无所谓。研究团队认为前期的博物馆研学活动受到了大部分学生的认可，他们希望能让更多的伙伴参与这样精彩的课程。

学生是否会在校外和他人分享研学活动

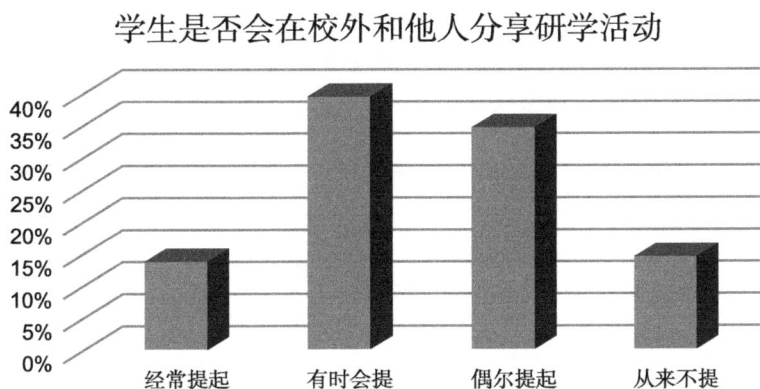

以上统计显示，17%的学生在校外会经常和家人、朋友提起班级开展的博物馆研学活动，37%的学生有时会提起，33%的学生偶尔提起，13%的学生从来不提。研究团队认为，博物馆研学活动对学生有积极的影响，大部分学生会将活动与他人主动分享。这提醒我们学生参与博物馆研学活动，能够影响周围大人对博物馆的兴趣与关注，因此博物馆研学互动需要持久地开展，意义、影响会不断显现。

（三）前测、后测问卷数据对比分析

研究团队将学生前测和后测的数据进行对比分析，希望发现博物馆研学活动对学生的影响，为下一阶段活动的开发和实践提供更多参考。

1. 提升关注，主动参与

测试内容	学生每年去博物馆的次数			
测试选项	一年 3-4 次	一年 1-2 次	几年去 1 次	没去过
前测数据	30%	44%	22%	4%
后测数据	41%	26%	18%	15%

测试内容	学生参加博物馆活动的次数		
测试选项	参加过 3-4 次	参加过 1-2 次	从未参加过
前测数据	8%	50%	42%
后测数据	22%	78%	0%

通过以上表格中两组数据的对比发现，学生参与博物馆研学活动后，课外自己去博物馆的次数明显增多。我们认为博物馆研学活动可以促进学生关注博物馆，主动走进博物馆、了解博物馆，而主动性是研学活动有效开展的前提。

2. 激发兴趣，重塑认识

测试内容	学生是否喜欢去博物馆		
测试选项	很喜欢	一般	不喜欢
前测数据	41%	52%	7%
后测数据	58%	42%	0%

测试内容	学生外出旅游是否去博物馆		
测试选项	喜欢	偶尔会去	没去过
前测数据	29%	46%	25%
后测数据	40%	32%	28%

从以上表格的数据对比可见，越来越多的学生喜欢博物馆，喜欢的程度也在增加。第一张表格中后测数据显示没有学生表示不喜欢博物馆，第二张表格中后测数据显示有28%的学生表示没去过。研究团队分析原因认为：小学生外出旅游的行程安排通常由父母决定，因此这一客观因素不容忽视。

测试内容	学生喜欢去博物馆的原因		
测试选项	免费	环境很好	能长见识
前测数据	0%	26%	74%
后测数据	4%	8%	88%

测试内容	学生不喜欢去博物馆的原因		
测试选项	要收费	看不懂	不好玩
前测数据	4%	27%	69%
后测数据	21%	/	/

对以上表格的数据对比发现，学生对博物馆的认识正在悄然变化，前测中看不懂、不好玩是学生的普遍印象，后测时很多学生跳过了这题，少数学生选择回答此题，原因显示是要收费，这里不排除家庭经济状况的影响。让我们欣喜的是"能长见识"成为学生对博物馆的普遍认识。由此可见，通过博物馆研学活动，学生对博物馆的认识更加全面、深入，不再停留于外在的环境好，而是看到博物馆最核心的本质文化内涵。

测试内容	学生对博物馆的选择排序		
测试选项	游乐场	博物馆	图书馆
前测数据	27%	42%	31%
后测数据	22%	48%	30%

从以上数据对比可见，选择去博物馆的学生人数在增多，再一次说明通过博物馆研学活动，能够激发学生对博物馆的兴趣和关注，重塑博物馆在学生心中的形象。

3. 乐于分享，形成辐射

测试内容	学生对开展博物馆研学活动的期待		
测试选项	希望	不希望	无所谓
前测数据	76%	8%	16%
后测数据	93%	0%	7%

以上统计显示，93%的学生表示希望学校开展博物馆研学活动，说明一学期的博物馆研学活动被学生认可了，学生觉得好玩、充实、有意义。这也很大程度上给予研究团队继续开发研学活动的兴趣与勇气。

（四）访谈的样本分析

研究团队对实验班级的学生展开了访谈，并请学生将自己谈话的主要内容用精炼的文字进行记录，既是总结，又是成长记录。通过访谈，研究团队将学生个体的感受进行梳理归纳，主要分为两大类，一类是学生的收获，一类是对研学活动的建议。这些珍贵的文字记录将为团队下一阶段研究提供学生立场的参考意见。

1. 学生参与博物馆研学活动的收获

在访谈后提交的文字稿中，研究团队将学生的收获归纳为三个方面：

（1）了解历史知识。目前研究团队着力围绕南京市六朝博物馆开发了一系列研学活动。因此，学生通过研学活动最大的收获是了解家乡的历史。学生在访谈中表示：通过研学活动，我知道了六朝时期的南京被誉为"东方古罗马"，当时的人口有百万之多；我知道了南京市在六朝时期的下水道是什么样的，当时的人们就能做到下大暴雨地面不积水；我知道了南京的街道命名都有一段鲜为人知的历史。

（2）深度解读文物。研学活动的开发和设计由博物馆工作人员和学校教师共同完成，因此研学活动既有专业的考古知识背景，又有适合学生的授课形式。在研学活动中，学生通过提问、探究、实践，走近文物、了解文物，印象深刻。每一位学生在访谈中都写下了自己印象深刻的文物：青瓷莲花尊、鸡首壶、青瓷蛙形水注、瓦当、青瓷釉下彩羽人纹盘口壶等。当研究团队将学生记录的感受串联，就是一座完整的六朝博物馆！

（3）厚植家国情怀。"博物馆作为传承中华民族优秀传统文化的重要阵地，拥有丰富的文化资源。将馆藏文物资源所蕴含的中国故事、民族精神引入学校教育，将更好地引领学生传承中华优秀传统文化，坚定文化自信。"访谈中，学生普遍表示，博物馆是传播中华优秀传统文化的好地方，在博物馆中不仅了解了不同历史时期的故事，更油然而生一种自豪感：原来我的家乡曾有如此辉煌，我脚下的这片土地有着如此精彩的故事，我更爱我的家乡了。这样的情感是在生动的研学活动、真实的博物馆情境中自发生成的，这种情感也必将刻入学生的灵魂与骨髓。

2. 学生对博物馆研学活动的建议

（1）时间适当延长。由于学生对博物馆兴趣的提升，很多学生希望增加研学活动的时间，还有学生表示研学活动能够利用双休日，让自己"玩"得过瘾。研究团队认为，"双减"背景下，应将博物馆研学活动这样的优质课程资源纳入课后服务的领域，利用节假日开展亲子研学活动，寒暑假开展自主研学活动等灵活多样的形式，可以让博物馆研学活动的时间更加灵活，从而丰富学生的课余生活。

（2）形式更加多样。学生对博物馆有了更加全面的认识，对研学活动有了基本了解。这样的深度参与使学生对博物馆研学形式有了更多自己的想法，如小组为单位开展课题研究、通过游戏了解历史知识、当讲解员介绍博物馆。博物馆学习者论要求学习者学习博物馆课程时拥有愉悦的经历，关注学习动机，从而自主学习。学生在访谈中表达的主动参与的热情与勇气，给予团队持续研究的信心。

（3）倾向馆中学习。研究团队在开发、实施研学活动的过程中，考虑到场地、安全等因素，很多活动放在了学校教室中。部分学生访谈时表示：希望在博物馆中开展研学互动，和文物零距离。相对于传统课程而言，环境于博物馆课程来说有非常重要的地位，正是环境中的特别之处使得在博物馆课程中学习的人们记住了他们的参观学习。因此，学生的建议也启发着我们如何与相关部门积极沟通，促进馆校的深度合作，让博物馆成为学生的第二课堂，让学生在博物馆中成长。

"藏品是博物馆的基础，教育是博物馆的灵魂。"此次调查是基于儿童立场，对前期博物馆研学活动的一次总结与反馈，后续将从儿童出发，让儿童融入博物馆，开发更多适合儿童的研学活动。

附：学生访谈感言

·博物馆里有很多我们不知道的历史和知识，我们可以去不同地方的博物馆，里面会有不同的文物和知识。去博物馆的时候，我们可以参加研学活动，在博物馆里边看文物边听讲解，可以让我们长见识，如果家人、朋友问到这些历史和知识，我们也都能回答出来。（陈忆涵）

·我觉得可以多开展博物馆课程，每年多参观博物馆，在以后的学习中，我也希望学校多开展博物馆课程，这样不仅能让我们对博物馆更有兴趣，还可以让我们见识更广。我也从这一学期的博物馆课程中学到了很多内容。（郭馨然）

·博物馆可以让我长见识，知道文物的含义与作用，而且环境也很好，希望学校其他班级也开设博物馆研学活动，让大家都能够欣赏并了解到我们中国古代人民的智慧结晶，更好地发扬与传承下去。（韩梓琦）

·我感觉博物馆研学活动很好，能增长许多知识，在活动中学到了很多曾经完全不知道、不了解的东西，以后也可以多开展一些。（花俊熙）

·我认为博物馆的课程非常有趣味性，还能学到很多关于历史的知识。我的建议是：我们班的互动较少，以后可以增加提问，使课堂更生动。（金恩泽）

·让博物馆的老师来学校，只能看到图片看不到实体，我想到博物馆上课。从

学号的1号开始，每次7个人，有3位老师和7位同学，大家一起去博物馆，让大家亲身体会历史，了解文物背后的故事。（李漠）

·博物馆研学活动让我有很大的收获，使我了解了许多古代的文物和事件，增长了我的见识。我希望学校可以多开展一些博物馆研学活动，也希望自己可以多抽一些时间去博物馆、图书馆等能长见识的地方。（娄靖瑶）

·经过一学期的研学，我收获了许多知识，这也使我更喜欢历史，希望可以多参加一些这样的活动，带领大家一起去博物馆参观，还可以让更多的班级一起参加研学活动，大家一起学习，一起进步。（任伊然）

·这学期的博物馆研学课程，让我认识了多种文物，我印象最深的是瓦当，它是古代身份的象征。我希望博物馆研学课程可以去博物馆实地了解文物，可以把时间延长，移到双休日。（唐宇旸）

·通过这个学期的博物馆研学活动，我了解了许多六朝时期的文物。我学到了很多知识，知道了文物的命名方式，复原竹林七贤与荣启期砖画的秘密，瓦当和滴水的作用，以及古人使用的不同种类的席镇。我希望以后可以有更丰富的活动。（王佳懿）

·博物馆记录着中国古代的文物，让我们了解知识，让我们知道了中国的千年文化，让我学习了很多。我希望所有学校都可以开展博物馆研学活动，让所有小学生都可以了解中国的文化。（王子谦）

·博物馆研学课程能够增长我们的见识，使我们了解我国各个时期的风土人情，参观了博物馆让我有一种民族自豪感，我非常喜欢去博物馆。

·建议学校多开展博物馆研学活动，也可以开展历史问答等小游戏，激发我们的兴趣。我希望能让更多班级开展博物馆研学活动，让更多同学参与进来。（吴承优）

·这学期与六朝博物馆的老师们的交流让我受益匪浅。通过一学期的学习，我知道了六朝时期的众多文物：青瓷莲花尊、青瓷釉下彩羽人纹盘口壶、瓦当……我还去了六朝博物馆参观，更加深入地了解了这些文物的背景。我在博物馆里看到了鸡首壶，有的有流口，有的没有。博物馆十分有趣！（肖雅男）

·博物馆研学课程对于同学是很有帮助的，它能将我们比较陌生的历史、悠久的物件变得不再陌生，让我们了解古人的衣食住行，让我们了解中国悠久的历史。我希望研学课程能多个班级一起学，独乐乐不如众乐乐，让别的班也领略中国文

化，领略这些瑰宝的美丽之处，提高文学素养。（许业成）

·我的感受是：1.开展博物馆研学课程，会让我对历史有更多的了解。2.本来对博物馆没有兴趣，上了课后，兴趣一下就起来了。我的建议是：希望可以多开展一些博物馆研学课程。（杨峻宇）

·我希望更多的班级和学校也开展关于博物馆的活动，这样能让同学们更加了解历史，认识文物和文物背后的故事，更加充实自己，不是更好吗？（叶明轩）

·在上博物馆课时，我学到了许多关于文物的知识。我了解到了许多文物的来历、用途和制作方法，也明白了文物起名字时也是有格式的。这些都使我眼前一亮。博物馆课程激发了我对文物、对中国古代历史的好奇心。我现在在学校也会去了解关于文物的各方面的知识，也希望这种课可以多在别的班上。（尹誉涵）

·通过一学期的博物馆研学活动，我学到了许多传统文化知识，开阔了眼界。希望以后博物馆研学课程可以真正开在各大博物馆里，上课时可以看到真实的文物，这样的课更吸引我。也可以让我们自己来做老师。（张宛珊）

·博物馆研学活动相比去博物馆听讲解有趣，提高了我们对博物馆的兴趣。以后的研学活动可以将博物馆与其他方面联合在一起说，比如历史。也可以多加一些趣味游戏，加一些参观活动，播放一些介绍古代的视频，让我们能够身临其境，对六朝有真正的兴趣。（赵立昂）

·我建议可以多开展全校博物馆研学活动，让全校同学都爱上博物馆，从而学到更多知识。通过这几个月的研学活动，我体会到了古人的智慧。（赵梓珺）

·博物馆研学活动让我感受到了古人的智慧和古人的生活用品的奇特。我印象深刻的是木封检，木封检就是捆绑信的工具，在古时候可以说十分好用。（周政烨）

·博物馆课可以帮助我们学习初中历史学科的知识，对学习历史很有帮助。到了初中就不会感觉那么难了。我建议到了初中也要多开展博物馆研学活动。（朱瑞添）

·开展博物馆研学活动对于我来说是受益终生的，因为它让我学到了更多的历史知识，体会到朝代变更时所留下的文物的意义。我希望能多开展一些小组内的讨论。（朱宇涵）

·以前不是很喜欢去博物馆，之前去故宫，因为故宫太大，都没有仔细看。

现在老师带我们走进六朝博物馆，我开始喜欢了。通过六朝博物馆里的文物，我对古人的生活有了更深刻的了解，我感到很有趣。六朝的文物让我印象十分深刻，如青瓷莲花尊、鸡首壶、青瓷蛙形水注、木封检、席镇等。通过瓦当滴水，我了解了古人的房屋设计。我希望老师能让更多的同学了解六朝文化，让大家爱上博物馆！

（祝婧蕙）

·通过学校的博物馆研学课程，我对"六朝博物馆"有了很深的了解，例如，六朝分别是东吴、东晋、宋、齐、梁、陈这六个朝代。我还认识了瓦当，如人面纹瓦当、莲花纹瓦当等，瓦当由瓦和当两部分组成，中间是"滴水"。我见到了古代的席镇，它是用来压席子的。希望多开展这个有趣的课程。（祝婧雯）

学习篇

穿越千年时空　对话六朝风流

——玄武区道德与法治唐隽菁名师工作室暑期课程开发和学习活动

"也许你很清楚，南京素有'六朝古都'的美称，东吴、东晋、宋、齐、梁、陈，曾经陆续建都于此。南京也因此成为中国历史上人口密集、经济繁华的著名大都市之一。"

"不过，隋文帝灭陈后下令：建康城邑、宫室，并平荡耕垦。建康城的宫殿、建筑，包括玄武湖周围的许多六朝皇家园林，全部推倒，夷为平地，从此，南京地表的六朝建筑，几乎没有遗存。就连'最是无情台城柳'中的'台城'也无法确定其准确位置。幸而，近些年地下考古发掘填补了这一空白，六朝博物馆负一层的六朝城墙遗址，帮我们确定了六朝宫城的东侧方位……"

2020年7月17日晚7时，南京六朝博物馆里，一群好学的观众正在了解博物馆内重要的考古遗迹——深埋在大行宫地面下的六朝城墙、城壕遗址。这是工作室的老师们在六朝博物馆志愿者、工作室主持人唐隽菁特级教师的带领下参观六朝博物馆。

整个展馆由贝氏建筑事务所设计，与苏州博物馆、卢浮宫金字塔入口同出一脉，本身就值得一览。展厅设计凸显园林风貌，移步换景。展厅内几乎没有实墙，而是用竹子、荷叶等植物置景进行隔断，再运用光影效果，使得馆内视觉通透、移步换景，而摆放文物的展柜也使用了不反光的玻璃，文物说明则使用铁艺雕花的铭牌。

在博物馆负一层，有一段长25米、宽10米的六朝夯土墙遗址，这是整个博物馆的根。2008年，考古工作者对博物馆所在地块进行发掘时，在地下2米深处发现了这处夯土墙，经考证为1700年前六朝建康宫城的建筑遗址。正是因为这处千年遗址的出土，才有了今天的六朝博物馆。

2007年，南京邓府巷挖出了台城城壕排水道。排水规模那么大，一千多年前的建康城真是不可小觑。

青瓷釉下彩羽人纹盘口壶，又名吴青釉褐彩羽人纹双系壶，1983年出土于南京市雨花台区长岗村吴墓（五号墓）。它是中国所见以绘画技术美化瓷器的最早器物，堪称早期瓷器中的艺术珍品。2013年8月19日，国家文物局将其列入《第三批禁止出国（境）展览文物》。貌不惊人，却是镇馆之宝。

非常巧合的是，为了贯彻落实国务院办公厅《关于进一步激发文化和旅游消费潜力的意见》精神，配合玄武区长江路文化旅游集聚区建设，2020年7月17日起，这里实行每周五、周六和节假日夜间延时开放。博物馆在大厅举办全新活动——"六朝风雅·夜"，将中华优秀传统文化、六朝历史与现代审美、生活结合，选取茶、食、香、花，以及小朋友喜爱的手作体验，邀请孩子与家长共同体味六朝夜生活，在博物馆"穿越时光"。

"六朝风雅·夜"活动结束后，博物馆社会服务部的李舟主任和工作室的小伙伴们进行了交流，他希望和工作室共同开展六朝课程开发活动。

以热爱家乡为核心，促核心价值观落地
——玄武区道德与法治唐隽菁名师工作室暑期课程开发和学习活动

2020年7月24日上午9时，工作室开启了线上假期研讨活动。

党的十八大把"爱国"作为社会主义核心价值观从公民层面进行倡导，这是公民最基本的价值准则，是社会主义核心价值观的基础，是我们民族精神的核心内容，是中华民族传承五千年的美德，也是全国各族人民共同的精神支柱。

热爱祖国首先要热爱自己的家乡，唯有深深地爱我家乡，才能真正担负起建我家乡、兴我家乡的历史责任，才能使热爱祖国之心深深根植于热爱家乡这块沃土之中。

为了让南京的孩子了解南京、热爱南京，工作室和六朝博物馆开展合作。大家围绕项目名称、项目特质和可以开发的活动三个主题，各抒己见。

在初步讨论后，采用网络投票的方式，选出了大家最喜欢的项目名称和最心仪的项目特质，还初步讨论了部分项目活动的可行性。值得一提的是，在"项目名称和特质"初步确立的投票环节，不仅有开发团队的老师们参与，还邀请了五所学校的200多位学生参与，"沉浸式体验""探秘亲历"等都是大家心向往之的。相信缘此开发的相关课程活动，一定值得期待。

共议活动名称   共定活动特质
——玄武区道德与法治唐隽菁名师工作室暑期课程开发和学习活动

2020年8月1日上午9时，工作室的QQ群又热闹起来了，成员们再次相聚线上，开启了暑期课程开发研讨活动。

针对上周工作室高票胜出的3个备选活动名称，六朝博物馆的李舟主任提出了中肯的意见和建议。工作室的成员们对同类型的博物馆课程的活动设计、课程方案进行了线下学习，对活动名称进行了再思考。积蓄了一周的思考与学习后，老师们这次有备而来。

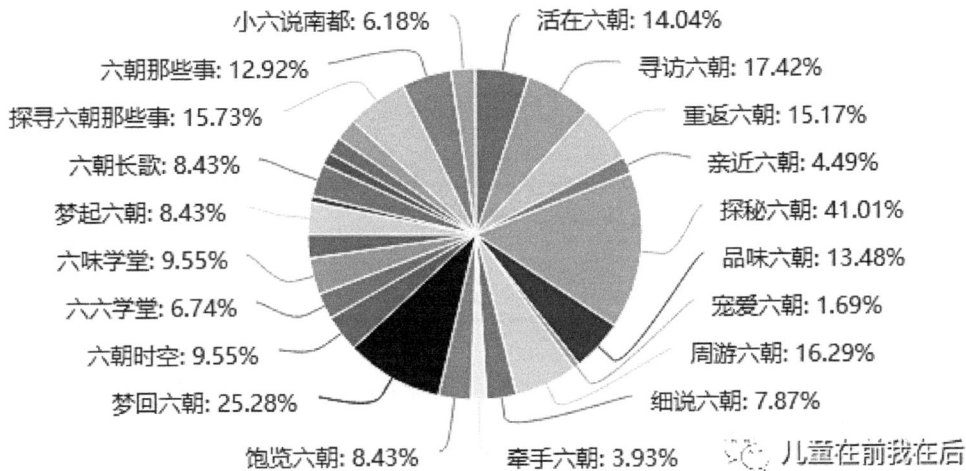

小六说南都: 6.18%   活在六朝: 14.04%
六朝那些事: 12.92%   寻访六朝: 17.42%
探寻六朝那些事: 15.73%   重返六朝: 15.17%
六朝长歌: 8.43%   亲近六朝: 4.49%
梦起六朝: 8.43%   探秘六朝: 41.01%
六味学堂: 9.55%   品味六朝: 13.48%
六六学堂: 6.74%   宠爱六朝: 1.69%
六朝时空: 9.55%   周游六朝: 16.29%
梦回六朝: 25.28%   细说六朝: 7.87%
饱览六朝: 8.43%   牵手六朝: 3.93%   儿童在前我在后

如何借助博物馆促进核心价值观的落地落实，实现立德树人根本任务，同时又能凸显课程的特色化、体现课程内容的包容性？成员们在线上对活动名称再次进行了反复斟酌与探讨，对不同名称的内涵进行了差异分析。

大家综合考查200多位学生和成员们的投票结果，进行了第二轮网络投票，最终确定了项目的名称——六朝风物，这一雅致且中性的项目名称体现了团队成员们对课程的美好愿景与期待。

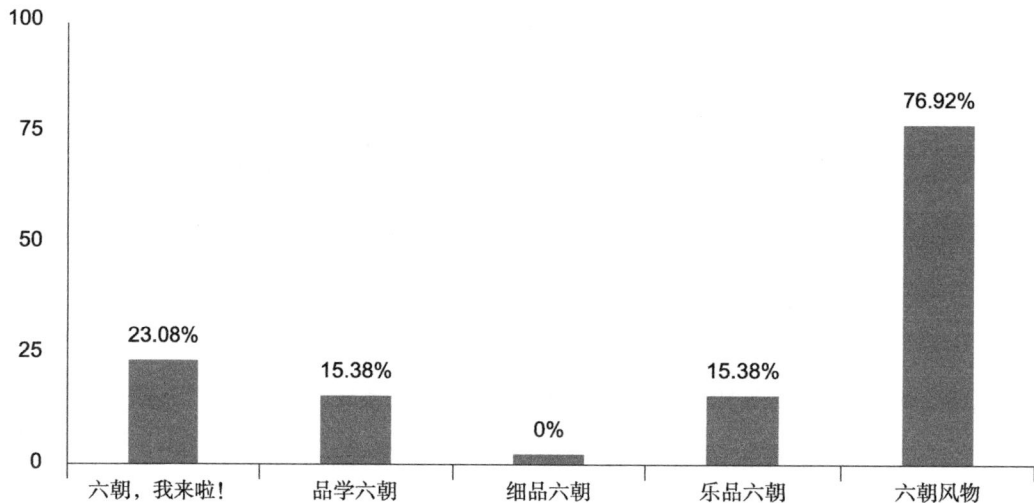

同时，对于项目的特质，大家也各抒己见，最终通过投票的形式精准定位了基本特质：有趣、探究、传承。旨在通过有趣的博物馆研学活动激发学生的探索欲望，引导学生汲取并传承中华优秀传统文化的思想精华，培养学生的家国情怀，实现核心价值观的落地落实。

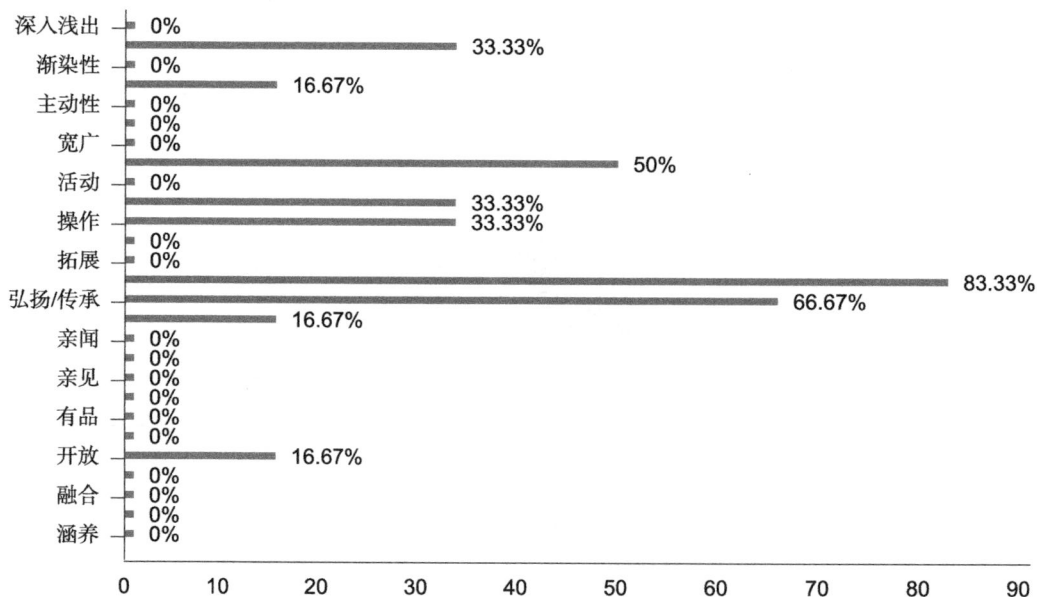

以投票的方式确定课程名称、特质，让每一位老师都深度卷入了课程开发之中。大家不再只是执行者，而是成为创生者、规划师，于是，课程就成了"我们"的课程。

美丽服饰　相约六朝

——玄武区小学道德与法治唐隽菁名师工作室参加六朝博物馆晚间活动

走进博物馆，你会不会有这样的念头：

看到弹着琵琶的陶俑，他们演奏出来的会是什么样的声音呢？

看到画像砖上的厨师，他们做出来的会是什么味道的佳肴？

看到依然锋利的兵器，它们在战场上是如何被使用的？

看见色彩已褪的画像，画像上的服饰会是怎样的？

……

2020年8月7日19：00，工作室的老师们来到六朝博物馆参加了一场与古代服饰的约会——讲座"原来古人这么穿"。这场讲座是六朝博物馆与耳朵里的博物馆联合为广大市民带来的，它把真实的演示和专业的讲述结合了起来，让我们真正感受到了文物的魅力、历史的美丽和博物馆的美丽。

工作室的小伙伴正在进行"六朝风物"博物馆研学课程的开发，大家认真学习，增广见闻，争取早日设计出有特色、有意思的研学课程，将来也在六朝博物馆中带着小朋友一起玩。

玄武区道德与法治唐隽菁名师工作室成员
聆听六朝博物馆馆长胡阿祥教授线上讲座

　　2020年8月20日，工作室的老师们通过网络学习的形式，聆听了南京大学历史学院教授、博士生导师，六朝博物馆馆长胡阿祥在《文都百家言》中关于六朝古都——南京的解读，这次学习为工作室的老师开启了一段别样的关于南京历史的探寻之旅。

　　一座相同的城市，可以让不同的人品味出不同的风情，南京这样一座拥有着悠久历史的城市就如同一本书，值得每个人去细细品读一番。

【学习体会】

　　金陵自古多文豪，文采风流甲天下。胡教授说，走在南京，即走在历史，亦是走在文学里。在胡教授的讲述中，我理解了这座朝夕相伴的城，凭什么被称为"世界文学之都"。

　　朝代的更迭，城市的兴废，多少文人墨客在此留下绝世佳作，或咏叹古城金陵的跌宕兴替，或慨叹乱世亡国的悲痛哀伤，他们的文字中处处流淌着对国家、对民族、对社会的大情怀、大关爱，这份家国情怀、这股浓重的文化血脉的确值得后人传承。想到这里，我决定在这座我生活了16年的南京城，仔细地走一走，去粼粼波光的秦淮河，去朱砂宫墙的朝天宫，去古朴肃穆的古城墙，去夕阳斜映的乌衣巷，再去感受这沧桑与厚重……

（南京市锁金新村第一小学　王双）

　　南京作为六朝古都闻名于世，在离我们学校不远的六朝博物馆里就珍藏着许多六朝时期的文物，还有城墙遗址。但究竟何为"六朝烟水气"？六朝之于南京，南京之于六朝，又意味着什么？"文学之都"为何偏偏给了南京？这些问题一直困扰着我。今天的收看，经过胡教授的一一道来，让我们真正领略到中国文学史上的永恒经典——"金陵怀古"，让那些谜团逐渐清晰，让我们对南京的热爱根脉扎得更深！

（南京市长江路小学　陆敏）

我不是地道的南京人，来南京前，在我心中，它是一个符号"六朝古都"，300多年的都城历史诞生了40多个皇帝。"三山半落青天外，二水中分白鹭洲""朱雀桥边野草花，乌衣巷口夕阳斜""烟笼寒水月笼沙，夜泊秦淮近酒家"……它的美好，它的繁华，在无数诗篇中流淌。

真正让我喜欢上这座城市的是南京人的洒脱乐观，是南京人"海纳百川"的情怀。正如胡教授所说"千百年的历史沧桑，六朝的兴衰更替，赋予了南京人这种性格"。在这座城市生活了15年，耳濡目染，"多大事啊"似乎也成了我的口头禅。

爱上一座城，选择一座城生活，或许因为历史在这座城市沉淀了太多太多……

（南京市锁金新村第二小学　程媛媛）

最近，家里的小朋友在学习南京话。我其实不是很明白他的想法，好好的干吗要去学着说南京话呢。我祖籍是外地，在南京长大，因为从小耳濡目染，南京话说得很标准。但因为职业的关系，和小朋友交流时都没有用过南京话。这会儿听着小朋友古里古怪的发音，心里一丝丝的柔软不停地飘起，飘起的是成长中带着发音的点滴。"多大事啊！"这句话我以前表示不值一提的时候经常放在嘴边，和它相仿的还有"么的关系""小菜一碟"。很多有趣，很多温馨，都带有南京话的旁白或配音。

儿子的学习习惯是深挖深凿，旁带周边，这个习惯对我的影响也比较大，所以他学南京话，我也顺带查了一下关于南京话的渊源。真是不查不知道，了解了吓一跳。以下内容来自百度：

六朝时，中原汉族于五胡乱华时期南迁，北方士族带来的洛阳读书音受本地语音影响形成金陵士音（注意，不是金陵土音，我第一次就看错了），成为中古汉语音系的代表音之一。明永乐年间迁都北京后，南京话又成为当时北京语音的基础，有明一朝，始终以南京官话为国语正音。南京话在中国历史上长期是官方标准语，金陵雅言以古中原雅言正统嫡传的身份被确立为中国汉语的标准音，并深远地影响到直至今天的中国语言形态。加之六朝以来汉人文化上的优越意识，清代中叶之前历朝的中国官方标准语均以南京官话为标准。南京官话影响远及汉字文化圈诸国，如日本、朝鲜等国所传授、使用的中国语也是南京官话，如日本的日文汉字读音的"吴音"。明清时期来华的西方传教士所流行的也是以南京官话为标准的中国话，当时传教士麦嘉湖称官话以"南京腔为各腔主脑"，民国初年西方传教士主持的"华语正音会"，也以南京音为标准。长久以来，南京话以其清雅流畅、抑扬顿挫的特点以及独特的地位而倍受推崇。

好吧，以前我都觉得南京话挺土的，现在呢，颠覆了颠覆了。想想明朝的皇帝和人交流时说的是南京话，日本、朝鲜外交人员来中国说的是南京话，全国人民当年要做官都得说南京话，突然觉得这些画面好有喜感啊！导演导演，以后拍这些古装剧，请把南京话说起来。

Nankinese，南京话！了不起的南京话！

儿子，那就学吧！

（南京市北京东路小学　丁佳佳）

作为土生土长的南京人，从小在苍苍的中山翠柏间嬉戏，在盈盈的玄武湖面上玩耍，只觉得这座城市是心中最好的地方，有最美的景色，有最快乐的记忆。

当自己慢慢长大，当去过的城市越来越多，每次旅游归来，总觉得南京这座城市依然是心中最好的地方，不仅仅是因为儿时的回忆，更多的是因为成长中慢慢了解了这座城的历史。"朱雀桥边野草花，乌衣巷口夕阳斜""凤凰台上凤凰游，凤去台空江自流""自古帝王州，郁郁葱葱佳气浮"……每首诗篇都蕴藏着一段历史；南唐二陵、朱元璋孝陵、中山陵、廖仲恺何香凝墓……每一处陵寝又蕴藏着不同的记忆……只要你愿意，你可以在南京探寻到许多许多。

现在作为一名德法老师，我更想带着我的学生徜徉于南京的历史长河之中，感受南京的独有魅力，爱上这座值得你爱上的城市。

（南京市海英小学　刘姗姗）

最初印象，南京只是一座省会城市、宜居城市，六朝古都的名称符号，慢慢走进、融入，发现这又是一座包容的城市。"多大事啊"，它用一种豁达、乐观、淡定、优雅的态度面对时代的变迁，接纳每一个南来北往、在此谋求生活的人，这是曾经历史遗留的贵族文化所赋予这座城市的坦荡、大气、处变不惊！虽然很多历史的遗迹随着岁月的流逝已无法探寻，但登临明城墙，仍能感受到历史的重影交错在时间的隧道中；漫步古色古香的夫子庙、老门东，仍能忆起明清时代的市井繁荣；

夜游秦淮，仍能让人沉浸于历史文学与人文情怀的风情画卷……历史、文学的情怀深刻伴随着城市命运的变迁融入南京的山山水水、大街小巷、城市建筑，成为城市的血脉，引领这座温润的城市更加优雅地前行。

（南京市月苑一小　姜芹）

作为一个土生土长的南京人，一直为"六朝古都"而骄傲，却从未用心地研究过六朝的文化。对于"六朝"的感受，也仅限于教材中的"东吴东晋宋齐梁陈"，东大校园里的那棵"六朝松"，以及近几年走马观花式地参观六朝博物馆的粗浅印象里。听了胡馆长的"金陵百家言"，我发现原来南京这座城市被外地人所知道的，更多是缘于它的文学。南京自六朝起，有写自然之美的山水文学，有写人情之美的宫体文学，使自然和人文的美达到了一种极致。南京文脉持续绵延长达1800年，是中华文明史上的璀璨明珠。文化资源丰厚，文学成就卓越，文化名人荟萃，南京在中国文学界具有无可替代的地位，在亚洲和世界文坛也独具特色。同时，城市的不断变迁带给南京人更开阔的心态。这种包容、平和、洒脱的气质已经在不知不觉中融入每一个南京人的血液。

（南京市北京东路小学　陆毅天）

"江雨霏霏江草齐，六朝如梦鸟空啼。无情最是台城柳，依旧烟笼十里堤。"每每读起韦庄的这首诗，总是让人不由得感慨万千。自小生活在南京的我，对"六朝古都""虎踞龙盘"这些城市美誉耳熟能详，但想在南京城里寻找到六朝的遗迹却似乎很难，能读到许多传说，却触摸不到历史的真实存在。直到六朝的城墙遗址被发现，六朝博物馆建立，听了胡阿祥馆长关于金陵怀古的介绍，六朝似乎才掀起了那层神秘的面纱。南京人的生活一直氤氲着"六朝烟水气"。虽然魏晋遗风在隋王朝的变革中消失殆尽，但并不影响它在南京历史上留下浓墨重彩的一笔；虽然六朝宛如南柯一梦，但它孕育了气象万千的金陵文化，奠定了"世界文学之都"的厚重基底。如今的南京城已经是一座繁华的国际化大都市，然而，站在历史与现代的十字路口，时常回眸，你就会发现，与各式摩天大楼相比，文化底蕴才是一座城市的地标，才能决定一个城市的高度，无需轰轰烈烈，那浅唱低吟足以打动人心。

（南京市小营小学　李钧）

初到南京是零六年，依稀记得曾写过一篇文章评论南京的市容市貌，现在想来，不禁哑然，甚觉肤浅：南京的底蕴岂止在街头巷尾？

后来，在朋友的怂恿下，到南大蹭胡教授的课与讲座，我便逐步改变了对南京的初印象，也对南京的地名文化有了一种执念：我要自己走遍南京的街头巷尾。

穷酸学生，偏安江北一隅，进趟城着实不易。公交车从起点坐到终点，便成为我最初触碰南京各个角落的方式。

工作后，依旧在路上，只不过身边多了一群学生。我们一起行走南京，感悟南京的文化。无论是阳春白雪，还是下里巴人，都足以让人着迷。

曾推荐学生读叶兆言的《南京人》和《秦淮灯影》，自己也跟着读。南京与南京人的形象，便更加立体地呈现在眼前。没错，这就是我理解中的南京。

（南京市北京东路小学　杨明波）

1982年，国务院公布了首批历史文化名城，一共24个城市，南京名列其中。南京，作为六朝古都，其魅力当然是毋庸置疑的。经历了历史的积淀、岁月的洗礼，即便是散落在大街小巷，但是这些古迹却依然熠熠生辉。

胡阿祥教授在与主持人周学的互动中，一步步为我们解读了究竟何为"六朝烟水气"，"文学之都"为何偏偏给了南京，南京未来的文学走向将发生怎样的变化。

每一座城市，都如同一本书。不同的人会用不同的方式打开它，给自己找到喜欢它的一个理由。在文人气息浓郁的南京，最适合的打开方式就是怀古，最值得去的地方就是明孝陵和中山陵。所以当外地人一走进南京，就会感觉行走在历史里，肃穆之感油然而生，内心深处不自觉地生发出一种悲壮之感。

若想真正了解一座城市的历史，最好的方式就是走进博物馆，去触摸它的过去，去遐想它的曾经，寻觅它独有的个性与魅力。期待拜读完胡教授的《"胡"说六朝》后，再次走进六朝博物馆。

（南京理工大学实验小学　史晓璐）

秋染姑苏城，在这里遇见历史

——玄武区道德与法治唐隽菁名师工作室成员赴苏州学习侧记

2020年11月1日，映照着秋日的曙光，工作室成员蔡兰华老师和王双老师踏上苏州的行程，与六朝博物馆"六朝青"的其他志愿者共同开启了博物馆学习之旅。

吴中博物馆之行

上午，大家来到吴中博物馆。作为苏州市第一座全面展示吴地文化的特色博物馆，它从各个角度展示了古代吴地人民的生产生活。从新石器时代的聚落遗迹，到先秦时期的城市遗址，再到唐宋明清的遗存文物，仿佛有一幅巨大的时间长卷将吴地的历史变迁铺展开来。

两位老师跟随着讲解员的脚步，探吴地之风雅，品吴地人文精神，深刻感受到古人利用自然、改造自然的无穷智慧。

苏州博物馆之行

午后，老师们来到姑苏城不可错过的文艺胜地——苏州博物馆。馆体设计来自建筑大师贝聿铭，院内山石的峰峦迭起、灰瓦白墙的雅致风韵、传统与现代交融的建筑特色，令大家叹为观止。

馆内收藏的3万多件文物，囊括了史前陶器、春秋青铜玉器、六朝五代瓷品，以及民间民俗摆件、织绣服饰等，两位工作室成员在参观中领略了古人超高的审美水准和吴地丰富的文化内涵。

一座博物馆即一座宝库，如何做好文明记忆的发扬传承，工作室的成员们一直在博物馆研学活动的开发上探索着，如携手六朝博物馆开发的"六朝的信封什么样""六朝菜单上都有啥"博物馆研学活动一上线即成热门。本次姑苏行，给予了工作室的老师们更多的灵感与启发，大家将以此次学习为契机，开发出更多有意义的博物馆研学活动，在文化传承与实践探索中带领学生博悟历史、连接未来！

最后的最后，还想说一句：姑苏城，幸会幸会！

弘扬传统文化　促生德育成长

——《中小学德育》杂志毛伟娜主任莅临玄武区小学道德与法治
唐隽菁名师工作室指导

2020年12月15日，南京市教学研究室小学道德与法治学科教研员罗嫣才博士、《中小学德育》杂志毛伟娜主任、南京市玄武区教师发展中心教培员娄龙雁、南京市锁金一小校长唐隽菁，以及工作室所有成员齐聚南京市锁金一小四楼录播教室，展开一场以"传统文化视野下德育途径的新探索"为主题的研修活动。

驻足课本，探寻文化足迹

第一节课，南京市锁金一小的王双老师执教五年级上册第9课《古代科技　耀我中华》。课堂脉络清晰，教学活动形式多样，特别是体验活字印刷术环节，引起学生的探究兴趣。此环节旨在让学生近距离体验古代科技的神奇，进而感悟悠久历史长河中，古代中国的"四大发明"对人类社会发展和世界文明进步产生的深远影响，建立文化认同，激发民族自豪感。

六朝文物，追根溯源

第二节课，南京市同仁小学的蔡兰华老师则以"六朝青"志愿者的身份为大家呈现了一场别开生面的文化盛宴。蔡老师以工作室研发的"六朝风物"博物馆研学课程为依托，带领学生探究六朝博物馆所出土的文物——木封检。孩子们在轻松愉悦的学习氛围中，不断质疑、猜想、体验，从而了解木封检的由来，回溯六朝时期人们彼此间通信交流的方式，感叹古人的无限智慧。

后记

教育路上，工作室的每一位老师，都将自觉提高自身传统文化修养，化身传播经典文化的使者，不断探索、不断创新，推动中华优秀传统文化深入课堂，滋养生命，促生德育生长！

玄武区小学道德与法治唐隽菁名师工作室成员参加六朝博物馆志愿者培训活动

　　2021年10月24日，工作室的蔡兰华和丁佳佳两位老师一同参加了六朝博物馆志愿者培训活动。

　　培训活动的第一站，志愿者们来到中华门外西街考古工地考察学习，有幸听到了西街遗址考古项目负责人、南京市考古研究院副研究员陈大海的讲解。

　　据陈大海老师介绍，该遗址内发现了一处台地，有多重环壕围绕。通过遗迹判断，台地有3米至4米高。环壕周长约1000米，呈规整的弧角方形，壕沟截面为等腰梯形，人工开凿痕迹非常明显。考古人员还在内侧环壕之外、台地东侧发现了明确的筑城痕迹：一段长度约30米、宽约2米的夯土基槽，中间有2.2米宽的"开口"或是城门通道。夯土基槽之外，又发现平行的更宽大的壕沟。由此，一座堡垒规模的古代城池已清晰显现：围绕着这一片隆起的台地，当时人们挖掘了多重环壕来保护，具有鲜明的防御性功能。随着发展，以这片台地为中心，城池的范围规模还在逐步扩大……环壕内出土的标本，经碳十四测试在距今2910年到3120年之间，说明这座城池的修筑时间为公元前1099年至前889年，即西周早期至中期。这可能是南京迄今发现最古老的城池遗址，比文献中战国早期所建的"越城"、春秋后期吴国在高淳所建的濑渚邑（全国重点文物保护单位固城遗址）都要早得多。

　　原来，我们在古代诗歌、笔记里常能看到的"越城""长干里"就在这个区域。这里在古代是秦淮河支流南涧旁的一块台地，非常适合早期人类居住。台地上发现了西周的遗址和六朝时期的遗存……根据文献记载和遗址发掘可知，随着这片地区被人们不断取土（烧窑），台地不断降低，今天已经基本和周围齐平了。

　　培训活动的第二站，志愿者们来到了浦口定山寺。定山寺是禅宗的重要寺院，被誉为"达摩第一道场"和南朝四百八十寺之首，屡遭战火，屡毁屡建。

汇聚改变的力量
——参加南京市名师工作室高级研修班第一阶段培训有感

刚刚得知我们工作室经过材料评审、现场答辩，成为南京市小学道德与法治名师工作室，我就收到了培训通知。2021年11月16日至11月18日，到南京网格学院参加南京市名师工作室主持人高级研修班。这是市名师工作室这一机制运行6年来，首次对主持人进行高规格培训。我很幸运地赶上了。

11月17日，玄武区教师发展中心到我校进行教学视导，经市区教育局批准，我请假一天。因而，此次只参加了2天培训，一共听了5场讲座，分别是赵宪宇副院长的"名师传统基因与现实追求"、张晓东主任的"名师工作室的隐喻"、陈旭辉院长的"美人之美，各美其美，美美与共"、周彬教授的"有效教学，课堂教学的结构与效率"和操太圣所长的"名师成长的哲学视野"。5场讲座精彩纷呈，无论是语文教学，还是哲学思辨，5位专家给我们带来了一场场思想的盛宴，更为重要的是，帮助我厘清了一些问题。

阅读，读什么？怎么读？

近日，我在朋友圈中发表了摘抄自怀特海的《教育的目的》中的一句话："一个人如果只了解自己的学科，并以此作为这种学科特有的一套固定程序，那么，他实际上连那门学科都不懂。他缺乏思想的丰富性，不能很快领悟外来观念的关联。他将什么都不能发现，在实践运用中也会很愚蠢。"没承想，同事给我发来一句留言："总觉得这句话是说我。"

在此次培训中，5位专家从不同维度阐释了教师阅读的重要性。其实，教师这个职业，就要求我们必须成为终身学习者、终身阅读者。可是，现实生活中，大家总是慨叹："太忙了。"尤其是"双减"政策实施之后，很多上有老下有小的老师连家中事务都快顾及不上了，更何谈自己的私人时间呢。面对这样的困境，张晓东主任语重心长地说："有点时间就看书。"他特地以成尚荣先生为例，从一名中师毕业的小学老师，到国家督学、原江苏省教科所所长，成所长无论到哪儿都手不释卷。这我是亲眼所见的。江苏省《品德与生活》《品德与社会》教材编写期间，主编邀请成所长前来指导。他提出修改意见之后，就寻得一个僻静之处看书了，无论我们争辩的声响有多大，讨论得有多激烈，都充耳不闻。当然，因为终身阅读、终身学习，而成为大家的，在我们身边还有杨九俊院长，当年他可是一名民办教师。拜读他的文章，我们不能不叹服他思维之高、之深、之远。这同样得益于数十年如一日的阅读。

那么作为教师，我们应该读什么？张晓东博士、周彬博士、操太圣博士异口同声："读哲学、心理学、文学史、脑科学、认识论、方法论……"一言以蔽之，读与教学有关的书，更要读看似与教学无关的书。操教授还补充了一个："认真研读国家政策。"

古诗词，与教学有关吗？当然有关联。正是酷爱古诗词，语文特级教师赵宪宇副院长在送别组诗教学中，才能以"李白四送孟浩然"为内容，顺带发现，孟浩然是个幸福的诗人，因为不仅李白、王维、白居易、陆游、黄庭坚、朱庆馀、罗隐、贯休这些名人写他，连不出名的张子容、唐彦谦等也写他。这样的课堂，怎能不妙趣横生，引人入胜。而这样的阅读，已经拓展到了文学史。

周彬教授以"休"为例，谈生字教学一定要读《说文解字》。为什么靠在树旁就是休息，躺在床上不也是休息吗？原来，这与我们先人以打猎为生有关。狩猎途中，靠在树旁休息是最安全的，也是可以蓄势待发的。

操教授是哲学博士，他在讲座中，居然引用了积极心理学的内容。连这些名家大师都在博览群书，更何况才疏学浅的我们呢？

4位专家在讲座中提及了以下书籍：

· 帕尔默《教学勇气》　　　　　　　· 伊兰·K·麦克伊万《培养造就优秀教师》
· 吉鲁《教师作为知识分子》　　　　· 布莱恩·阿瑟《技术的本质》
· 伊曼努尔·列维纳斯《他者哲学》　· 恩斯特·卡西尔《人论》
· 约翰·哈蒂《可见的学习》　　　　· 格特·比斯塔《教育的美丽风险》
· 《第一哲学的支点》　　　　　　　· 周国平《尼采：在世纪的转折点上》
· 冯友兰《中国哲学史》　　　　　　· 许慎《说文解字》

·伊恩·古德费洛《深度学习》

至于怎么读，张晓东主任提供了具体的操作路径：背50句话——深度阅读相关书籍——顿悟。说干就干，当晚，我就重新拿出《教育的美丽风险》，开始一个字一个字地朗读，我读到了这句话："这种主体性事件是否会发生，学生是否会意识到他们的主体特征，则完全是开放的问题，这超乎了我们的掌控，也基本上不是在我们人为的范围内能成就的。"这就意味着，教育真的不是万能的。那么，是不是我们就不该有所作为了呢？不是，"教育必然有一个让受教育者获得自由和独立的导向"，我们要做的一件重要的事情，"就是确保我们的教育安排……我们管理和建设我们学校的方法，我们在我们的社会中组织学校教育的方式——不让我们的学生远离这些经历，不让我们的学生避开来自他者的介入，不去促使我们的学生对自己面前的呼唤装聋作哑、视而不见。当然，这样做不会确保任何事情，这样做只是不会阻挡主体性事件的发生"。

教学，是科学，还是艺术？

这个问题是周彬教授帮助我们解惑的。周教授告诉我们，教学，既是科学，又是艺术。什么是科学？什么又是艺术呢？他认为，科学的进步靠的是理性与研究，科学成果最大的益处就是可以迁移和分享；艺术的进步靠的是天赋和勤奋，艺术成果最大的不足是只能欣赏和收获。

鉴于此，教学中哪些要素属于科学，哪些要素属于艺术？大家茅塞顿开："教什么"关乎科学，而"怎么教"关乎艺术。因为"怎么教"是要用天赋和勤奋待之的，所以，我们能做的只是欣赏，而无法模仿。这就给我们的日常教学研究确定了思路，那就是学校教学组、备课组的着力点应该是"教什么"，"怎么教"是服务于"教什么"的，一节课怎么上，是由"能怎么上"决定的。此二者，一为表，一为里；一为形式，一为内容。

周教授语重心长地叮嘱我们："没有哪个老师是不想上好课的。只有不好好备课的老师，没有不好好上课的老师。""我们要帮助老师，而不是批判老师。"

由此，周教授延展到了教师队伍建设。他认为能力支撑不起欲望，每个老师的教育教学，都是由其能力决定的，因此，我们在进行教师队伍建设时，不要仅仅针对一节课进行打磨，不要仅仅停留在传授教学技艺层面，而应该把着力点放在教师对整本书、整个小学阶段12册书的理解和认识上。

　　这就让我想到了，刚刚工作时，参加玄武区小学语文骨干教师培训，当时我们的班主任是语文特级教师恽芬老师，她布置过一次寒假作业，要求我们将12册《语文》教材每一课课后的问题全部梳理一遍。这次梳理，为我日后任教大循环并在首次任教六年级时取得区调研第二的佳绩奠定了坚实的基础。正是这样的全局视野，让我对整个小学阶段语文教学目标、重难点有了全盘的考量，也坚定了我日后开展语文单元整体教学的信心。

　　而周教授的这一观点，在我校接受区教学视导中也有充分的体现。语文、数学、英语、科学、信息、美术、音乐、体育、道德与法治，所有教研员齐聚我校，全面听课。在反馈中，教研员就指出，应该进一步研究教材，理解语文要素与教材的联系；进一步关注学习支架，理解课后习题与教学内容的关系；应对学科本质、系统知识进行梳理，从而深度理解和把握例题。这其实就是希望我们不要就一篇课文教一篇课文，而是应该站在小学六年的学习内容上进行一课的教学。

学困生的成因模型

　　这就让我联想到了学困生的形成。之前，数学特级教师张齐华老师在朋友圈中贴出了一张图（见右图）。

　　学困生的形成是有迹可循的：刚开始他们是投入学习的，但是遇到了困难，他们发出求救信号，可惜没有任何人回应，结果，未完成学习任务，受到了负面评价。这就导致他们对学习失去了信心，最终放弃了这门学科。

　　老师与老师之间的差距不也是这样形成的吗？入职时，对教师职业满怀憧憬，对教育事业充满热情，可是在日常教育教学中遇到了困难，他们发出了求救信号，因为无人回应，孤立无援，导致班级失控、教学效果不佳，受到了领导、同事、家长的负面评价，于是，失去了信心，更加手忙脚乱，更加畏首畏尾，更加手足无措了。这给我们所有教育管理者都提了一个醒。

我是谁？我们是什么关系？

　　"操太圣教授是一位特别善于观察、思考的学者，他竟然连教师间的工作话语都关注了。"当我把这一感慨发布在朋友圈后，就有校长朋友留言：等破解方法。

　　这的确是当前的工作生态。破解之策，操教授也提供了。他在讲座中，给我们提供了两个指标，一个是高效能教师10个特征，另一个是名师7个标准。

高效能教师 10 个特征	名师 7 个标准
个性特征（我是什么人）——	教育事业追求者
1. 满怀使命感和热情	教学学术探究者
2. 积极而真诚	学生学习专家
3. 具有领导才能	教师团队领导
教学特征（我该做什么）——	学校"决策者"
4. 全面关注	社会价值代表
5. 风格	自我高要求者
6. 激励技巧	
7. 有效教学	
智力特征（思考什么，如何思考）——	
8. 书本知识	
9. 社区经验	
10. 精神生活	

　　把这两项内容对照着看，我们立刻会发现，身为教师，我们必须满怀使命感和热情、执着追求教育事业，这也是"四有好教师"为什么将"有理想信念"放在首位的原因之所在。我们在进行师德师风建设时，务必将此确定为核心。我们在进行学校管理、制定各项制度时，务必引导教师坚定理想信念，在教书育人的岗位上，自觉践行社会主义核心价值观，肩负起国家使命和社会责任，将远大的理想追求与具体的教育教学工作相结合，全心全意为人民服务；务必明确自己的身份：任何教师都是社会代表；务必引导教师回归自己的本分：育人；务必规避功利主义、经济逻辑对学校文化的负面影响。

　　那么我们，我与同事、我与家长、我与工作室成员之间是什么关系呢？南京教师发展学院陈旭辉院长和南京大学操太圣教授都提到了"共同体"。陈院长明确指出，工作室应构建3种文化，分别是内生发展文化，积极营造"我要发展"的氛围，注重激发教师个体专业发展的愿望和动力，不断促进教师个体自我发展、主动发展和持续发展；团队研修文化，倡导和建设"学术纯粹，协同研究，求实创新，团队分享"的工作室文化；共生发展文化，积极开展团队研修和协同研究，推进名师研究共同体、学习共同体与发展共同体（抱团成长）。正如陈院长讲座的题目"美人之美，各美其美，美美与共"，大家结成共同体共同发展才是王道。

共同体对于成熟型教师之重要性，操教授予以了阐释。我们工作室所有成员都是市区级教学骨干，他们是第一次发展的佼佼者，目前都处于高原期，若想突破职业发展的"天花板"实现第二次发展，就必须给予高支持，让他们应对高挑战。工作室所组建的共同体就是专注提供高支持的。正所谓"一个人可以走得很快，一群人才能走得更远"，尤其是志同道合的一群人。

不道德领导者和道德领导者的比较

不道德领导者	道德领导者
傲慢、自私自利	谦逊
过度追逐个人利益	关心大家的利益
有欺骗行为	诚实正直
违反约定	信守承诺
进行不公平交易	坚持公平
推卸责任	承担责任
摧毁别人的自尊	尊重他人
忽略下属的发展	鼓励并帮助他人发展
吝于帮助和支持	为他人服务
缺乏与不公平的行为斗争的勇气	有坚持真理的勇气

有了这一定位，作为工作室主持人的我，应该发挥怎样的作用？操教授倡导我们成为"道德领导者"。他将此与"不道德领导者"进行了对比。而这，不也正是我们与家长、与学生、与同事的相处之道吗？那就是谦逊·共享·支持。

2天的学习转瞬即逝。5场讲座，让我们更有方向、更有信心，也更有改变的力量。

衷心感谢玄武区教师发展中心，不断鼓励我积极申报，让我有勇气在屡战屡败的情况下，屡败屡战，终于在今年申报成功，从而获得这一难得的培训机会。

衷心感谢南京市教育局高师处、南京市教师发展学院的高瞻远瞩、运筹帷幄。

衷心感谢南京晓庄学院教师发展学院的精心组织。

未来以来，未来可期。

工作室成员应邀参加"宋韵——士大夫的精神世界"特展种子教师培训

2021年12月30日，应江苏省特级教师、江苏省正高级教师、宁海中学陈红老师邀请，工作室成员参加了南京博物院、南京市陈红名师工作室、南京市鼓楼区教师发展中心、鼓楼区胡斌名师工作室联袂举办的"馆校合作：'宋韵——士大夫的精神世界'特展种子教师培训"教研活动。本次教研通过腾讯会议线上进行。

南京博物院文博馆员、"宋韵"展览公众活动负责人之一王维宇老师为大家做了题为"宋韵之美——我们为什么爱宋朝？"的主题讲座。通过王老师的讲座，我们对南京博物院与浙江省博物馆携手打造的跨年大展"宋韵——士大夫的精神世界"，有了更加全面深入的了解。王老师结合本次特展中的展品，展现了宋朝士大夫们作为治世能臣匡扶天下的思想与文人雅士的精神文化生活。

【学习体会】

今天上午，我有幸聆听了南京博物院王维宇老师关于"宋韵之美"的讲座，对宋朝之美越发喜爱。就拿"瓶器"的演变来说，"经瓶""梅瓶""胆瓶"和"壁瓶"器型不同、用处不同，既体现了宋代实用主义的风格倾向，又从侧面映射出宋人高级的审美趣味，是其典雅质朴的生活美学的缩影。讲座里蕴藏了丰富的意涵，带领我们穿越古今，是我们简单看实物、听讲解所不能企及的，再次感谢王老师。

（南京市同仁小学　孙丽）

王老师的讲座让我对宋代有了更丰满的认识。"博物馆的力量"透过每一件文物、每一段文字，走进恢弘历史，弘扬中华优秀传统文化。作为教师、南京博物院志愿者，我有义务学习专业知识，用教育人的视角向孩子、向社会公众传递这份力量，增强文化自信！

（南京市夫子庙小学　缪青）

今天的人们为什么爱宋朝？陈寅恪先生曾说："华夏民族之文化，历数千载之演进，造极于赵宋之世。"两宋是培养"士"气的时代，有属于士人的相对独立的生活空间，抚琴、调香、赏花、观画、弈棋、烹茶、听风、饮酒、观瀑、采菊、作诗和绘画，"士人"携手传播着宋人躬身实践和付诸想象的种种生活情趣，正是我们现代人所向往的生活，而王老师介绍的宋代展品及其背后的文化内涵，更令人神往。

（南京市江北新区高新实验小学　张淑环）

感谢王维宇老师带来的精彩分享，让我更多了解了宋代的文化底蕴和精神气质。同时，王老师为我们打开了一扇门，让我们体会到博物馆带来的文化积淀与传承。

（南京市立贤小学　陆敏）

从婉约凄美的宋词看宋朝，常以为那个"以瘦为美"的朝代文弱压抑。从传奇色彩的小说看宋朝，常以为宋朝命运多舛、挨打受气。今天老师的讲解与分享带我们用今人的视角具象化地去看宋朝。这个常被误读的朝代，有雅韵精致的器皿，有文臣死谏、武将死战的气节，有或理性或激进的思潮……不得不说，这是个内涵丰富、很有人文精神的时代。一个时代的美韵需要我们多角度地去了解，深入地去思考。

（南京市南湖二小　陈蕾）

浩然正气的爱国主义精神、天下为己任的士大夫精神、经世致用的哲学思想、放眼天下的海外贸易往来、典雅敦厚的文人生活美学、丰富多元的市民生产生活、后世审美范式的文化艺术、欣欣向荣的科学技术……南博王维宇老师的讲座"宋韵之美——我们为什么爱宋朝"，让我再一次点燃对宋朝历史的兴趣。这个元旦，南博走起！"宋韵"特展，走起！

（南京市北京东路小学　丁佳佳）

工作室成员聆听南京博物院研究馆员、江苏省考古研究所副所长陈刚线上讲座

2022年4月27日，作为庆祝南京师范大学建校120周年系列学术活动，南京师范大学社会发展学院主办了考古名家讲坛第33讲。本次讲坛主讲人是南京博物院研究馆员、江苏省考古研究所副所长陈刚，他参与或主持了大云山汉墓、东阳汉墓群等考古项目，策划了"法老·王""融·合——从春秋到秦汉"等一系列展览。

陈刚教授讲座的题目是"考古研究与服务公众——以大云山西汉江都王陵考古研究及文化产品为中心"，本次讲座由南京师范大学副教授刘可维主持。南京市小学道德与法治唐隽菁名师工作室成员参加了在线学习。

【学习体会】

听陈刚教授"考古研究与服务公众"的专题讲座，不禁想起了曾经《品德与社会》教材中的某一课，介绍人类的起源。在教参中有一个小标题"考古的发现"，大致内容是通过挖掘的一些牙齿、毛发之类的东西，考古学家推测不同时期的原始人类的体貌特征。至今我仍记得当时学生对考古是充满好奇的。陈刚教授的讲座给我们一点启发，能否从考古的视角，借鉴考古学的一些思想、方法，在专业人员的引导下，学生以团队形式开展探究活动。让我们尝试在不同领域，带着学生跨界"玩"！

（南京市夫子庙小学　缪青）

在我以往的印象中，"考古"意味着专业、严肃、枯燥。听了陈刚教授的讲座，我发现考古工作除了严谨和专业之外，也可以结合学生的课外课程，拓展许多有意义和有意思的实践活动。在讲座中已经看到中学生的活动，我们是做小学教育的，如果能够找到激发学生兴趣的点，引领小学生开展一些研究活动，对于孩子们形成研究的思维、培养研究的能力、养成研究的习惯以及增进对中华文化的了解，

增强民族自豪感，应当是非常有益的。

（南京市北京东路小学　陆毅天）

今天观看了陈刚教授的"考古研究与服务公众"的专题讲座，了解了"大云山西汉江都王陵"的考古发掘与相关的研究工作。深深地感受到考古真是一个非常庞大的系统工程，不仅需要专业的考古发掘工作者，还需要器材设备保障，各类资料的及时汇总、整理、归档，各类文字记录，全程照相、摄像技术支持，发掘项目现场管理等等多个工种的密切配合，再一次感叹考古工作的严谨与科学。作为教师，对陈教授讲座中关于"博物馆文化产品"的部分兴趣很浓。"博物馆文化产品"不仅有展览产品，也有教育产品。陈教授列举了一些博物馆公益课程，让人耳目一新。我想，在自己的后续学习中也要多多思考这方面，在广泛学习的基础上，和团队的小伙伴们一起开发出博物馆教育产品。

（南京市同仁小学　蔡兰华）

不是第一次听陈刚教授的讲座，每次听，都是受益匪浅。陈刚教授全程参与了大云山汉墓的调查发掘及资料整理。他向我们介绍，从2009年到2013年，南京博物院对江苏盱眙大云山汉墓进行了抢救性考古发掘，发掘出迄今布局最为清晰的西汉诸侯王陵园——江都王陵。尽管历年盗墓贼对墓室的破坏，几度让考古队深感失落，但是也不断有惊喜和意外。发掘最高峰的时候，现场的专业技术人员有近50人，从清理、钻探、绘图，到现场修复、文物保护，分工细致，井然有序。最后勘探发现，整个王陵内部面积为500米×500米，相当于35个标准足球场大，主墓更是深达20多米，陵园内部则由3个主墓、11个陪葬墓组成，出土金银铜器等1万多件。江都王陵被列为2010年全国十大考古发现之一。近十年来，学界除对江都王陵进行了各项考古研究外，还在展览策划、教育产品开发、文创衍生品研发推广等方面取得优秀成绩。我们工作室一直致力于馆校合作开发博物馆研学活动，2021年应陈刚教授的邀请，工作室3名成员在南京博物院"第四季·馆校合作博物馆课程开发与实践工作坊"分别做了主旨演讲，我们还积极参与南京博物院的课题研究。相信在南博的引领下，我们的馆校合作会更加深入、更加高效，让更多的学生受益。

（南京市锁金新村第一小学　唐隽菁）

工作室成员旁听南京博物院研究馆员、江苏省考古研究所副所长陈刚线上讲座

2022年5月7日16：40，南京博物院研究馆员、江苏省考古研究所副所长陈刚应厦门大学刘翀博士的邀请，通过腾讯会议，为厦大历史系研究生开讲"妥协与平衡：出土文物类临时展览的策划与实施——以'法老·王''兄弟·王'展览为中心"。南京市小学道德与法治唐隽菁名师工作室的老师们旁听了此次讲座。

【学习体会】

听完陈刚教授的讲座，工作室的伙伴们不禁感叹："没想到之前看到的临展，背后有这么多艰难的坎儿。"陈教授今天介绍的特展之一"法老·王"，我专程去参观过。当时，只是被汉帝国文明与古埃及文明对比展示的形式所吸引，今天听策展人陈教授的娓娓道来，才知道这一荣获"2016年度中国博物馆十大精品陈列展览"的项目，从策划到展出，需要形式设计、制作施工、教育服务、文创、宣传营销等团队成员齐心协力、通力合作，需要兼顾学术、科研、执行、场控、部门安排等各方因素。仅仅选择展品，不仅需要开数次专家论证会，还需要进行观众调查，了解不同受众的兴趣点。这让我联想到美国圣保罗博物馆磁石学校总结的博物馆流程这一学习模式。博物馆专业人员研究和策划展览时，通常采用探究、实验、解释和展示四个阶段。博物馆流程这一学习模式基于这四个阶段，以学习者主动学习为特点，其本身也是一种与学生一起创建展览，让学生在探究、实验、解释、展示的过程中获得全面发展的教育工具。这是培养学生未来所需横贯力的一个有力举措。这为我们未来馆校合作提供了新的探究路径。

（南京市锁金村第一小学 唐隽菁）

曾经在长干里考古遗址现场听过陈刚教授的介绍，深深为之折服。这次的学习让我再次感受到考古是一个严谨、科学、综合，同时又充满趣味的专业。通过陈老

师的介绍，大云山汉墓的发掘组织和发掘过程鲜活地呈现在我们面前，让我们感受到考古人考古时的魅力与不易。这种跨学科的线上学习打开了我们的视野，我们得以用新的方式学到更多的知识，期待更多。

（南京市北京东路小学　丁佳佳）

换一种思维角度走进文物。我自己平时在博物馆观看文物，总是用一种纵向思维，如了解瓷器的发展演变史。但是通过陈教授的介绍，我学会了用横向的思维去观看了解文物。

我们的生活离不开各行各业劳动者的付出。听完之后我自己对博物馆工作人员的工作有了新的认知，原来策划一起展览需要许许多多人的紧密协作，展览部专人负责设计、社会服务部专人负责教育活动与公共服务、文化创意部门专人负责文创产品的研发、办公室专人负责展览的营销与宣传、文物保护研究所专人负责展厅的环境控制、保卫部负责安保、物业部门负责后勤保障……《道德与法治》四年级下册有一课是《生活离不开他们》，我可以在课堂上引入这个生动的策展事例，讲述给学生们听，相信当他们再次踏入博物馆展厅的时候，会多一份珍惜，多一份感动。

（南京市同仁小学　蔡兰华）

工作室成员旁听文博博物馆学论坛
"对话博物馆的力量"

2022年5月8日下午2：00，"文澜博物馆学论坛·青年工作坊"特别举办博物馆日专场，邀请南京博物馆院长龚良、山东大学副教授尹凯，围绕博物馆日主题共同"对话博物馆的力量"，聚焦博物馆与社会之间的关系，探讨博物馆的创新力、影响力与生命力。

"文澜博物馆学论坛·青年工作坊"在中国博物馆协会的指导下，由中国博协博物馆学专委会、浙江省博物馆、浙江大学艺术与考古学院联合主办，浙江省博物馆博物馆学研究所、浙江省博物馆学会陈列展览专委会共同承办，致力于打造博物馆学专业委员会品牌项目，旨在为有志于博物馆学研究的博物馆青年工作者、未来博物馆人搭建学习与交流平台。

本次论坛的主持人有2位，分别是浙江省博物馆研究馆员、副馆长，中国博物馆协会博物馆学专业委员会主任委员，浙江省博物馆学会副理事长、陈列专委会主任委员蔡琴，浙江大学艺术与考古学院教授、博士生导师、考古与文博系主任、文化遗产研究院副院长项隆元。

论坛对话嘉宾是南京博物院院长、学术委员会主任、《东南文化》杂志主编、江苏省文化和旅游厅副厅长、研究馆员、博士生导师龚良和山东大学文化遗产研究院副教授、人类学博士、硕士生导师尹凯。

【学习体会】

龚院长围绕"博物馆创新力与影响力"做了主旨发言。今年国际博协将2022年国际博物馆日主题确定为"博物馆的力量"。国际博协认为，博物馆有能力改变我们周围的世界，具有实现可持续发展的力量、具有数字化与可及性创新的力量、具有通过教育进行社区建设的力量。龚院长将其概括为"创新力""生产力""传播力""影响力"，在今天的讲座中，他以南京博物院、大运河博物馆为例向我们展现了博物馆所拥有的创新力和影响力。龚院长首先指出面临新征程、新挑战，博物馆需要在新的发展阶段，抓住机遇，进一步培育文化力，实现继承和创新。针对当前博物馆发展过程中出现的由求数量、求体量、求异型所导致的没有地域特征、没有文化内涵、没有个性特质的问题，龚院长提出，博物馆的创新应主要表现在博物馆服务社会发展与社会公众领域所表现出来的创造力上，应提升博物馆的产品质量和服务水平。其核心就是创造性劳动。作为学校、作为教育工作者，我们也面对着人民对美好生活向往这一迫切期盼，我们也应开展创造性劳动，让我们的教育迸发出勃勃生机与活力。

（南京市锁金新村第一小学　唐隽菁）

博物馆有什么力量呢？

龚院长说，在新的历史时期，博物馆可以服务人民更美好的生活，博物馆具有创新力、生产力、传播力和影响力。在新时代，博物馆可以成为人类和谐共处的重要场所；博物馆的服务可以面向社会发展和社会公众；博物馆可以成为学校教育的第二课堂，还可以成为历史艺术的殿堂、文化休闲的场所……龚院长的讲解，一改博物馆留给我的刻板印象——高高的围墙、严肃的氛围，让我倍感亲切。习近平总书记说，一个博物院就是一所大学校。对此龚院长认为，在博物馆的发展过程中，要高度重视博物馆的文化创造力、文化生产力、文化传播力、文化影响力，实现文化的传承与创新。他以扬州的中国大运河博物馆的创建过程为例子，进行了详细介绍。

我还没有去过大运河博物馆呢，听了龚良院长的介绍，心向往之。当然，作为馆校合作学习小组的成员，我也要努力思考如何提升自己的专业能力和服务水平，这也是提升博物馆产品质量和服务水平的一个小小窗口啊。

（南京市同仁小学　蔡兰华）

工作室成员参加六朝博物馆2022年全体志愿者春季业务培训

时值南京市六朝博物馆2022年全体志愿者春季业务培训之际，2022年6月12日9：30，南京市小学道德与法治唐隽菁名师工作室成员相聚腾讯会议室，在线聆听了南京市文化遗产保护研究所邵磊老师的"南京栖霞山碑刻题记漫谈"主题讲座。

下午的培训由南京考古研究院的龚巨平副院长主讲，主题是"南京西营村南朝佛寺遗址发掘收获"。

【学习体会】

今天的讲座，单讲"碑刻"。因为古都南京的文物古迹中，最足以展示历史血脉与文化传承者，就是历代碑刻文献。通过邵老师的介绍，我知道了东晋帝王陵墓是"不封不树"的，等到了南朝帝王陵墓才开始兴起包括神道碑在内的墓上神道石刻。南朝梁代明确要求："凡墓不得造石人兽碑，唯硬作石柱。"当时侯爵大多只有石柱，有石兽、石柱、石碑完整组合的，一定是王。为什么我们南京的南宋碑刻也很多呢？因为南京在北宋时是全国区域中心，从北宋到南宋，南京以优越的区位优势，随着政治格局的变幻起伏，从区域中心一跃而成为重整河山的东南重镇。南京在南宋初曾有十年作为行都，之后也一直都是南宋的留都。因此，众多名人在此生活，并葬在这里。其中最宏伟的是位于栖霞区下庙伏家桥的宋代抗金名将王德墓神道碑。王德墓神道碑通高近5米，规制之宏伟，在宋代碑版中并不多见。

（南京市锁金新村第一小学 唐隽菁）

"南京栖霞山碑刻题记漫谈"，这一主题激发了我的兴趣。"一座栖霞山，半部金陵史。"栖霞山在南京的历史地位举足轻重，尤其是在历代碑刻文献储藏方面，堪称一座金陵历史文物的宝库。邵磊老师的讲述不仅是普及文物考古知识，更有很多亲身经历和感受的分享。听了邵老师的讲座，我觉得如果把文物看作一个有生命、有故事的"人"，我们就仿佛穿越在深邃的时空，跟随文物的一段段经历，知晓更多的人和事。走进文物的内心世界，我们会发现等待自己去探索的世界其实是非常广大的。这样的心态能够让我们摆脱现实中的急功近利，脚踏实地工作、生活。

（南京市夫子庙小学　缪青）

据南京市文化遗产保护研究所邵磊老师介绍，自先秦至南北朝，中国的碑刻经历了一个从发生、发展继而高度成熟的衍变过程。栖霞地区在南京历史上具有非常特殊的地位，在历代碑刻文献储藏方面，堪称金陵历史文物的宝库，更是南京城厚重历史的注脚与符号，也是全人类独一无二的文化遗产。从讲座中，我还了解到，碑刻的功能在于记事、记功、颂德、褒奖等，内容涉及政治、军事、书法、文学、科技、建筑等，载录的人物上至先贤圣哲、帝王将相，下至寒儒布衣、山野白丁，每一个社会阶层无不涉及，具有十分重要的研究价值。如何让蕴藏千年的"金陵石语"走向学生？如何让金陵石语彰显南京优秀的文化传承？如何将其中蕴含的历史元素和文化元素融入我们的道德与法治学科教学中？这是值得我们深究的问题。

（南京市锁金新村第一小学　王双）

周日上午有幸参与了六朝博物馆"六朝青"全体志愿者春季业务线上培训活动，聆听了南京市文化遗产保护研究所邵磊老师关于"南京栖霞山碑刻题记漫谈"的讲座。作为土生土长的南京人，我对栖霞山是很熟悉的，对那里的满山枫叶和千佛岩印象尤为深刻。通过这次的线上专题讲座，我对千佛岩的认知有了质的飞跃，更是拓展了很多关于古代碑刻的知识，也认识了不少历史人物（很多都是第一次听说，惭愧啊）。再观碑刻，我不仅要欣赏其形制优美的书法，还要好好了解、研究和保护这些碑刻，因为其刻录在上面的内容是重要的历史遗存和文史资料。

（南京市同仁小学　蔡兰华）

南京市是一座历史文化底蕴深厚的城市，作为一名"新南京人"，南京像一本史书，待我慢慢阅读、细细品味。还记得去年读叶兆言先生写的《南京传》，读后对南京的一草一木、城池砖瓦有了更深的情感。有幸聆听南京市文化遗产保护研究所邵磊老师关于"南京栖霞山碑刻题记漫谈"的讲座，我对栖霞碑刻、对历史血脉与文化的传承有了更多感知。作为"碑刻小白"，这也打开了我了解历史的一扇新窗口。

（南京市江北新区高新实验小学　张淑环）

"南朝四百八十寺，多少楼台烟雨中。"杜牧的诗句让南朝佛教兴盛成为世间千年印象。2019年，南京西营村南朝佛寺遗址被发现，这是南京乃至南方地区目前发现最早、保存最好、布局最完整的南朝佛寺遗址。在今天的培训讲座上，龚副院长详细介绍了西营村佛寺遗址的发掘过程、建筑特色，发掘出的精美文物，以及这一考古发现的重大意义和价值。跟随着一幅幅资料图片，倾听着龚老师的细致讲解，工作室的老师们对六朝时期高超的建筑技术、佛教的兴盛发展有了更鲜活和深入的认识，"南朝四百八十寺"就这样呈现在老师们的眼前。

西营村南朝佛寺遗址的考古工作，不仅对于探索南朝佛寺布局、建筑规制提供了极为珍贵的实物资料，还对研究六朝时期对外贸易和文化交流有着重要意义。今天的培训，让老师们拓展了视野，也为老师们在六朝博物馆开展志愿服务工作提供了更丰厚的知识储备。

（南京市北京东路小学　陆毅天）

工作室成员作为志愿者参加南京博物院
考古启蒙夏令营

2022年8月9日，工作室成员作为志愿者，参加了南京博物院、南京高中历史陈红名师工作室联合组织的考古启蒙夏令营。参加本次夏令营的均为宁海中学新高二的学生。本次夏令营内容丰富，同学们在南博工作人员和志愿老师的带领下，通过参观考古现场和南博特展、听取专家讲座，对考古、历史表现出浓厚的兴趣。

为了避开高温，夏令营开营时间由原先的9：30，提前到了8：15，但是抵达考古现场时，地表温度已经超过40摄氏度。为了让大家能够安全地近距离考察，南京考古研究院提前设计了路线、规划了点位。此次参观的是一处正在挖掘的考古现场，南京考古研究院的工作人员详细介绍了他们是如何通过墓穴结构、出土文物等结合历史文献对墓主生平进行修正的，由此向大家传递了两个重要信息：考古就是正史、证史、补史的过程；在考古工作者眼中，带有文字信息的文物最为珍贵。

结束了考古现场的实地参观，驱车回到南京博物院。南博工作人员又带领大家参观了多个特展。首先来到的是"晋国"特展。晋侯墓考古是20世纪我国商周考古的重大成果，相关数据为我国夏商周断代工程提供了至关重要的"年代标尺"。1992年、1993年，它曾两度入选"全国考古十大发现"，并被列为"中国20世纪100项考古大发现"。2022年是晋侯墓地发掘30周年，南京博物院联手山西博物院，在南博特展馆推出"晋国展"，晋侯温鼎、夔（kuí）龙纹编钟、玉组佩、玉牌联珠串饰等来自山西博物院的231件（套）精美文物串起波澜壮阔的600年晋国伟业。本次展览通过"河汾骄子""争霸春秋""余烈三晋"三个单元，集中展示了中国古代晋国从"桐叶封弟"到"三家分晋"的历史，再现昔日中原强权厚重而绚烂的历史文化。

下午，南京博物院社会服务部副研究员、考古学博士高杰为大家开讲"考古是什么"。高博士结合具体的考古故事从3个维度做了回答。

一是揭示中华文明起源与发展的历史脉络，展示中华文明重大贡献来增强文化自信。1894年，拉克伯里在出版的《中国上古文明的西方起源》中提出，公元前2282年两河流域的国王率领巴克族翻越昆仑山，来到中国西北部，此后四处征战，传播文明，最终奠定了中国历史的基础。就连民国歌曲中"华胄来从昆仑巅"也承认了这一错误说法。后来通过考古学"后岗三叠层"的方法，发现仰韶文化与龙山文化及小屯文化的叠压关系，从而纠正了之前"夷夏东西"与"中国文化西来说"的错误说法。

二是不断用实物资料丰富和建构中华民族的优秀传统文化体系。高博士以元青花为例，他说第一件被发现的元青花与传统的青花并不一样，传统青花是用软笔在胚体上烧制的，而这件却是用硬笔所画，所用的钴蓝色也不是中国所盛产的，而所画的蔷薇花，又是西亚贵族的象征，加之它出土于景德镇，所以不难推断出此件元青花实是中西文化交融的产物。从唐青花上不属于中国传统纹饰的图案也可知这是向外国出口的产品。这充分说明，文物也展现了各文化的结合，取之精华，融会贯通。

三是考古遗迹和历史文物是不可再生资源，续写了中华民族的精神和文明。从西汉的一座墓葬中出土的《注解伤寒论》，与我们原有认知的"东汉张仲景的《伤寒杂病论》是我国第一部临床医学专著"起了冲突，所以，因为这个考古学发现，我们的历史课本会被修正。这件文物的出土为现代中医药学研究提供了丰富的史料，现代与古代的结合，续写了中华民族的精神与文明。

本次夏令营采用理论和实践相结合的方式，不仅让同学们对考古工作有了一个比较全面、系统的认知，使平日在历史课本中所学的知识鲜活起来，还对大家未来的专业选择起到了一定的引导作用。

唐隽菁名师工作室馆校合作项目组成员
线上收看南京博物院名誉院长龚良教授公益讲座

　　2022年9月10日正逢教师节、中秋节，南京市小学道德与法治唐隽菁名师工作室馆校合作项目组成员以学习的方式欢度节日。上午10：00，大家线上收看了南京博物院名誉院长龚良教授的公益讲座"将众多文物策划成一个展览——从南京博物院'晋国'展说起"，龚教授从布展到文物的选择，再到文化的传承与推广一一道来，让文物、展览和观众更加贴近。

　　【学习体会】

　　以前去看展，总是一个人兀自看看文物相关的文字介绍，走马观花，出馆后也说不出个所以然。听了龚院长的讲座，我以后再看展就会多留意文化与文物、文物与人以及所处地域的关系。龚院长说，关系是无价的。这让我对文物陈列和展览有了新的认识。

（南京市力学小学海德北岸分校　张淑环）

　　如何将众多文物策划成一个展览？这最最离不开的就是策划人，策划人团队是一群进行创造性劳动的人，他们从展前进行各种选题调查、资料研究，再从资料里寻找文物中的故事，构建起展览的体系与文字，构思体现展览文化价值的文创作品，更用创造性思维进行布展，把文物变成见证物，让参观者沉浸其中！

（南京市立贤小学　刘雯雯）

　　学习了龚良院长的讲座，收获颇多。龚院长从南京博物院几个场馆引入，以"晋国"展的策划和布展为例，深入浅出地向我们介绍了南京博物院策展背后的故事。原来我们欣赏到的"呼吸""和合"等经典展览，需要经过前期准备、策划人及团队的组建、展览内容设计等一系列筹划和准备才能最终展出并呈现。这次讲座让我对南京博物院有了更深入的了解，也让我体会到了文物的魅力。

（南京市立贤小学　李晓艺）

　　虽然我去过几次南京博物院，但众多展览背后的深意却都没能细细领会。通过龚良院长对"晋国"展的细细讲述，我们感受到每一场展览策划的背后都有策展人对藏品与藏品、藏品与社会之间的关系，藏品与所在地域文化的关系等多方面的考究，更有对中国传统文化的理解与表达。很渴望再次前往南京博物院，去细细品味其中的深意。

（南京市陶行知学校　方艳）

　　一边听龚教授的讲座，一边整理了一张思维导图。之前，听陈刚教授讲座时，知道了策展人。这次听龚教授讲座，知道了策展人最重要的作用是寻找文物与文物、文物与地域、文物与人的相互关系并且把它告诉公众。龚教授是这样介绍考古与展览的不同的。考古是在野外把不可移动文物记录下相互关系后，再把文物拿到库房，变成可移动文物。而展览是倒过来的，寻找相互关系，把可移动文物放到展厅让人一眼就能看出策展人想说什么。通过龚教授的介绍，我还知道了展览的结构：每个展览由3-5个部分组成，每个部分介绍不超过250个字；每个部分有3-5个单元，每个单元的介绍不少于150字；每个单元有3-5个展品组合，单元介绍不超过100字。通过展览的布局，我们就能大体了解策展人的能力了。龚教授说，策展人要做的一项工作是给文物配对。我马上想到了六朝博物馆的瓦当墙。展出一个瓦当，大家可能觉得稀松寻常，但是一整面墙全是瓦当，那就相当震撼了。这面瓦当墙现在也成了六朝博物馆的网红打卡地。作为历史爱好者，我还只是一个门外汉，感谢龚教授在节假日放弃休息，为大家公益开讲。

（南京市锁金新村第一小学　唐隽菁）

南京市小学道德与法治唐隽菁名师工作室参与主办"南北携手研究馆校合作　共同弘扬优秀传统文化"线上论坛

2022年11月20日，由南京市高中历史陈红名师工作室、北京教育学院丰台分院课程发展中心和南京市小学道德与法治唐隽菁名师工作室联合主办的"南北携手研究馆校合作　共同弘扬优秀传统文化"线上论坛正式开始。我工作室全体成员与来自北京、南京、无锡、徐州、东台等地的百余名教师、博物馆社教专员相聚线上。本次活动由鼓楼区初中历史教研员、南京市二十九中初中部金波老师主持。

本次活动的分享者分别是北京教育学院丰台分院课程发展中心的刘婧主任、王贝贝老师，南京市锁金新村第一小学的唐隽菁老师、同仁小学的蔡兰华老师、立贤小学的陆敏老师、建宁中学的刘研老师，以及二十九中初中部的成惠、陶海燕、吴蔚老师。大家结合工作室、学校开展馆校合作的研究与实践，进行了8个主题分享。

北京市考古遗址博物馆社教部的刘海明主任、燕山出版社的夏艳社长、南京博物院社教专员王维宇老师、六朝博物馆社教专员顾子淳老师参加了此次活动并进行了精彩发言。

【学习体会】

今年暑假，我在唐特工作室正式参与馆校合作的相关文献研究学习，在做馆校合作的文献综述时，我了解了博物馆与学校之间的渊源，以及博物馆课程本身蕴含的巨大价值。9月以来，当我开始实践"六朝风物"馆校课程，我和孩子们都被这门课程的魅力所深深吸引。今天北京—南京两地馆校合作的交流，既有课程研究者与实践者的经验介绍，也有文博专员的博物馆社教工作的介绍，让我对馆校合作有了更多耳目一新的了解。作为一线教师，我会在扎实实践的基础上，多向各位前辈学习，与馆校合作课程的实践研究者们一道，向更深处漫溯。

（南京市力学小学海德北岸分校　张淑环）

馆校合作课程内容的确定基于学生对课程的喜爱。驻足传统，带领学生体验历史，在学与玩中，潜移默化达成学习目标，渗透中华优秀传统文化，增强了学生的文化自信。 （盐城市东台市实验小学 程晓琳）

今天上午聆听了来自不同地区、不同学段的教师分享馆校合作的实践和思考，很有收获，深受启发。博物馆优雅的环境、丰富的馆藏、日益凸显的教育功能，可以成为学校教育教学的重要课程资源。广大一线教师已经在文物选择、课程开发、实施路径、学生学习方式、评价方式等诸多方面做了探索，特别是北京丰台地区研发的学生学习资料给我的印象较为深刻。教师开发博物馆课程的最终目的是让学生不仅能够通过课程学到什么，还能够在博物馆中自主学习、探究，让"走进博物馆"成为自己学习、娱乐的重要方面。从自己执教的道德与法治学科的视角看：博物馆承载着历史积淀，体现人类精神文明的核心价值。走进博物馆，从中华优秀传统文化中汲取自信，就是对中华民族最广泛的政治认同。因此，借助博物馆的资源，进行深度开发，使其成为优质的课程资源，既可以充分发挥博物馆的教育功能，又可以提升道德与法治教学的生动性、实效性。 （南京市夫子庙小学 缪青）

馆校合作项目的选择是真正从学生的兴趣出发，利用博物馆资源，让学生在实践中体验。学生动手动脑，乐在其中。激发了孩子的家国情怀，提升了孩子的文化素养。 （盐城市东台市实验小学 韩莉）

11月20日早上，将近两个半小时的时间，有幸参与了南北携手研究馆校合作方面的经验交流，正如主题所示"如琢如磨"。南北两地通过线上会议交流了各自在博物馆课程中的一些探索经验，通过两地经验"如琢如磨"地碰撞，博物馆课程的开发与研讨均有了不同思路的延伸。虽然我还没有参与到馆校合作课程的研究之中，但从这场经验交流会上，真切地感受到了博物馆课程从不同的立足点、共同的育人追求中达到的"课程育人、文化育人、活动育人、实践育人、管理育人、协同育人"的目标，后面也希望能参与其中，开发并探究本地的馆校合作课程。

（南京市江浦实验小学滨江分校 杨萍）

今天上午认真聆听学习了北京丰台区和南京29中学的馆校合作项目，我也荣幸地作为工作室代表分享了自己研发的博物馆研学活动。从专家、老师们的分享中，深深感受到大家无穷的智慧和馆校课程独特的魅力，同时也感受到了肩上的责任和文化传承的使命。未来会更加努力。 （南京市同仁小学 蔡兰华）

课程篇

写在课程开发之前

缘由：为什么要开发"六朝风物"博物馆研学课程？

理由1：因为"南博蓝"，让我对博物馆文物产生了浓厚的兴趣

生活在古都南京，我们特别幸福。博物馆、美术馆、图书馆、名人故居……遍布全市。带着女儿在各个场馆溜达，是我们家重要的休闲方式。一次偶然的经历，让我真正爱上了博物馆。

那天，我们来到了南京博物院。刚入馆，就听到广播说："请需要义务讲解的游客到服务台集中。"择日不如撞日，既然撞上了，那就一起听听吧。于是，我们排了队，领了扩音器，跟随"南博蓝"步入展馆。

"南博蓝"是南京博物院志愿者的统称，我们在馆内随时随地能看到他们身着宝蓝色志愿服忙碌的身影。这位讲解员，边走边讲，对各个时期的文物如数家珍，对于文物所属时代背景也是娓娓道来，听君一席话胜读十年书。通过他的讲解，我这才知道，原先的参观，只是"万花丛中过，片叶不沾身"。

在那一天，我就爱上了博物馆，我就在心中埋下了一颗种子：如果能成为一名志愿者，能够成为一名讲解员，该有多好呀。

理由2：因为国有号召，我们必须积极响应、勇于担当、主动作为

关于馆校合作，早在2015年，国家文物局和教育部就出台了《关于加强文教结合、完善博物馆青少年教育功能的指导意见》，要求遵循"均等便利""机制创新"两个原则，并提出7项主要任务：开发教育项目；建设教育资源库和项目库；加强课程教材中博物馆教育有关内容；实施流动教育项目；实施远程教育和网络教育；加强博物馆教育资源统筹；建立中小学生利用博物馆学习的长效机制。从那时

起，全国各地就出现了一批先行者。

让星星之火呈现燎原之势的，是2020年教育部和国家文物局出台的《关于利用博物馆资源开展中小学教育教学的意见》。如果说2015年的文件更多关注资源建设，这份意见就是向纵深挺进，它明确提出要推动博物馆教育资源开发应用、拓展博物馆教育方式途径、建立馆校合作长效机制，在13项具体举措中，首次提到开发博物馆系列活动课程、创新博物馆学习方式、推进馆校合作共建、加强师资联合培养、提升博物馆研学活动质量、纳入课后服务内容。

国有号召，身为教育人，我们必须积极响应、勇于担当、主动作为。

理由3：因为博物馆，为我们提供了提升儿童核心素养有效路径

2017年5月，林崇德教授率领团队发布了《中国学生发展核心素养研究报告》。他们通过核心素养的教育政策研究、国际比较研究、传统文化研究、课标分析以及实证调查等支撑性研究，建构了3大领域6个指标的中国学生核心素养体系总框架。

我们通过研究发现，博物馆研学课程涉及自主发展、社会参与和文化基础这3个领域，人文情怀、审美情趣、理性思维、批判质疑、勇于探究、乐学善学、勤于反思、信息意识、珍爱生命、健全人格、自我管理、社会责任、国家认同、国际理解、劳动意识、问题解决、技术运用、人文积淀这18个基本要点，培养学生学会学习、健康生活、责任担当、实践创新、人文底蕴、科学精神这6项核心素养。

2021年，教育部、中共中央组织部、中央编办、国家发展改革委、财政部、人力资源社会保障部等6部委联合出台的《义务教育质量评价指南》，确定了学生发展质量评价重点内容是品德发展、学业发展、身心发展、审美素养、劳动与社会实践，关键指标是理想信念、社会责任、行为习惯、学习习惯、创新精神、学业水平、健康生活、身心素质、美育实践、感受表达、劳动习惯、社会体验，这些也都能够通过博物馆研学课程达成。

一言以蔽之，博物馆研学课程，是一条提升儿童核心素养的有效路径。

理由4：因为博物馆，能够助推我们落实立德树人根本任务，贯彻党的教育方针

2021年，中宣部等九部委联合印发了《关于推进博物馆改革发展的指导意见》，在总体要求上明确指出：博物馆应该为坚定文化自信、传承中华文明、推动中国特色社会主义文化繁荣发展、满足人民美好生活需要、建设社会主义文化强国、实现"两个一百年"奋斗目标和中华民族伟大复兴中国梦做出积极贡献。博物馆要坚持正确方向,更好地构筑中国精神、中国价值、中国力量。博物馆应该发挥教育功能。落实《新时代爱国主义教育实施纲要》《新时代公民道德建设实施纲要》要求,加强对中华文明的研究阐发、教育普及和传承弘扬,加强爱国主义教育和革命传统教育。

这份意见回答了教育的3大根本问题,那就是"培养什么人""为谁培养人""怎么培养人",把党的教育方针落到实处。

尽管我们面临着诸多困难,但依旧义无反顾地踏上了馆校合作博物馆研学课程策划与实施之路。

"六朝风物激爱国情，文化自信立强国志"课程纲要
（讨论稿）

第一部分　前言

六朝承汉启唐，创造了极其辉煌灿烂的"六朝文明"，在科技、文学、艺术等诸方面均达到了空前的繁荣，开创了中华文明新的历史纪元。这六个朝代的共同点是都建都于南京，六朝时期的南京城是世界上第一个人口超过百万的城市，和古罗马城并称为"世界古典文明两大中心"，在人类历史上产生了极其深远的影响。

六朝博物馆是中国展示六朝文物最全面的遗址博物馆，也是反映六朝文化最系统的地方专题性博物馆。馆内展出了青瓷器、陶俑、墓志、建筑构件、石刻、书画等大量珍贵文物以及六朝建康城城墙和大型排水设施遗迹，并介绍六朝名人故事，分三个篇章阐述公元3至6世纪的东方大都会主题，设有"六朝帝都""六朝风采""六朝人杰"三大展厅。馆藏藏品是六千年前六朝时期的瓷器和陶俑，截至2021年，六朝博物馆馆藏文物约1200件，其中大部分来自南京市博物馆的考古出土文物。

2020年9月30日，教育部和国家文物局联合下发《关于利用博物馆资源开展中小学教育教学的意见》，文件要求"各地教育部门和学校要充分利用各类博物馆资源，组织开展爱国主义、革命传统、中华优秀传统文化、生态文明、国家安全等主题的研学实践教育活动"，"发挥实践育人作用"。从2014年以来，六朝博物馆坚持"迎进来、走出去"相结合，组织成立了"六朝青"志愿服务社，并开展了多项"六朝青"博物馆课堂进社区的志愿服务项目。2020年岁末，六朝博物馆启动大手拉小手——六朝青"小青莲"培养计划，面向南京全市10-17周岁的青少年，

在"六朝青"志愿服务社资深志愿者的组队指导培训下，宣传六朝文化，弘扬志愿服务精神，传承家乡千年文脉。

2020年9月，玄武区小学道德与法治名师工作室与六朝博物馆联合开发"六朝风物激爱国情，文化自信立强国志"（下文简称"六朝风物"）博物馆研学课程。本课程就是要通过博物馆资源，落实立德树人根本任务，理直气壮地"引导学生增强中国特色社会主义道路自信、理论自信、制度自信、文化自信，厚植爱国主义情怀，把爱国情、强国志、报国行自觉融入坚持和发展中国特色社会主义事业、建设社会主义现代化强国、实现中华民族伟大复兴的奋斗之中"。

"六朝风物"博物馆研学课程所培养的"全面发展的人"，与中国学生发展核心素养一脉相承，充分反映新时期经济社会发展对人才培养的新要求，高度重视中华优秀传统文化的传承与发展，系统落实社会主义核心价值观。中国学生发展核心素养的三个方面：文化基础、自主发展、社会参与；综合表现的六大素养：人文底蕴、科学精神、学会学习、健康生活、责任担当、实践创新；具体细化的十八个基本要点：国家认同、国际理解、社会责任等，均能依托"六朝风物"博物馆研学课程进行培养，从而提升21世纪国家人才核心竞争力。

一、课程性质

"六朝风物"博物馆研学课程是在小学开设的一门以六朝博物馆馆藏文物为基础、以建立文化自信为核心、促进学生社会性发展的综合课程。走进馆藏文物，使学生了解古人的聪明智慧，珍惜他们创造的文明成果；探究馆藏文物的前世今生，使学生认同并欣赏中华民族的优秀文化；体验馆藏文物的使用价值，使学生理解"人民是历史的创造者，是真正的英雄"，明确人生发展方向，立下报国宏志，成长为德智体美劳全面发展的社会主义建设者和接班人。

"六朝风物"博物馆研学课程不仅能够提高学生的历史素养，而且能够使他们更好地认识人与人、人与社会、人与自然的关系，有助于学生逐步形成环境意识、社会意识、法治意识和道德意识，逐步树立正确的价值取向和行为准则，增强对国家发展和民族振兴的责任感，逐步形成实事求是、注重证据的意识，养成辩证地观察、分析问题的能力，为终身学习打下良好的基础。

思想性　坚持历史唯物主义，弘扬民族文艺优秀传统，以文化人，以文育人，赓续优秀文化，增强文化自信，增强学生爱国主义情感，坚定社会主义信念，逐步树立正确的世界观、人生观、价值观。

人文性　以馆藏文物所饱含的优秀的历史文化陶冶学生的心灵，帮助学生正确理解人与社会、人与自然的关系，提高人文素养，逐步形成正确的价值取向和积极向上的人生态度，适应社会发展的需要。

综合性　本课程设计体现社会环境、社会生活和社会关系的内在整合；课程内容有机融合品德教育、爱国主义教育、历史与文化教育、地理和环境教育等；教学活动体现学生生活经验、知识学习与社会参与的彼此渗透和相互促进，从多角度、多层面引导学生去理解、认识自我、他人和社会，并以此为基础形成基本的道德品质。

实践性　本课程学习是知与行相统一的过程，注重学生在体验、探究和问题解决的过程中，形成良好道德品质，实现社会性发展。课程设计与实施注重联系学生的生活实际，引导学生在实践中发现和提出问题，在亲身参与丰富多样的社会活动中，逐步形成探究意识和创新精神。

二、课程基本理念

1.充分体现育人为本的教育理念，发挥"六朝风物"博物馆研学课程的教育功能，以培养和提高学生的核心素养为宗旨。

2.以普及文史常识为基础，使学生了解文博的基本知识，初步具备学习的基本方法和基本技能，促进学生的全面发展。

3.将正确的价值判断融入对文物的叙述和评判中，使学生通过学习，增强民族文化认同感、民族自尊心和自信心，义不容辞地挑起振兴中华的重担。

4.鼓励自主、合作、探究式学习，倡导教师教学方式和教学评价方式的创新，使全体学生都得到发展。

第二部分　课程目标

义务教育道德与法治课程要培养的核心素养，主要包括政治认同、道德修养、法治观念、健全人格、责任意识。本课程围绕这些核心素养，确立课程目标。

政治认同：热爱家乡、伟大祖国、中华民族、中华文化、中国共产党，为自己是中国人而自豪；初步了解中华优秀传统文化的主要代表性成果，坚定文化自信；具有维护民族团结的意识，能够把个人发展和国家命运联系起来，维护国家利益和安全；能够理解社会主义核心价值观的内涵及其重要意义，并在社会生活中自觉践行；能够增强做中国人的志气、骨气、底气，初步具有人类命运共同体意识。

道德修养：了解公共生活中基本的道德要求和行为规范，能够在日常生活中践行明礼遵规、团结友爱、相互尊重、助人为乐、爱护公物、保护环境等基本的道德要求；形成初步的道德认知和判断，能够明辨是非善恶；通过体验、认知和践行，养成良好的道德品质。

法治观念：能够具有基本的规则意识和安全意识，理解宪法的意义，知道与生活密切相关的法律，能够初步认识到法律对社会秩序的规范和保障作用；遵守规则和法律规范，提高自我防范意识，掌握基本的自我保护方法，预防意外伤害，初步具备依法参与社会生活的能力。

健全人格：初步具有自尊自强、坚韧乐观的心理素质和道德品质；具有理性平和的心态，能够建立良好的同伴关系、师生关系，树立正确的合作与竞争观念，拥有同理心，相互支持，相互帮助，具有团队意识和互助精神；有效学习，能够适应变化，不怕挫折，热爱生活，具备积极向上、锐意进取的人生态度。

责任意识：能够关心集体、社会和国家，具有主人翁意识、责任感和集体主义精神，主动承担对社会的责任，自觉维护祖国统一和国家安全；能够主动参与志愿者活动，具有为人民服务的奉献精神，勇于担当；守规矩，重程序，能够遵守社会规则和社会公德，依法依规有序参与公共事务，具有公共意识和公共精神。

第三部分　课程内容

核心素养	内容要求	教学提示
政治认同	形成中国人的身份认同感，为自己是中国人感到自豪。	了解中国是四大文明古国之一，拥有五千年悠久的历史和灿烂的文化。
	了解中华优秀传统文化的部分代表性成果及其意义，对中华优秀传统文化具有亲切感，感受中华优秀传统文化的魅力，为中华民族创造的文明成就感到自豪。	列举我国古代具有代表性的科技成果等，感受中华文化源远流长、博大精深，萌发民族自豪感，树立文化自信。
	理解社会主义核心价值观内涵，在日常生活和社会活动中积极践行。	列举研学活动中社会主义核心价值观的行为表现，讨论我们怎么做才能更好地践行和弘扬社会主义核心价值观。
	坚定文化自信，能够在生活和学习中自觉维护国家尊严。	参观博物馆，了解中华优秀传统文化的代表性成果，积极参与文物保护活动。
道德修养	养成健康的卫生习惯，自觉维护公共卫生。	感受博物馆内美好环境带给人的愉悦，树立公共卫生意识，积极参与维护公共环境卫生的活动。
	懂得自律，能够得体地与人交往，团结互助，能够平等友好地与他人相处，学会合作。	研学活动中学会关心，学会帮助，学会感恩，感受团结互助的温暖。
	尊重师长，体会师长的辛劳，养成尊敬师长的良好品质。	了解老师、文博工作者的工作。
	认识到公共设施给人们生活带来的便利，自觉爱护公共设施，自觉遵守公共秩序。	观察并了解博物馆中的公共设施及其使用情况。
	尊重各行各业劳动者。	感受博物馆各位工作人员的社会贡献。
法治观念	知道参观博物馆应有的规则，具有规则意识并学会遵守规则。	了解《中小学生守则》、"八礼四仪"中的游览之礼，懂得遵守规则的重要性，自觉遵守博物馆规则。
	了解社会交往中的基本规则，树立平等意识，互相尊重。	学习研学活动中得体的言谈举止和交往的基本礼仪。
	了解生活中基本的安全常识。	结合研学活动中的真实案例，认识安全的重要性，树立安全自律意识。
	知道违法要承担责任，形成守法意识。	利用博物馆日、宪法日等，普及文物保护相关法律。
	了解每个人都有维护国家利益和安全的责任。	结合案例，了解公民的权利和义务。学习行使公民权利、履行公民义务的方式和途径。

（续表）

核心素养	内容要求	教学提示
健全人格	热爱生命，懂得自我保护，远离伤害。	观察发现身边环境中的不安全因素，准确判断分析，保护自己。
	与他人平等交流与合作，建立良好的同伴关系。	体会合作的重要性，知道合作中要认真完成自己所承担的任务，愿意与他人合作。针对交往合作中出现的摩擦和冲突，讨论解决方法。
	做事有耐心，在克服困难中增强自信心，具有一定的抗挫折能力。	学会悦纳自己；分享克服困难、应对挫折的经验；体会自尊、自爱、自强的重要性。
	能够清楚表达自己的感受和见解，乐于倾听他人的意见。	在研学活动中学习技能、进行训练。
	学会适应环境的变化。	通过具体情境，学习应对环境变化的正确方法。
责任意识	积极参加集体活动，有互助意识、团队意识，能够与他人合作互助。	体会公共参与在社会生活中的重要性，在参与集体生活中承担责任。
	知道中华民族是一个统一的大家庭，树立维护民族团结的责任意识。	感受文物所蕴含的各民族交往交流交融的历史，留存着中华文明包容开放的印记。
	自觉爱护和保护文物。	学习并掌握保护文物的具体方法。

第四部分　实施建议

本纲要是"六朝风物"博物馆研学课程设计、实施和评价的基本依据。在实践过程中，应当遵照本标准的要求，结合学生的实际情况，因地制宜地开展教学，有效促进每一个学生的发展。

一、教学建议

1. 基于学生发展核心素养，确定活动目标，树立文化自信

核心素养是指学生在接受相应学段的教育过程中，逐步形成的适应个人终身发展和社会发展需要的必备品格和关键能力。2016年，"中国学生发展核心素养"发布，以培养"全面发展的人"为核心，分为文化基础、自主发展和社会参与3大领域，细化为6大指标和18个基本点。有学者指出，核心素养是课程的DNA，课程

的所有内容与目标须由此推演而来。

"六朝风物"博物馆研学课程是培养学生国家认同的重要阵地，它以丰富的收藏、科学的研究和系统的展陈体系，梳理历史、文化、科学和自然脉络，展现南京辉煌的过往和自信的当下。所以，"六朝风物"博物馆研学课程是博物馆与学校为实现共同教育目的，相互配合而开展的一种教学活动，它将博物馆与小学思政课共同编入协作系统，利用场馆教育资源的深度开发，对小学思政课进行功能性补偿，旨在利用博物馆资源及其优势达成"人的全面而自由的发展"。这与"核心素养"的教育诉求保持着深度一致。

小学思政课教材编写的依据是《义务教育道德与法治课程标准》以及《青少年法治教育大纲》。"政治认同"是本课程必须培养的一个核心素养，主要表现为：政治方向、价值取向、家国情怀。培育学生的政治认同，有助于他们形成正确的世界观、人生观、价值观，坚定正确的政治方向，初步树立共产主义远大理想和中国特色社会主义共同理想，成为德智体美劳全面发展的社会主义建设者和接班人。《青少年法治教育大纲》中也明确要求培养和增强青少年的国家观念。

核心素养中的"国家认同"、课程标准中的"政治认同"、《青少年法治教育大纲》中的"国家观念"，这些都可以用社会主义核心价值观中的"爱国"来加以统整，因此，我们将"六朝风物"博物馆研学活动目标确定为"爱国"，以此引导学生树立身份自信和文化自信，从而建立国家认同，豪迈地说出"我骄傲，我是中国人"。

2. 以关怀现实为基础，选取活动内容，活化教学质料

博物馆的社会角色不单是抢救被遗忘的物件，还应从不断堆积的文化消费中选择构建意义。"六朝风物"博物馆研学课程属于遗址类博物馆爱国主义研学课程中的一部分。目前国内没有太多经验可以借鉴。为此，教师应首先接受"卷入式"实战培训，以成为合格讲解员作为结业标准。随着学习的深入，教师对文物产生了兴趣，也激发了探究欲望，便自发地走进文物，探寻它们的前世今生。这就为我们选取活动内容奠定了坚实基础。

现实是教学的资源库，主题资源的启迪、课程资源的开发、空间资源的利用等都源于教学对生活的问询。我们秉持着活动内容甄选应源于现实这一共识，寻找与现实生活有着密切关联的教学质料，积极对话生活，围绕"有趣探究传承"活动特质，努力让文物"活"起来。

"一切真历史都是当代史"，正如贝奈戴托克罗齐所言，文化遗产是过去留存在今天的碎片。作为历史的物证，文物"活起来"的一个重要维度是让它与今天发生关系，从而与学生的认知和情感发生关系。我们可以通过变化诠释维度，释放文物丰富多样的文化内涵，让它们变得鲜活而立体，变得可亲且可感，从而让学生直观地感受到先人的聪明才智，为祖先而骄傲。

3. 依托博物馆流程，架构研学模式，制定"4S"活动流程

博物馆流程是一种以学习者主动学习为特点的学习模式，也是与学生一起创建展览，让学生在探究、实验、解释、展示的过程中获得全面发展的教育工具。这一概念是美国圣保罗博物馆磁石学校在总结博物馆专业人员研究和策划展览时所采用的探究、实验、解释和展示4个阶段学习流程基础上提出的。

"六朝风物"博物馆研学课程是面向广大青少年的，突破了学校、年级、班级的限制，因此，根据实际情况，我们依托博物馆流程，制定了"4S"活动流程（见下表）。

小学思政博物馆研学活动"四步"活动流程

步骤	要求	目的	时长	对应博物馆流程
1	生活链接	主动质疑	30分钟	吸引
2	深度参观	探寻答案	30分钟	展示
3	实践探究	答疑解惑	25分钟	实验、探究
4	思索总结	激情导行	5分钟	解释

该流程以螺旋轮的模型阐释了学生通过"生活链接、深度参观、实践探究、思索总结"四个步骤完成博物馆学习的原理：通过与博物馆文物关联度极高的生活场景和物件来激活学生的学习兴趣，鼓励他们大胆提出问题，通过探究、实验，建构新的知识和新的经验，通过反思总结，激发爱国热情，立下强国宏志。

生活链接环节，是提出问题，即鼓励学生根据具体的现实生活场景和物件提出希望探寻的问题，进而确定本次活动需要解决的1个问题；深度参观环节，鼓励他们带着疑惑，借助讲解，找出相应文物；实践探究环节，通过小组合作、动手实验、交流讨论，解决问题；这个流程的最后一个步骤是思索总结环节，用以呈现探究成果，学生需要解释他们在学习中的所思所想所获：闪耀着璀璨艺术光华的历史文物，让所有中华儿女引以为豪和骄傲。而许多与古代科技有关的文物所折射出的中华民族无与伦比的发明创造的智慧之光，更是令人叹为观止。这些文物告诉我们一个无可辩驳的历史事实，中华民族是一个伟大、智慧且极富创造精神的民族。

4. 采用"认知学徒制"，设计教学方法，培养学生高阶思维

认知学徒制是由美国认知心理学家柯林斯和布朗等于1989年提出的一种教学模式或学习环境，它将传统学徒制方法中的核心技术与学校教育相结合，以培养学生的认知技能，即专家实践所需的思维、问题求解和处理复杂任务的能力。

根据认知学徒制的方法，在"六朝风物"博物馆研学课程中确定了"示范、辅导、脚手架、表达、反思、探索"这几个教学方法，明确了主讲人与志愿者所使用的不同的教学方法（见下图）。

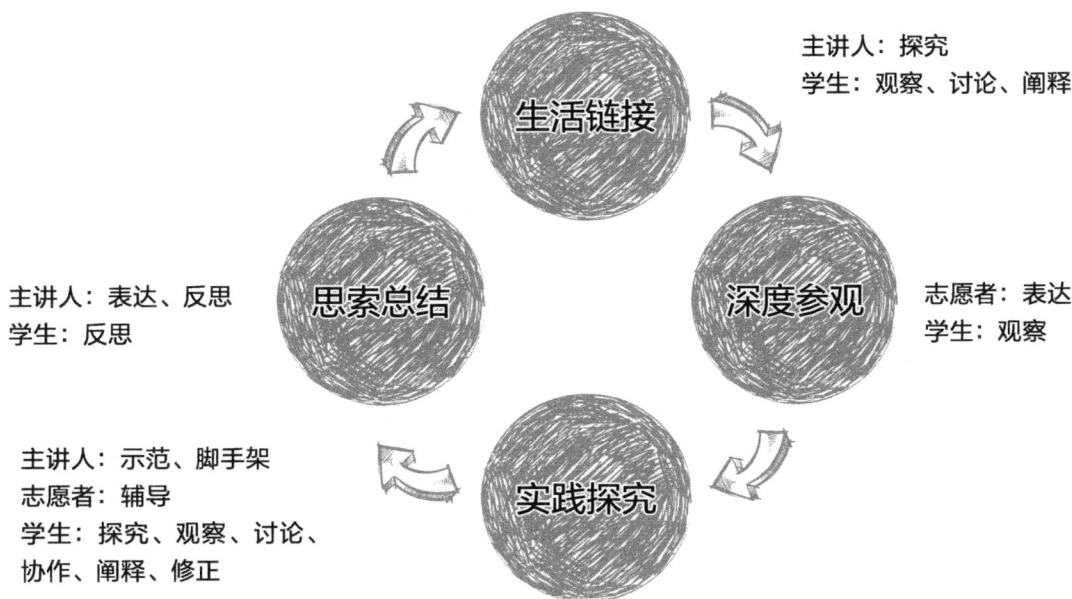

主讲人：探究
学生：观察、讨论、阐释

生活链接

志愿者：表达
学生：观察

深度参观

主讲人：表达、反思
学生：反思

思索总结

主讲人：示范、脚手架
志愿者：辅导
学生：探究、观察、讨论、协作、阐释、修正

实践探究

依托认知学徒制，我们明确小学"六朝风物"博物馆研学课程必须凸显4种个性：教学情境真实性、教学过程生成性、学习共同体建设性、教学序列循序渐进性；教师应注重"探究、示范、辅导、搭/拆脚手架、清晰表达、反思"，关注学生"探究、观察、讨论、协作、阐释、反思/修正"，从而共同解决复杂问题。

认知学徒制克服了传统学徒制中专家思维不可视和学校教育中知识的教学脱离真实情境的缺点，从而将学徒制的优点和小学思政教育结合起来，将学习者浸润在专家实践的真实环境中，以培养学生的高阶思维、问题解决和处理复杂任务的能力。

二、评价建议

1. 评价的目的和原则

本项目评价的根本目的在于积极促进学生发展，全面了解和掌握学生在道德和社会认知、判断、行为，以及发现和解决问题等方面的能力，以帮助教师改进教学，提高教学的实效性，保证课程目标的实现。评价应以本标准为依据，面向全体学生，从每个学生的原有基础出发，尊重学生的个性特点。注意认知和操行相统一，综合性和简约性相统一，显性表现和隐性品质相统一，采用多元的评价方式激励学生。

2. 评价的目标和内容

本项目主要对学生在学习过程中各方面的表现进行综合性评价，主要包括：

（1）学习态度。包括学生在学习过程中主动参与和完成学习任务的态度。

（2）学习能力和方法。包括学习中的观察、探究、思考、表达能力，收集、整理、分析资料的能力和方法，与他人合作完成学习任务的能力等。

（3）学习结果。完成学习任务的质量和进步程度。

评价教师的教学行为主要考查其是否能够落实教学目标、恰当地运用教学方法、激励每一个学生参与学习并有所进步。

3. 评价的方式和方法

本项目倡导采用多主体、开放性的评价，教师可根据具体情况，选用或综合运用评价方式。其主要的评价方法有：

（1）观察记录。教师对学生在学习中表现出的情感、态度、能力进行观察，并做好记录。

（2）描述性评语。在与学生进行充分交流的基础上，教师对学生在一段时间内学习本课程的学习态度、表现等以描述性的语言写成评语，鼓励学生巩固进步，修正不足，继续努力。

（3）达成水平评价。按照本标准的基本要求，以博物馆研学课程目标为基准，通过纸笔测验、竞赛等方式进行评价。

（4）作品评价。将学生调查、访问、收集资料等活动产生的作品进行展示和交流，师生共同进行评析。

（5）学生自评与互评。教师引导与帮助学生对自己和同伴在学习中的表现及成果进行自我评价和相互评价，鼓励学生自我反思，相互借鉴，相互促进。

学习结果评价的方式方法不是固定的，每一种评价方法都有其适用的范围，教师应根据具体情况灵活使用。鼓励教师在教学实践中探索创新，不断完善评价方式方法。

4. 评价的实施和反馈

（1）评价要真实、可信、公正、客观。注意积累能真实反映学生发展变化的资料，如学生的作品、作业等，将日常观察和定期考查相结合。

（2）评价要注重知行统一。将道德认知与道德行为有机结合。

（3）评价结果要能够反映出每个学生在原有基础上的进步与变化。

评价结果要及时反馈给学生，并对评价结果作出合理的解释，帮助学生准确了解自己的学习状况。评价结果的反馈应有利于学生自信心的建立和自我反思。

课程1：文物是怎么命名的?

为什么要研究

　　源于练习讲解。2020年，我通过材料审核，成为六朝博物馆候选志愿者，经过线上培训，我们被分成了5组进行实战演练。资深"六朝青"（六朝博物馆志愿者别称）姜涛老师和皇甫素红老师是我们第5组的指导老师。她们给了我们一条线索，即每件文物要说清"是什么""什么样""有什么价值"。在一次次练习中，我突然萌生了两个问题：文物的这些名称是怎么来的？给它们命名有没有什么规律？产生了质疑，自然就要去探究，通过比对、搜索，果然找寻到了答案。

有无研究价值

　　文物是人类在历史发展过程中遗留下来的遗物和遗迹。它是人类宝贵的历史文化遗产。

　　名称是文物的身份识别标记，每一件文物在登记建账前都必须有一个名称。依照这个名称，可以反映文物的特点，以和其他物品相区别。能否准确而恰当地定名，达到"见其名，如见其物"，是一项极其重要的任务。

　　掌握了这一规律，再进博物馆面对文物时，同学们就能在没有讲解的情况下，透过文物的名称而窥见文物的历史、艺术、科学价值。这是走进文物的一条快速通道。

活动目标

　　1.通过现场参观，了解六朝博物馆精品文物的名称。（政治认同、道德修养、法治观念）

　　2.通过小组活动，探寻文物名称中的规律。（健全人格、责任意识）

3. 尝试为文物命名，加深对文物的了解，赞叹先人的聪明与才智，为自己是中国人而感到骄傲。（政治认同、健全人格）

活动重点

了解文物名称中的规律。

活动难点

为文物命名，探寻命名规律。

活动准备

图片：青瓷重沿罐、青瓷扁壶、青瓷莲花尊、青瓷伎乐俑、青瓷蛙形水注、青瓷釉下彩羽人纹盘口壶

词卡：青瓷（10个）、扁壶、重沿罐、莲花、尊、伎乐俑、蛙形、水注、釉下彩、羽人纹、盘口壶、马、狮形、插器、虎子、错版、竹林七贤、拼镶、砖画

年级

小学中高年级

活动过程

活动1：生活链接，聊聊名字

师：欢迎大家来到六朝博物馆，参加"六朝风物"项目活动。

我来做个自我介绍。我姓唐，名隽菁，来自南京市锁金新村第一小学，我是六朝博物馆的志愿者。你姓什么，名什么，来自哪儿呢？

（学生逐一介绍并写姓名牌）

师：我们的名字是谁起的？

生1：我的名字是我爸起的。

生2：我的是爷爷起的。

师：哦，都是家人起的。他们给我们起这个名字有什么含义？

生1：爸爸给我起"鹏"这个名，是希望我能像大鹏一样展翅高飞。

生2：我这个"宁"是因为我出生在南京，他们还希望我一生安宁。

师：我们每个人都有自己的名字，我们每个人的名字都饱含了家人的期盼和愿望。博物馆中的每件文物也有它们的名字。

（出示藏宝图：青瓷重沿罐、青瓷扁壶、青瓷莲花尊、青瓷伎乐俑、青瓷蛙形水注、青瓷釉下彩羽人纹盘口壶）

师：请大家打开"藏宝图"，我们来看看这几件文物都叫什么名字。

（指读，齐读）

师：名字都知道了。看着这些文物，你的小脑袋里有没有蹦出什么问题？把你的问题先写下来。

（学生自写问题）

师：你们想了解些什么？

生1：文物的名字是谁起的？

生2：它为什么叫这个名字？

生3：这些文物在六朝博物馆的哪儿呢？

师：让我们带着自己的问题，去"六朝风采"展厅找一找、看一看。参观时，请大家不要用手触碰展柜，如果你想给文物拍照，一定要关闭闪光灯。谢谢你们的配合。

活动2：深度参观

老师带领同学们步入展厅，介绍以上文物。

活动3：实践探究，拆解文物名称

师：今天，咱们研究的主题是文物的名称。你们有没有发现，这些文物名字有些什么规律？

生1：我发现所有文物名字最开始的两个字都是"青瓷"。

生2：这是它的材质。

生3：名字的最后一个字是"壶""罐"，都是这个文物的用途。

师：同学们的观察能力可真强。你们玩过"拆字"游戏吗？我们来拆一拆，能不能把这些名字拆成几个词？

（先独立思考，再小组交流，最后指名小组上台汇报）

师：感谢六朝博物馆的叔叔阿姨们，你们拆出来的这些词，他们已经提前帮大家准备好了词卡。能不能把这些词分分类？

（小组活动，指名汇报）

相机出示：质地（材质、材料）+形状+图案+工艺+形制（形状和构造）

师：文物命名的原则是"观其名而知其貌"，通过它们的名字，咱们就能知道它是什么材质的、有哪些图案、采用什么工艺、是什么形状。

师：了解了古代文物的命名方法，你们想不想也来试一试？

（出示：青瓷马、青瓷狮形插器、青瓷虎子、错版竹林七贤拼镶砖画图片）

（提供词语：青瓷、马、狮形、插器、虎子、错版、竹林七贤、拼镶、砖画）

（独立尝试，小组商议，集体汇报）

组1：我们组给这件文物命名为"青瓷马"。

组2：我们组把这件文物叫"青瓷狮形插器"。

组3：这件文物我们叫它"青瓷虎子"。

组4：这是"错版竹林七贤拼镶砖画"。

师：同学们，你们太了不起了。通过掌握文物命名的规律，你们给文物起的名字与考古学家取的一模一样。以后你们再来六朝博物馆，或者是参观其他博物馆，就可以根据"观其名而知其貌"这一原则，向周围小伙伴做介绍了。哪怕看不到文物只知道它们的名字，应该也可以推测出它们的样貌了。

活动4：思考总结

师：我们中国历史悠久，幅员广大，人口众多，拥有丰富多彩的文化遗产。根据国家文物局2017年4月发布的数据，我国可移动文物共计10815万件（套），这些可移动文物大都分别收藏在全国4800余座（2016年数据）博物馆中。10815万，这5后面有多少个0？咱们试着写一写。

（自写，指名板书）

师：怎么读?

生（齐）：1亿815万。

师：看了这两个数据，通过今天的活动，你想到了什么，有什么感受?

生1：我们中国的文物可真多呀。

生2：这说明我们国家历史悠久，文化灿烂。

生3：我为自己是中国人而感到骄傲。

师：博物馆是保护和传承我们人类文明的重要殿堂，是连接过去、现在、未来的桥梁。走进博物馆，我们可以触摸历史发展的脉搏，聆听了不起的中国故事，在与馆藏文物、古老建筑的近距离接触中增进民族认同、增强文化自信。同学们，欢迎你们经常到博物馆走走看看，我们在这里等着你们。

（南京市锁金新村第一小学　唐隽菁）

课程2：古代建筑如何防水？

为什么要研究

　　源于参观访问。2020年，跟随唐隽菁老师，作为"六朝青"的志愿者，带领学生参观了"六朝博物馆"。在参观过程中，博物馆的"瓦当墙"给我留下了深刻的印象。"瓦当墙"上整齐地排列着一组组图案不同的瓦当，有些瓦当只剩下"当"的部分，有些还残留着"瓦"的一部分。在观察中，我产生了疑惑：瓦当和普通的瓦有什么区别？它完整的模样是什么？瓦当上的图案有什么含义？参观后，唐老师和我沟通了此次参观的感受，我把自己的疑惑与她分享后，她又提出了自己的一些想法：瓦当在古代建筑的什么位置？它和瓦有什么不同的作用？除了瓦当，建筑上还会有什么特殊的瓦？这些问题像一个个小钩子，让我对瓦当产生了浓厚的兴趣。通过上网搜索，模拟实验，果然找寻到了答案。

有无研究价值

　　瓦当和滴水宛如一对好兄弟，配合默契，常出现于古建筑檐头的最前端。它们的图案设计优美，为精致的艺术品，属于中国特有的文化艺术遗产。

　　古代建筑多为木质结构，能屹立千年不倒，不惧风吹日晒，瓦当和滴水功不可没。其精美的图案既是艺术品，又可供人们用于大致推断文物出土的朝代。真实地感受到瓦当、滴水的防水功能，了解它们的区别，从不同图案大致推测出所处朝代，从而达到"知区别、悟功能、感魅力"的目的，是一项极其重要的任务。

　　实现了这一任务，再进博物馆立于瓦当墙时，同学们就能透过文物而窥见文物的历史、艺术、科学价值，感受到古代劳动人民的智慧，中国传统文化的魅力。

活动目标

1.了解瓦当和滴水的实用性和艺术性，感受古代能工巧匠的建筑智慧，坚定文化自信。（政治认同、道德修养）

2.动手实践中，树立正确的合作与竞争观念，互帮互助，具有探索研究精神。（健全人格）

3.了解并遵守博物馆参观规则。（道德修养、法治观念）

4.通过模拟实验，了解瓦当和滴水是怎么互相配合发挥防水作用的，赞叹先人的聪明与才智，为自己是中国人而感到骄傲，宣传发扬传统艺人的工匠精神。（政治认同、道德修养、责任意识）

活动重点

实验探寻瓦当和滴水的默契配合、防水作用。

活动难点

区分瓦当和滴水的不同位置，根据图案判断所处朝代。

活动准备

1.仿制瓦当，拓印工具，每人一份

2.纸质瓦当、滴水模型

3.活动PPT

活动过程

活动1：生活链接，引出"瓦当"话题

师：小朋友们好，欢迎大家来到六朝博物馆，参加"六朝风物"项目活动。在你们面前摆放着一些工具，你能说出哪些工具的名字？

生1：我看到有刷子、滚轮、锡纸、宣纸、油墨。

生2：我觉得那个木头做的东西，很像一个蘑菇的造型。

师：对，这个叫木蘑菇，它用来把纸磨平。这些工具就是今天我们"拓印"的主要工具。什么是拓印呢？请大家开火车读。

生开火车读：拓印就是把一张坚韧的薄纸事先浸湿，再敷在石碑上面。用刷子轻轻敲打，使纸和碑紧密贴合。待纸张干燥后用刷子蘸墨，轻轻均匀拍刷，使墨涂布纸上。最后把纸从碑上揭下来，一张黑底白字的拓片就复制完成了。这种复制文字的方法，称为"拓印"。

师：通过阅读，你知道拓印的步骤了吗？同学们一定跃跃欲试了，跟着老师动手尝试吧。

（学生动手实践）

师：同学们的动手能力可真强，你们拓印出来的是什么图案呀？

生1：我这个图案好像是一只凤凰。

生2：我拓印的图案是一张人脸。

师：这位同学拓印的图案就是咱们六朝博物馆出土的"瓦当"上的图案。你们听说过"瓦当"吗？关于它，你心里肯定有很多想了解的，你想知道什么呢？

生1：我想知道瓦当是用什么材料做的。

生2：我想知道瓦当上的图案还有哪些，它有什么作用。

生3：我想知道瓦当最早出现在哪个朝代。

师：让我们带着自己的问题，跟着唐老师去"六朝风采"展厅找一找、看一看。请大家不要用手触碰展柜，认真倾听，谢谢你们的配合。

活动2：深度参观

老师带领同学们步入展厅，介绍瓦当墙。

活动3：实践探究，了解瓦当和滴水的作用

师："瓦"是古建筑的主要材料，"瓦"就是圆弧形的陶片，一般铺在屋顶。（出示古代建筑屋顶的图片）你看到屋顶上的瓦是怎么排列的？

生1：陶瓦一块压一块，从屋脊一直排列到屋檐前端。

生2：我还看到瓦一列弧面朝上，一列弧面朝下。

师：瓦当也是瓦的一种，刚才在参观时，你看到的瓦当是什么样的呢？（出示完整的瓦当模型）

生：瓦当的后面好像是一片筒瓦，前面是一个圆形的瓦片。

师：古人在筒瓦的最前端装置一个圆形或者半圆形的瓦片，这片瓦片像一面盾牌，叫作"当"。"当"和"筒瓦"连在一起，叫作"瓦当"。

师：现在假设这是瓦当（纸杯做成的），你觉得瓦当一般铺在哪里呢？猜一猜有什么作用？

（学生尝试把瓦当安放在模拟的屋顶上）

生：我觉得瓦当在屋顶的最前端，可以抵挡风吹、日晒、雨淋。

师：瓦当的下面就是椽（chuán）头，"当"可以抵挡风吹、日晒、雨淋，保护椽头免受侵蚀，延长建筑寿命。在建筑上，只有瓦当可以防水吗？能工巧匠们又在瓦当与瓦当之间设置了像倒三角的瓦片，可以导引雨水往下滴。这片瓦就叫作"滴水"。老师也用纸杯做了滴水模型，它应该铺在哪里呢？

（学生上台操作）

师：唐朝时期才出现滴水，所以在六朝时期，古建筑防水主要靠瓦当。六朝博物馆中，我们是看不到滴水这种文物的。

师：现在，我们用纸杯做成了仿制的古建筑屋顶。瓦当和滴水真的能防水吗？让我们通过实验，见证奇迹吧。

（老师用洒水壶模拟喷洒雨水，学生观察瓦当和雨水怎么防水，雨水怎么流过）

生1：我看到当雨水洒到瓦当上时，瓦当果然像一面盾牌，挡住了雨水，不渗入屋檐内。

生2：瓦当和滴水完美合作，防水效果真棒，古人太聪明了。

师：瓦当和滴水真是配合默契，实现了完美的防水效果！古代建筑大师们真了不起，他们并没有就此止步，还在瓦当和滴水上雕饰了各种各样的图案，起到美化建筑物的作用。不同历史时期的瓦当，有着不同的特点。（出示"六朝瓦当墙"图片）你看到六朝时期的瓦当主要有哪些图案呢？

生齐说：云纹、人面纹、兽面纹、莲花纹。

师：老师这儿有一组连线题，你们根据已有的知识，猜测一下，在六朝时期，这四种瓦当分别出现在哪个朝代？

生1：我觉得莲花纹可能出现在南朝，因为杜牧写过《江南春》，他说"南朝四百八十寺，多少楼台烟雨中"。佛教中经常出现莲花。

生2：我觉得云纹可能是最早期的图案，因为文物的图案往往都是从简单到复杂演变的。

生3：我觉得兽面纹，可能是西晋时期。

师：云纹出现于东吴—西晋时期，延续了东汉瓦当的风格。人面纹瓦当，仅限于东吴时期，这种图案在其他朝代都没有出现过，所以咱们六朝博物馆的"LOGO"就是人面纹瓦当。随着晋灭吴国，北方文化进入南方，兽面纹瓦当出现了。到了南北朝时期的宋齐梁陈，崇尚佛教，莲花纹盛行。我们还可以根据瓦当上的不同图案，推断出这块瓦当出土的朝代呢！

师：这么图案精美的瓦当会出现在民间吗？

生：我觉得不会出现在民间，只会出现在王宫或者富有人家的屋顶上。

师：在六朝以前，瓦当主要用于宫殿、衙署、陵寝等官方高等级建筑物上，六朝时期又扩大到寺庙建筑等，到了明清时期，瓦当才出现在一些富有人家的房檐上。

活动4：思考总结

师：同学们，这些精美而富有智慧的瓦当，虽然在古代没有出现在老百姓的屋檐上，但都来自劳动人民的双手呀。学习了这一课，你课前的疑问解决了吗？

生1：我非常敬佩古代的这些民间艺人，他们用自己朴实的双手，创造出了这么精美的艺术品。

生2：古代人民太聪明了，他们的智慧值得我们传承。

生3：通过这一节课，我真正认识了瓦当和滴水，下次去旅游，我会特别留意这些古建筑的。

生4：我知道了瓦当和滴水的不同造型，但是它们都可以共同帮助古建筑防水，延长寿命。

生5：我提出的问题，在这节课上没有解决，但是课后我会上网查阅资料，了解一番的。

师：同学们，这节课我们了解了古建筑防水的方法，认识了建筑上的瓦当和滴水，还了解了六朝瓦当中的图案，推测了这些瓦当出土的朝代。或许有些关于瓦当的问题，你还没有解答。不着急，这只是本次历史探究的一个开始，带着你们的问题，回家请教书本或者再去博物馆转一转，继续开展你的研究探索之旅吧！

（南京市锁金新村第二小学　程媛媛）

课程3：六朝菜单上都有啥？

为什么要研究

民以食为天。饮食文化，作为最贴近生活，最"接地气"的内容，是历史文化的重要组成部分。研究中国古代的文化史，必然需要研究饮食的历史。

在物质生活越来越丰富的今天，我们很难想象两千年前的人们吃些什么，作为当时世界上最大城市的南京，人们是怎样生活的。对这样的话题，学生感兴趣，有一定了解，但相对粗浅和片面，还存在着一些误区。研究这一话题，以一份食单为抓手，可以帮助学生窥见当年人们的衣食住行，近距离感受历史上南京城的"烟火气"。

有无研究价值

人类文明，源于饮食，文化史的基石是饮食文化。中国是一个历史悠久的饮食文化大国，很早就牢固地树立了"礼乐文化始于食"的观念。"食是人之大欲"，中国自古就十分注重饮食文化的研究。在此意义上，研究饮食本身就具有重要的价值。

说到南京，人们对"六朝古都""鸭都"的称号都不陌生。六朝时人们吃不吃鸭子？怎么吃？他们还吃些什么？和今天我们的菜单一样吗？孩子们对"过去的生活"，既感兴趣又十分陌生。以此为切入点，带领孩子们"穿越"回去，不仅可以感受六朝时期人们的生活场景，还能够以此为窗口，窥见古代文学、历史、社会生活的发展历程。同时，这一研究和探索的过程，对学生来说，也能够让他们感受到，学习是一件有意思的事情，在心中埋下一颗学习和探究的种子。

活动目标

1. 认识"六朝食单"和六朝博物馆中的生活类文物，了解六朝时期南京人的饮食习惯和生活习俗，了解饮食中的文化，激发热爱家乡、热爱祖国历史文化的情感。（政治认同）

2. 感受南京的历史文化底蕴，坚定文化自信，自觉成为中华优秀传统文化的守护者。（政治认同、道德修养、责任意识）

3. 在现场参观的过程中，了解并遵守博物馆参观规则。（道德修养、法治观念）

4. 在小组活动中，建立良好的同伴关系，培养团队意识。（健全人格）

活动重点

通过参观博物馆，了解六朝时期人们的生活方式。认识"六朝食单"，了解六朝时期南京居民的饮食习惯和特点。提升探究兴趣，激发对家乡的热爱之情。

活动难点

对食单中的生僻字的认读、理解，通过比较六朝时期与当今南京居民饮食的异同，感受饮食文化的传承与发展。

活动准备

1. 水果：龙眼、柑橘若干，用小袋子装好，每人一份。

2. 每人一张印好的六朝食单。

3. 每人一份研究单，一支铅笔或签字笔。

年级

小学中高年级

活动过程

活动1：生活链接，提出疑问

师：俗话说，民以食为天。南京有很多好吃的，你知道哪些？你最爱吃什么？

生1：我最喜欢吃鸭血粉丝汤。

师：还有哪些同学和她一样，喜欢鸭血粉丝的？

（五位同学举手）

生2：我喜欢赤豆元宵。

师：有和他一样的吗？

（两位同学举起手）

生3：盐水鸭。

生4：我喜欢小笼包。

生5：我最喜欢南京的清炒芦蒿。

师：看来大家爱吃的南京美食不太一样。根据你们刚才的选择，我们把同学们分成五个美食小组。

师：今天，我们来到六朝博物馆，要聊聊六朝时人们吃什么。先考考你，我们都说南京是六朝古都，是哪六朝？六朝大概在什么年代呢？

生1：六朝是东吴、东晋、宋、齐、梁、陈。

师：那你知道六朝大约距离我们现在有多久吗？

（生纷纷摇头，表示不知道）

师：（指着PPT简介）六朝（222—589年），一般是指中国历史上三国至隋朝的南方的六个朝代。即孙吴（或称东吴、三国吴）、东晋、南朝宋（或称刘宋）、南朝齐（或称萧齐）、南朝梁（或称萧梁）、南朝陈这六个朝代。南京是六朝的都城。当时的南京人口已经超过百万。

算一算，六朝时期，距离现在大约多少年了？

生1：（纷纷）一千多年。

生2：从六朝开始到现在，差不多一千八百年了。

师：是的，六朝时期距离现在，已经有一千多年了。那么当时的南京人，他们的餐桌上有哪些好吃的？不妨试着猜一猜，在学习单上写出3种你认为六朝的南京人菜单上可能出现的食品。

（学生各自思考，在课前发下的研究单上写下自己的猜想）

师：各位同学先在组内交流一下你们的想法吧。

（各小组学生进行组内交流）

师：哪些同学愿意和全班分享？

生1：我觉得六朝的时候人们可能还是以吃米饭为主，吃的菜也有芦蒿。

生2：他们可能还会吃面条。

生3：南京人喜欢吃鸭子，我觉得六朝的时候可能就有这样的习俗。

　　师：你们同意他们的想法吗？六朝时人们到底吃什么？会有什么东西是我们现在还在吃的？带着这样的问题，我们就要开始参观啦。

　　活动2：深度参观

　　老师带领同学们步入展厅，介绍与"吃"相关的文物和一份六朝时的菜单。

　　活动3：实践探究，了解饮食文化

　　师：参观后，说说自己在展柜中看到了哪些与"吃"有关的展品。

　　生1：我看到了六朝时期的菜单。

　　生2：我看到了当时人们吃饭用的餐具。

　　师：在刚才的参观中，你还有什么发现？拿出你的研究单，用几个关键词或一句话写下来吧。

　　（学生用两分钟时间书写，写完后依次交流）

　　生1：我发现在六朝时候，南京人就已经在吃鸭子了。

　　生2：我发现古代人吃得挺丰富的，有荤有素，还有汤。

　　生3：当时的人们也喜欢吃水果。

　　生4：我发现其实菜单上很多食物我们现在也在吃。

　　师：你在展厅里找到六朝时期的菜单了吗？上面有哪些你吃过的东西？

　　生1：龙眼和柑橘我都吃过。

　　生2：我觉得汤饼可能就是我们今天吃的面条，我应该也吃过。

　　师：他们说得对吗？下面，我们就一起来研究这份六朝食单。（给每个孩子发一份食单）上面列举了你要是穿越去六朝，可能会吃到怎样的一顿饭。读读看，这份菜单你会读吗？先自己试试，再和小伙伴相互帮忙，相互交流一下。

　　（学生先自己试着读这份菜单，再相互交流，画出不认识的内容）

　　师：正像大家看到的，这份菜单上，有水果、汤、荤菜、素菜、主食，还有酒水和饮品，真是挺丰盛的。其中有没有你熟悉的？

　　生1：菜单上的水果我都认识，是龙眼和柑橘，我们现在也还在吃。

　　师：（出示龙眼、荔枝、柑橘、青梅的图）你吃到的是其中哪两种？

　　生2：（指着龙眼与柑橘）是这两种。

　　师：龙眼就是我们现在吃的桂圆。

（给同学们分发柑橘和龙眼两种水果。尝一尝）

师：青梅也是古代人们常吃的一种水果，有一个成语就与它有关。

生：望梅止渴！

师：对，你了解得真不少。六朝时，人们吃的水果好像不如现在这么多。你知道为什么吗？

师：我们现在吃到的很多水果，后来才引入中国。如果你是一个六朝时的吃货，很可惜就不能品尝到这些美味啦。

生：我还发现菜单中的几种素菜，我是吃过的。

师：（出示菜单中的素菜）你认识它们吗？

（学生认一认菜单中的四种素菜，进行连线）

师：这几种素菜，直到今天南京人都非常喜欢吃。我们南京有"春八鲜""水八鲜"，这四种素菜，都是水八鲜中的。

师：你有没有发现菜单中一个字出现得特别多？

生1：鸭，菜单中有好几道菜都和鸭有关。

师：是呀，让我们来找一找，这份六朝食单中，有哪些菜和鸭有关。

生2：有鸭卵子，鸭饭。

生3：还有扁尖鸭……

师：这个字念"臛huò"，一起读读。鸭卵子是什么？鸭饭又是什么呢？

生4：鸭卵子应该就是鸭蛋。

师：对。那么鸭饭又是怎样一种美食呢？我们来看一段小视频。

（播放视频短片）

师：南京被称为"鸭都"，原来是有渊源的。从这份菜单中，已经能看出南京人很喜欢吃鸭子了。不过，当时还没有盐水鸭、板鸭等等我们熟悉的做法。

师：有没有你还不认识的？想问的？

生1：我不认识"金齑鲈鱼脍"。

生2：我想知道"千里莼羹"是什么。

生3：我想知道古人喝的酒是不是和我们今天喝的一样。

师：你们真爱动脑筋，提出这么多值得研究的问题。说起来，关于这些美食，还有很多有意思的话题。下面我们进行小组游戏竞赛：六朝美食猜猜猜。一边做游戏，一边解答大家这些疑问，好不好？

（生齐）好！

师：看图猜一猜，哪个是千里莼羹中的莼菜？

生：（上台指PPT）我猜是这一个。

师：对！你是怎么猜出来的呢？

生：我其实不认识莼菜，所以用的是排除法。（指PPT）这几种菜我认识，这是青菜，这是大白菜，所以中间这一种应该就是莼菜。

师：真棒！莼菜又叫马蹄菜、湖菜等，是一种生长在水里的蔬菜，嫩叶子可以吃，吃起来是又嫩又滑的。"千里莼羹"原来指的是用千里湖的莼菜做的汤，传说它味道鲜美，不用加什么调味品就很好喝。后来，它也指有家乡风味的土特产。

师：这位同学是赤豆元宵组的，为你们小组加上一分。

师：刚才我们看图认识了莼菜。下一题依然需要看图，认一认，下面哪种是"扁尖鸭膔"中的扁尖？"扁尖鸭膔"的"膔"又是什么呢？

生1：（指PPT）我认为是这一种。

生2：不对！他刚才找的这个是竹笋。我猜扁尖是左边这一种。

师：你的理由呢？

生2：因为它比较扁。（此时同学们发出一阵笑声）

师：恭喜你，猜对了。扁尖就是我们今天说的笋干。而膔的意思是肉羹。因此，扁尖鸭膔实际上就是——笋干老鸭煲。原来，早在六朝时期，已经有笋干老鸭煲了。这个南京的名菜，咱们从一千多年前一直吃到现在。

师：虽然刚才没有哪位同学说出"膔"的意思，但汤包组的同学找到了扁尖，给汤包组加一分。

师：金齑鲈鱼脍中的"齑"指什么？

生：图1是毛豆，图2是黄瓜，图3是咸菜，我也不知道哪一个才是"齑"，我就猜图1。

师：很遗憾，你猜错了。实际上，"齑"的意思是小咸菜。在历史上，也有一个与名人有关的成语，和小咸菜有关，我们一起来学习。

（补充视频：范仲淹化粥断齑的故事）

师：哪种肉才是"肉炙"？

生：我知道。"肉炙"就是烤肉。

师：对。在刚才我们看到的另一个菜"金齑鲈鱼脍"中也有一个表示肉的字，就是"脍"。它和"炙"有什么不同？

生："脍"就是肉，"炙"是烤肉。

师：说对了一半。其实"脍"是指切得很细的肉。所以，"金齑鲈鱼脍"就是把鱼肉和小咸菜一起切得细细的做的。

师：能说出"肉炙"也很不容易了，给盐水鸭组也加上一分。

师：猜猜下面哪个图是菜单中的"饼"？

（所有学生异口同声地）汤饼是图3！蒸饼是图2！

师：很遗憾地告诉大家，你们全都猜错了。古代人们说的饼，可不全是饼，而是指面食。（出示图片）菜单中的"汤饼"实际上是泡在肉汤里的面片，"蒸饼"就是馒头。

师：刚才我们了解了很多菜单上的美食，有些我们现在还在吃，也有一些说法现在已经发生了很大变化。看到同学们都很热情，思考也很积极，我们再来一道附加题好不好？下面哪个故事和新丰酒有关？

生：我觉得是画蛇添足的故事，因为这个故事就发生在南京。

师：你有自己的想法，也有一定的依据。可是根据记载，下面这个故事才和新丰酒有关。

（教师补充贵妃醉酒的故事）

师：刚才，我们一起认识了六朝食单中的美食。这些美食，是怎么做出来的呢？

生1：我刚才在展柜里看到了一个很像火锅的东西。我猜六朝时的人们就会涮火锅了。

生2：还有烤肉，刚才我们在菜单里已经看到了。

师：六朝时期，各民族饮食习惯互相交流，不少新的食品制作方法进入汉民族的生活之中，其中以这个最典型（出示"羌煮貊炙"）。羌煮是由西域传入中原的，类似于今天的涮火锅；貊炙则是起源于东北，就是我们今天的烤全羊。

活动4：思考总结

师：一份食单，也会成为一个地区人们生活习俗的缩影。饮食习惯，反映了这里人们的生活面貌，也体现着历史和文化。通过今天的学习，相信大家对六朝时期南京人的生活有了更丰富的认识和了解。你在今天的活动中，有什么收获？把它记录在学习单上吧！

（学生在学习单上记录感言，活动结束）

（南京市北京东路小学　陆毅天）

课程4：车辙为什么这么深？

为什么要研究

最初，我这一课的主话题是"陶牛车"。具体研究陶牛车的什么呢？经过大量的资料阅读，我一时拿不定主意。于是，我将问题抛给班级学生：看这幅图，你想知道什么？学生提得最多的问题是："为什么要用牛拉车，不用马拉车？"

这个问题其实很好解答，学生不需要深入探究只需要简单查阅资料就可得知，牛车在古代是很重要的交通工具，牛拉车走路平缓，舒适稳当，牛车是贵族青睐的出行方式，显示了车主高贵的身份地位。

仅仅到此就结束了吗？是不是没有其他更值得探究的主题了？我将目光从陶牛车转移到其他地方，发现比陶牛车本身更吸引人的元素是陶牛车脚底下那两道深深的车辙。为什么会有深深的车辙呢？车辙为什么这么深？它向千百年后的人们诉说了什么？这应该是一个比陶牛车本身更有趣的话题。

有无研究价值

博物馆学习绝不能是文物资料的查找和堆叠，也不能停留在复述文物知识和记忆结论的肤浅层面。它应该能够打开儿童的思维之窗，让儿童独立的思想照进来。"车辙为什么这么深"这一主题，它串起了学生碎片化、扁平化的认识，跳出"就某个文物讲某个文物"的象牙塔，通过螺旋上升的课堂环节，层层递进地引发儿童思维向更深更广发展。

博物馆学习应穿越历史的藩篱，对接学习者今天的生活，比如"车同轨"代表的是一种标准体系，在当今的交通、生活等方面还有很多其他的例子，学生可以古今联系，延伸拓展。与此同时，"车辙为什么这么深"这一主题，时刻聚焦儿童"文化理解力"的培养，是对车辙背后的历史根脉、文化内涵的深度探寻。我认为，博物馆学习的主题应有文化味，突出"文化性"，是儿童理解传统文化、传承中华文化的爱国行动与情感表达。

活动目标

1.通过现场参观，了解"金陵第一路"的过去，探究"车同轨"的意义与影响。（政治认同）

2.在小组活动中与伙伴深入合作和积极对话，有团队协作精神。（健全人格、道德修养）

3.遵守公共场所的参观规则，文明有序地了解相关展物的历史背景。（法治观念、责任意识）

4.古今联系，在生活中找一找"标准体系"的例子，感受建立标准体系给生活带来的便捷，激发为祖先们的智慧而骄傲的自豪之情。（政治认同、道德修养）

活动重点

了解"车同轨"政策颁布的历史背景，探究"车同轨"的历史原因。

活动难点

从不同方面理解"车同轨"对国家发展的深远意义。

活动准备

1.8个伸缩隔离栏

2.1.5米和3米的长棒各1根

年级

小学中高年级

活动过程

活动1：生活链接，引出话题

师：同学们，看照片，在你面前的是什么？

生：是一大片草地。

师：仔细看，草地上还有什么？

生：还有两道明显的车轮印。

师：这叫车辙。

师：（出图：秦直道上的车辙）看着这些车辙，你们有没有什么想了解的？

生1：这些车辙是怎么形成的？

生2：为什么有的车辙那么深？

师：为了探寻这些问题，就让我们一起走进"六朝帝都"展厅，去看一看"金陵第一路"的复制品。

活动2：深度参观，现场了解

老师带领同学们步入展厅，介绍以上文物。

活动3：实践探究，引发深思

师：通过刚才的参观，你们知道了什么？

生1：在"金陵第一路"上也有深深的车辙。

生2：车子总是从同样的地方走，就形成了印子。

师：对，行人、车辆反反复复来来回回从同样的地方轧过去，就形成了两条压痕，我们把这样的压痕叫作——车辙。

师：请你们大胆想象下，当时的建康城是什么样的？

生：肯定特别繁华，人来人往，车水马龙。

师：同学们很会想象，不知道有多少车辆来往，才能印出这深深的车辙呀！它为我们展现了建康城曾经的繁华，当时的建康城被称为"东方国际大都会"呢！

生：正因为如此，这条路上才会形成这深的车辙。

师：说到车辙，还要从秦国统一前说起。看，这是秦统一前，各国的马车，你们有什么发现？

生1：我发现各国马车的样子、款式不一样。有的马车能载一人，有的可以载三四人。

生2：尤其是马车的宽度不一样，有一米多宽的，两米多宽的，甚至还有三米多宽的。

师：马车不一样宽，各国道路宽度也不一样。那么不同国家的马车可以在不同国家的道路上行走吗？

生1：不能。

生2：能。

师：究竟能还是不能？我们来做一个模拟实验。假设现在我们右边是秦统一前齐国的道路，左边是魏国的道路，请两位同学上前，你们分别代表的是齐国车辆的两个车轮，你们俩手中的长棒代表的是马车的车轴。齐国的道路宽，魏国的道路窄，请你们从齐国向魏国开。

（学生模拟马车从"齐国"向"魏国"开去）

师：你们遇到什么问题了？

生1：魏国道路太窄了，齐国的马车不能在魏国的道路上行驶。

生2：原来各国的交通不能互通。

师：秦始皇统一六国了，他会怎么解决？

生1：秦始皇统一六国后进行大刀阔斧的改革——车同轨，道同宽。

生2：他规定全国各地车辆上两个轮子的距离，也就是车轴的长度要相同，一律为六尺。

师：车同轨，道同宽。那马车可以在不同道路上来往畅通吗？再请一组同学来试一试。

（第二批学生再次模拟马车行驶）

师：车同轨，道同宽，从不同的角度来说，有什么好处和深远的意义呢？打开研学单，借助你课前查阅到的资料和伙伴们说一说。

（小组商议，集体汇报）

组1：古时候都是土路，车轮反复碾压之后会形成与车轮宽度相同的两条硬地车道，就是我们看到的车辙。马车走的时候，车轮一直在硬地车道上，行走平稳，能够显著减少畜力消耗和车轴磨损，车辆跑起来更快、更平稳。

组2：从国家和民族统一的角度说，连年不断的战争，国与国之间早就有了深深的矛盾。车同轨后，车辆往来就方便了，所以，车同轨促进了原七国实质上的融合和统一。

组3：从军事的角度看，统一车轨和道宽，全国就形成了畅通的交通网，如果哪个地方出现了叛乱，就可以调集军队快速赶到。

组4：我们中国有句话："要想富，先通路。"闭塞落后的交通与外界无沟通往来，何来经济发展？车同轨促进了各地往来，交通运输，互通有无，也加强了经济的发展。

师：同学们分析得很有道理，看似简单的车同轨其实是在下一盘大棋，我们不得不佩服古人的智慧。

活动4：思考总结，延伸拓展

师：同学们，"车同轨"代表的是一种标准体系，秦不仅规定了车同轨，道同宽，还建立了其他的标准体系。你还知道哪些？

生1：大家写一样的文字，这就是书同文。

生2：统一了度量衡，把计量单位统一了。

师：像这样建立某一个标准体系，在我们的现代生活中，还有没有例子？

生1：爸爸的车，不管车在哪里坏了，只要拖到的"4S店"，一说哪个零件坏了，修车师傅马上就知道给你换什么件儿，啪啪几下，修好走人。

生2：商场里的充电宝，不论是哪个品牌的手机，只要扫码都可以充电。

生3：我们中国人都说中国话。

生4：看，这是我们的钢笔，不同品牌的钢笔墨囊大多可以共用。

生5：家里的灯泡坏了，知道什么型号买到换上就可以了。

师：同学们觉得建立标准体系有什么好处？

生1：利于批量生产。

生2：高效。

生3：让生活更加便捷。

生4：语言和文字的统一，让咱们中国人更团结，更有凝聚力。

生5：我觉得我们现代人学习了古人的智慧，建立标准体系，这给我们的生活带来了非常多的好处。

师：今天我们一起探究了这个问题——车辙为什么这么深。透过"车辙"，我们看到了古人闪闪的智慧之光。其实，在六朝博物馆，还有很多这样有趣的研学活动，希望同学们继续关注六朝博物馆公众号预约报名，我们在六朝博物馆等你哦！

（南京市锁金新村第一小学　王双）

课程5：六朝的信封什么样？

为什么要研究

参观六朝博物馆时，在众多展品中，我对木封检印象最深，因为在其他的博物馆还真没有见到过。看着静静躺在展柜中的木封检，我左看右看，也想不出来它是怎样保护信件、怎样使用的。这份意外和好奇，驱使着我对木封检进行了后期的了解。在阅读了博物馆工作人员提供的一些考古资料后，了解了它的秘密，很是惊喜啊。所以我非常想把这份发现、这份惊喜分享给孩子们，让孩子们也体验这份思考、探索的乐趣。

有无研究价值

从古至今，人类文明的发展离不开信息的传递。信息传递的方式又始终伴随人类文明的发展而发展。从飞鸽传书、烽火狼烟、吹响军号、击打战鼓、驿站送信，到电子邮件、微信留言、QQ视频……这些不断更新迭代的沟通信息、链接彼此的方式，都是当时或当下人们生活的智慧和科技的结晶。"木封检"也是其中生动的重要的一环。

在探索研究木封检的使用方法的过程中，可以窥见古代人们的生活点滴，能感受到先人的聪明与才智，更能激发孩子们身为中华儿女的骄傲，鼓励孩子们把这份才智传承下去、发扬光大。

活动目标

1.通过博物馆现场参观，近距离地观察、了解木封检的构造，感受设计的精巧，坚定文化自信。（政治认同、道德修养）

2. 在小组活动中建立良好的伙伴关系，具有团队意识和互助精神。（健全人格）

3. 在实际动手操作中，学习木封检的使用方法，了解古人是如何用其来传递信件的。进一步认识不同样式的木封检，进一步体会先人的聪明与才智，为自己是中国人而感到骄傲。（政治认同、道德修养、责任意识）

活动重点

在实际动手操作中，体验、学习木封检的使用方法。

活动难点

探究木封检的使用方法。

活动准备

木封检文物仿制品若干、细麻绳、A4纸、印泥、印章、铅笔

年级

小学中高年级

活动过程

活动1：生活链接，联系方式知多少

师：你们知道吗？每年的5月18日是"世界博物馆日"。今年博物馆日的活动主题是"博物馆的力量"。你认为博物馆有什么力量？你为什么要逛博物馆呢？

生1：在博物馆里可以学到很多知识，看到很多历史上的真实的物品。

生2：历史上很多朝代都消失了，但是文物保存下来了，就可以让我们了解过去的事情。

师：是啊，博物馆保存了历史的记忆，看着这些文物，我们就仿佛坐上了时光穿梭机。看啊，刚刚大家通过面对面交流的方式，不仅认识了彼此，还探讨了问题。除了"面对面交流"这样的沟通方式，生活中你与同学、老师、老家的亲戚、外地的朋友是怎样沟通联系的呢？

生1：直接打电话，或者QQ电话。

生2：用微信发语音，或者视频。

师：大家见过它吗？（教师出示一个信封）怎样使用信封呢？请一个同学上台来介绍介绍。（教师指导学生明白现在的通用信封的使用方法）

师：可以写完信之后，不用信封吗？

生1：不可以，不然信纸上的内容大家都会看到。

生2：不用信封就不知道信要寄给谁了，没有地方写收件人的地址和姓名。

生3：不用信封，一不小心写的信就会弄脏的。

师：由此可见，信封起到了"保护信纸""保密内容""便于投递"的作用。你想过没有，古人是用什么方法保护信件的呢？

（学生思考）

师：接下来，老师会带领大家前往六朝博物馆的负一层展厅，通过精美的文物，走近六朝人们的生活，了解他们的衣食住行。参观的时候请特别留意，其中有一件展品就和今天的主题"六朝的信封什么样"密切相关。

活动2：深度参观

老师带领同学们步入负一层展厅，围绕六朝的"衣食住行"介绍相关的文物。

活动3：实践探究，木封检怎么用

师：在负一楼展厅中，哪一件文物起到了和现在的信封一样的作用？不要说出来，用笔写在A4纸上。

（教师给书写正确的孩子发小奖品）

师：大家看，这张照片就是大家刚刚看到的展柜中的考古出土的木封检。这些大大小小的木块，怎样使用呢？六朝的时候人们怎样用它密封信件呢？你能看出来吗？

（学生连连摇头，一脸问号）

初探究

师：不急，老师给大家准备了文物的复原物，一个同比例的小木块、细麻绳、油泥、A4纸、印章。大家在四人小组中讨论讨论，试着做做看。

（学生先在小组中交流，并借助物品动手操作。再指名小组上台汇报）

生1：我们组是先把A4纸折叠成小小的方块，放在木块的凹槽里面，然后用麻绳捆起来。

师：其他小组同意吗？

生2：我们一开始也是这样折叠A4纸的，但是总觉得不大对劲。

师：哪里不对劲呢？这个木封检是从六朝时期的墓穴中出土的，六朝时期的人就能用上这样薄薄的，能轻松折叠的纸张了吗？

生3：古代应该是用竹简的。竹简不能折叠，只能卷起来。

师：非常好啊，我们要想象古人的生活场景。把A4纸想象成竹简。

生4：难道是把木块绑在"竹简"上？

师：不急不急，让我们一起来读读这段文字吧。（PPT出示）

古人先将信件或者竹简用绳索捆扎好，再把绳索固定在木封检的凹槽中，然后把凹槽抹上封泥，最后在封泥上盖上检验者所代表机构或身份的印信，称为印封。

教师指导学生根据文字，一步步操作，学习木封检的使用方法。

再探究

师：木封检如果仅仅是用来固定、捆扎竹简的，那么它只需要中间的部分就可以了啊。为啥要上面、下面多一块小木板呢？（比对展柜中的文物）这上面和下面的小木板，有啥作用呢？小组讨论讨论。

生1：我们猜想应该是在木板上写收件人的名字和地址。

生2：我们猜，也有可能是写竹简的主要内容，书名啥的，给竹简做一个标记。

师：（出示相关文物照片）木板上是用来写寄信人和收信人的信息的。

师：比较一下木封检和现在使用的信封，有啥相似之处啊？

生1：信封和木封检都可以保护信件，保护信里的秘密。

生2：都需要写收件人的名字和地址。现在还多了邮政编码。

师：是啊，历史发展，朝代更迭，从木封检到现在的信封，使用的材料和样式发生了巨大的变化，但是有些细节还是一脉相承的。

三探究

师：我们在展柜中看到的木封检都是这样四四方方的，是不是只有这种样式呢？

生1：应该不是。

师：（出示相关文物照片）看看图片，说说还有哪些样式啊？

生2：有的下面是尖尖的，穿麻绳的地方不是凹槽是圆孔。

生3：是不是圆孔更容易穿绳子啊？

师：在古代，木封检只能封检信件吗？（出示一段文字，指名学生朗读）

生4：我知道了，封检的用途除了封检书籍、物品，还可以封检门户、车辆、牲畜。

生5：我猜测，是因为封检的物品不一样，所以木封检的大小、样式也不一样。

师：古人真是太聪明了，将木块、麻绳这些寻常可得之物，加以组合，重新设计样式，就能封检各种各样的物品，真是太厉害了。我们不禁赞叹先人的聪明与才智。这真是"生活皆学问，处处藏智慧"。

活动4：思考总结

师：现在的生活中，我们没有人再去使用这笨重的木封检了，但是在历史上，它却发挥了极其重要的作用，是日常生活中必不可少的物品。你喜欢今天的活动吗？有哪些感受呢？

生1：古人能想出木封检真是太了不起了。

生2：古人寄信的方式很独特，希望下次到六朝博物馆能学到更多的知识。

生3：我以后对某个文物感兴趣的话，也要多思考，或者问问志愿者，或者阅读一些资料。

师：还记得刚开始的问题吗？我们为什么要逛博物馆？在知乎上，网友们是这样回答的。（出示PPT，学生开火车朗读）

生4：这里凝聚着一个家族、一个国家不灭的灵魂。

生5：这里是我梦开始的地方，30多年前，它点燃了一个男孩心中对恐龙的热爱。

生6：原来我还有如此多的知识不知道。

师：同学们，博物馆有力量，这里的文物会"说话"。希望同学们经常到博物馆来参观学习，了解历史变迁，了解文明发展。六朝博物馆更多更精彩的活动等着大家。

（南京市同仁小学　蔡兰华）

课程6：这碗为什么倒扣着？

为什么要研究

每次带着孩子们来到"六朝帝都"展厅，他们最感兴趣的是右侧展厅。布展的工作人员独具匠心，将此处按照"衣""食""住""行"进行分类展示，努力还原六朝时人们的生活起居。虽然此处文物并无多少大件，但是每个展柜都有让孩子们兴致盎然的展品。其中，就有一件很不起眼的文物。别说孩子们，连我刚开始参加志愿者培训时，都纳闷：好端端的一个碗为什么倒扣着？通过资深志愿者的介绍，我才知道，它叫席镇，用来压席子的。我立刻联想到书房中的镇纸，一个在桌上，一个在地上，但作用如出一辙。

每次为参观六朝博物馆的游客做志愿讲解，每次来到这个展柜，都会发现有小朋友关注这件其貌不扬的文物。能够激起他们探究欲望的文物，一定就是我们的课程资源。

有无研究价值

镇是压物之器，其历史源远流长。

魏晋以前，中国室内家具种类并不多，古人席地而坐，比较讲究的房间里，也不过陈设矮床、几案、屏风等，但须铺席的地方却也不少。《论语》言："席不正，不坐。"为了避免由于起身落座时折卷席角，常以重物镇压，这就是席镇的由来。镇的造型除少量人物外，其余大都为生肖动物，常见的有虎、狮、豹、龟、鹿、羊等，这些动物形状的席镇造型生动活泼，构图紧凑，将实用性与艺术性完美地结合在一起。

席镇一般都是贵族使用得比较多，所以虽然只是一个生活用具，但是材质都非常讲究，或是珍贵的黄金，或是玉器，或是错金银、鎏金铜等，古人将小小的压席器具升华到大美的艺术。因此，透过这件文物可以直观展现六朝人们的生活样态，说明六朝的艺术创作重视人的审美感受，以"传神写照""气韵生动"为核心进行创作，赋予了器物无限的生命活力。

活动目标

1. 了解席镇的实用性和艺术性，感受六朝贵族生活的雅致，坚定文化自信。（政治认同、道德修养）

2. 小组活动中，能够建立良好的同伴关系，具有团队意识和互助精神。（健全人格）

3. 了解并遵守博物馆参观规则。（道德修养、法治观念）

4. 尝试用软陶泥制作席镇，为古代能工巧匠的心灵手巧、高超技艺所折服，增加作为中国人的志气、底气，自觉成为中华优秀文化的守护者。（政治认同、道德修养、责任意识）

活动重点

了解席镇的实用性和艺术性。

活动难点

透过席镇，感受六朝人的风雅生活。

活动准备

1. 六朝博物馆及其他博物馆的席镇照片

2. 软陶泥

年级

小学中高年级

活动过程

活动1：链接生活，展示镇纸，出示文物

师：同学们，你们在日常生活中，有没有见过这个物件？（出示：镇纸）

生1：我见过，我爷爷每天练习书法，他用这个压住宣纸。

生2：这叫镇纸，我家就有。

师：一点儿不错，镇纸是中国古代传统的工艺品，写字作画时用来压纸的，常见的多为长方条形，因此也被称作镇尺、压尺。最初的镇纸形状不是固定的。古代文人时常会把小型的青铜器、玉器放在案头上把玩欣赏，因为它们都有一定的分量，所以人们在玩赏的同时，也会顺手用来压纸或者压书，久而久之，发展成为一种文房用具——镇纸。

师：在我们六朝博物馆，有这样一件文物（出图）。这件文物你们在生活中有没有见过？

生1：这不就是我们每天吃饭时用的碗吗？

生2：老师，碗口应该朝上，为什么这个碗的碗口是朝下的？

师：有没有同学能猜猜，这是为什么呀？

生3：是考古学家在摆放文物的时候，摆错了吧。

生4：不但碗口朝下，你们看，这个倒扣的碗底还有一个带孔的纽。

生5：我不同意刚才那个同学的说法，考古学家一定不会摆错，文物出土的时候应该就是这样摆放的。

生3：那为什么要倒扣着？

生6：刚才老师让我们看了镇纸，我猜，这会不会也是镇纸呀？

生7：老师展示的镇纸多漂亮、多精美呀。谁会用碗来压纸。（众笑）

师：这件文物就在我们六朝博物馆的"六朝帝都"展厅，让我们一起去看看吧。

活动2：深度参观

老师带领同学们步入展厅，寻找这件文物，老师相机介绍展柜中的其他文物。

活动3：实践探究，了解文物的前世今生，动手制作专属席镇

师：刚才我们在展厅见到了这件文物，你们一定仔细观察了展示柜前的说明。这件文物叫——

生（齐答）：席镇。

师：我们之前了解过文物是怎么命名的，透过这件文物的名称，你们知道了什么？

生1：我知道了它的作用。

师：愿闻其详。

生1：刚才您不是向我们介绍了镇纸吗？镇纸，就是压书画的东西，那么席镇，顾名思义，应该就是压席子的。

师：为什么要压席子呢？和你身边的小伙伴讨论讨论。

（同桌交流，指名汇报）

生1：大家一定听过这个成语"席地而坐"，六朝时期，人们习惯在地上铺席，坐在席上。就好像我们春秋游的时候，会带上坐垫，铺在地上一样。大家有没有发现，如果只铺坐垫，一旦刮起大风，坐垫就很容易被吹走；我们站起来、坐下去，坐垫也会移动？我想，那个时候地上铺的席子也会遇到这些问题。因此，在席子四角压上席镇，这些问题就迎刃而解了。

生2：我在背《论语》时，背过这样一句话：席不正，不坐。在孔子的那个时代，室内设施比较简陋。当时没有凳子、沙发之类的家具，不管是主人还是客人，全部都是席地而坐，像宴饮、座谈等都是坐在席子上进行的。即便如此，古人在坐席方面仍有严格的礼仪。孔子在落座之前，若是发现席子没有摆放端正，他是不会坐下的。压上席镇，席子就能摆放端正了。

师：通过他们两位的介绍，你们觉得什么样的物件可以用来当席镇？

生1：有一定分量，如果轻飘飘的，风一吹就被吹走了。

生2：这个物件也不能太大。

生3：还得方便拿取。

师：咱们手头有没有这样的物件？

（学生四下寻找）

生1：我这个笔盒可以当席镇。

生2：可以用板凳。

生3：讲台上放的盆，装点水也可以。

生4：窗台上的绿植。

……

师：咱们来比较一下，六朝人用的席镇与你们刚才说的这么多物品，有什么不同？

生1：我们刚才说的物品都有专门的用途，因为符合席镇的标准，被我们拿过来替代了一下。而六朝时的席镇是专属之物，它就是专门用来压席子的。

生2：我们说的都是身边的物品，五花八门，六朝席镇可是非常精美的。

生3：六朝时的席镇是集艺术性和实用性为一身，而我们刚才提的，不够美观。

师：今天我们就做一回六朝工匠，用软泥来设计、制作一枚属于自己的席镇。

（学生动手捏制、展示、交流）

师：回家以后，大家可以将我们做的席镇安在一个较重的物件上，让它真正发挥压物件的作用。

师：同学们，根据目前出土的文物可知，战国时就有席镇了，至西汉时席镇的使用和制作达到了顶峰。魏晋南北朝以后，由于高座家具普及，席镇的使用不及秦汉时期广泛。明清时期，具有辟邪祛恶功用的席镇，在民间，尤其是晋中地区，逐渐演变为压石，其用处是为了把衣服布料特别是鞋帮底压平整，故而又名"压鞋石"。由于压鞋石谐音吉祥，人们认为将压石摆放在家中可以辟凶镇邪。此外，这个石头在明清时期也作压信石。文人在宣纸上写完信，纸张因有干湿而多处翘起，待墨迹干透后压上此石，信纸便回归平整。

活动4：思考总结

师：同学们，通过了解席镇、制作席镇，想跟大家分享什么？

（学生畅所欲言）

师：小小的席镇，造型非常讲究，向我们展现了古人精致的生活，在古代工艺美术中独树一帜，也是中国室内陈设的亮点。而这样的物件在文物中还有之前我们了解过的鸡首壶、青瓷狮形插器、青瓷蛙形水注、青瓷虎子……这些文物都让我们为古代能工巧匠们的精湛技艺而深深折服。

（南京市锁金新村第一小学　唐隽菁）

课程7：动物小品妙趣何在？

为什么要研究

第一次走进六朝博物馆时，就被馆内陈列的很多动物形状的文物吸引了，它们形态各异，栩栩如生，无不彰显了那个时代艺术家们精湛的技艺。在参观的过程中了解到，它们都是青瓷制品，反映了那个时期青瓷的艺术水平。那么这些青瓷动物小品到底有什么用处呢？在参观的过程中，还发现了有趣的现象，同为鸡首壶，陈列的一排鸡首壶似乎在无声地传递着它们的演变史，这让我觉得很有意思，也引发了我的进一步探索。

有无研究价值

六朝博物馆里陈列的青瓷小品是一项颇具特色的展览，从这一"青瓷动物小品"入手，既能拉近和学生之间的距离，也能传递给学生文物背后的历史、人文价值等知识。在备课阶段，我通过查阅很多资料对青瓷动物小品有了更多的认识。走进一个个文物背后，能够鲜明地感受到它们不仅具有艺术性，更具实用性，对后世的很多生活用品产生了影响，颇具研究价值。同时，这也是由点及面的体现，透过青瓷动物小品这一系列文物的特点体悟六朝文物的综合性特点。

活动目标

1.了解六朝青瓷动物小品的艺术性和实用性，感受六朝工艺的精美，体会六朝先民的智慧。（政治认同）

2.实践探究活动中，能够积极主动、自信大胆体验，了解鸡首壶器型变化的过程并感受这一变化的意义。（健全人格）

3. 现场参观学习过程中能够自觉地遵守博物馆参观秩序，做到爱护文物，文明参观。（道德修养、法治观念）

4. 寻访探究中进一步感受六朝青瓷动物小品这一类文物的艺术实用性和深刻的文化内涵，激发对中华优秀文化的热爱，增强民族自豪感。（政治认同、责任意识）

活动重点

通过实践探究，了解不同时期鸡首壶器型的变化，感受青瓷动物小品的艺术性和实用性。

活动难点

感受六朝青瓷动物小品的传神写照和文化内涵。

活动准备

1. 茶壶、茶杯、盆、水

2. 视频：《国家宝藏——虎子的身世之谜》

年级

小学中高年级

活动过程

活动1：生活链接，火眼金睛寻发现

师：同学们，大家下午好，欢迎你们走进六朝博物馆来参加此次的活动。我姓陶，大家可以叫我"陶老师"。今天第一次和大家见面，特别想认识你们呢。（走到某一位小朋友身边）能介绍一下自己吗？（可以找3-5个孩子作自我介绍）

生：逐一进行自我介绍。

师：今天为什么来参加这场活动呀？

生1：喜欢博物馆；喜欢今天的主题，因为这是和动物有关的。

生2：是爸爸妈妈安排的活动，他们建议我来增长知识。

师：今天陶老师带来了一个茶壶（出示实物），你们见过吗？用过吗？

（指名上台演示：用茶壶倒水）

师：在我们六朝博物馆也有壶。请大家仔细观察两幅图（出示两张青瓷鸡首壶图片），说一说你的发现。

生1：我发现这两件文物都有鸡的图案。

生2：我发现右边的很像水壶。

师：是的，像这样的壶嘴像鸡头形状的瓷壶，我们就称它为"鸡首壶"。（出示"鸡首壶"字样）请你用火眼金睛再仔细观察一下，这两件鸡首壶有什么不同呢？

生1：我发现左边的鸡首壶只有鸡头，没有脖子，而且鸡嘴巴是闭着的。而右边的鸡头不仅有脖子，而且鸡嘴巴是张开的。

师：我们称它为"流口"。

生2：左边的西晋青釉鸡首壶没有壶把子（执手），而右边的鸡首壶鸡尾巴上扬，构成了一个壶把。

师：这也叫"执手"。

师：看着这两件文物，你们有没有什么问题？

生1：我想知道，为什么一个鸡嘴巴是闭着的，一个是张开的？

生2：它们俩谁先谁后？

生3：哪一种鸡首壶比较多？

生4：还有没有其他样式的鸡首壶？

师：接下来就让我们带着自己的问题，去"六朝风采"展厅找一找、看一看。请大家不要用手触碰展柜，共同遵守观赏之礼。

活动2：深度参观，身临其境观文物

在老师的带领下参观"六朝风采"展厅，了解动物小品。

活动3：实践探究，绝知此事要躬行

师：实境参观后，相信大家已经对鸡首壶有了更进一步的了解。同为鸡首壶，为什么一个有流口，一个没有流口呢？

实践操作：（出示两个带执手的茶壶，其中一个茶壶的流口用盖子套住呈封闭状态）接下来，分别请两位同学上台实践操作——用茶壶倒水。（可以找三组学生上台参与操作）

生：三组同学依次上台进行实验操作。

师：这一倒水的过程有什么不一样的体验？

生1：有流口的茶壶可以用来倒水。

师：这体现了这个茶壶的功能——实用性。

生2：没有流口的茶壶倒不出水，就像闭合的鸡嘴巴一样，似乎不具备实用性。

师：你瞧，在西晋时期（指着左边的鸡首壶），像这样的鸡首壶通常是在壶肩一侧贴塑象征性的鸡头作为装饰，这样看上去这个壶的样子就更生动美观了，而且，"鸡"和"吉祥"的"吉"音相近，还暗含着美好的寓意，这也反映了古代先民制作瓷器过程中对美的追寻，对安宁、悠闲生活的向往，更体现了动物瓷器精湛的艺术性。而到了东晋时期，鸡嘴与器壁相通，成为倾注液体的流口，还具有一定的实用性。可见，这一时期的瓷器动物小品是美观性和实用性相结合的。

师：在刚刚的实境参观的过程中，你还看到了哪些像鸡首壶这样具有美观性、实用性的青瓷动物小品呢？

生：我还看到了一头青瓷牛，栩栩如生，更有意思的是它的两侧还有翅膀呢！

师：（出示青瓷牛图片）这头青瓷牛憨态可掬，栩栩如生，体现了农耕时代的生活气息。细看，不难发现，这只青瓷牛的头顶有角，两侧有翅膀，可不是一只普通的牛，这是一头神牛，体现了古代匠人的艺术创想，颇具艺术鉴赏性。

师：（出示青瓷马图片）像这样集中体现了六朝青瓷艺术价值的还有图上的青瓷马。

生：我还看到了青瓷动物插器图。

师：（出示青瓷狮子插器图）这件青瓷动物小品，呈现狮子模样，惟妙惟肖，传神生动，不仅如此，你关注到这一特殊的设计了吗？因脊背上雕塑有圆筒，与身躯相通，究竟用来插什么呢？考古学家也没有定论，不过，它是有实际作用的。

生：我还看见了一个青瓷蛙形水注呢。

师：你们知道什么叫作"水注"吗？

生：我猜就是出水的口。

师：（出示图片，相机介绍）你瞧，这幅图中的蛙作蹲伏状，背设管状进水口，腹部扁圆以贮水，蛙头前伸，前足捧腹作吐水之势，嘴内穿一小孔，以便滴水，后腿弯曲，艺术价值很高。当我们细细欣赏这件古代青瓷的精品时，就会发现设计者的匠心所在，水蛙像是刚刚从荷叶丛里爬出来似的，头部露出水面，悠悠然吸着清新的空气。可以想象，当古人使用这样的蛙注来滴水磨墨，赋诗作画时，兴致定会大增，即使平时放在书桌案头，也会给生活增添几分情趣。

师：（出示青瓷虎子图片），这个青瓷动物小品你见过吗？

生：之前在电视里有见过。

师：这叫青瓷虎子，它追求与虎形神相似，主体模仿"老虎"匍匐时躯干的姿态，下方亦有弯曲的四足，作为底座。"老虎"的头部被类似"瓶口"的圆柱体构件代替，虎背上有一段"提梁"作为把手，展现了古人的艺术天赋，颇具欣赏价值。

师：请你猜一猜，这件文物原来是用来干吗的呢？（出示现如今使用的夜壶照片），虎子的作用到底是什么呢？我们通过一段视频进一步了解吧。（播放《国家宝藏——虎子的身世之谜》）

师：把动物造型做成生活用品，是中国先民的传统。学到这，你感受到这些青瓷动物小品的特点了吗？

生：先民们不仅注重了它们的美观性，还注重了它们的实用性。

师：（出示一组青瓷动物图）六朝青瓷的动物装饰有其鲜明的时代特征和高超的艺术表现技巧，人们以其聪明才智使装饰与实用结合起来，使这些动物器皿具有欣赏性和实用性。像这样，颇具艺术性、实用性的文物也印证了著名美学家宗白华对那一时代艺术的评价："汉末魏晋六朝是中国政治上最混乱、社会上最痛苦的时代，然而却是精神上极自由、极解放、最富于智慧、最浓于热情的一个时代。因此也是最富有艺术精神的一个时代。"

活动4：思考总结

师：同学们，通过今天的六朝博物馆研学之行，你有哪些收获，能和我们分享一下吗？

生：我觉得六朝博物馆里还有很多类似于今天这样的奥秘等着我们去探索，来一次是不够的，期待更多这样的学习机会。

（南京市成贤街小学　陶文静）

课程8：六朝人是谁的粉丝？

为什么要研究

登上《国家宝藏》节目的"竹林七贤与荣启期砖画"于1960年由南京博物院在宫山考古发掘出土，它是由近三百块模印画像砖拼接砌筑而成的砖印壁画，分别砌于墓室的两侧壁，每壁四人，对称分布。

宫山墓砖画出土半个多世纪以来，考古学家又在江苏境内多次发现南朝墓葬大型拼砌砖画，其中多数包含"竹林七贤"题材。时至今日，这组砖画几乎见于国内外任何一本中国考古学和中国艺术史的教材中，成为这两个学科的学生们最为熟悉的中国早期艺术作品之一。同时，由于"竹林七贤"本身的巨大影响力，这组砖画还常常被很多学术活动选择来作为海报配图，或拿来当作出版物封面，他们俨然成了六朝历史文化的"形象代言人"。

六朝博物馆的"错版竹林七贤拼镶画像砖"发掘于2010年南京西善桥附近的石子岗。和宫山大墓的砖画相比，它的画面中能看到部分"竹林七贤"题材的图案，但是也插入了很多砖块大小一致但画面内容明显不对的砖块，人们站在它的面前，就不由得会产生很多问号。

从"竹林七贤"入手，我们可以了解那个时代的精神寄托。从它的"错"入手，我们也可以去了解砖画的构成方式，以及对"错版"背后的原因进行有趣的推测。

有无研究价值

砖画从设计到施工是一个相当复杂的过程，在墓中最后呈现出的虽然是平面化图像，却是"层累"形成的结果，是集体性和历时性的产物，每个步骤的参与者都曾对其进行过处理和调整，以确保该步骤完备无虞。画面都印在砖的窄面上，只有不计成本才能做得出来，而已发现的装饰这种拼砌砖画的墓葬几乎都属于南朝特大型墓葬，地点集中在六朝都城建康（今南京）和齐梁帝乡南兰陵（今丹阳）两个地区，这正是南朝帝王陵墓集中的两个区域。学术界一般认为这种砖画为南朝帝陵所独有，至少不低于王级，所以大型砖画不是商品，不进入市场流通，只在非常小的范围内存在，它在当时应当就是先锋的、前卫的工艺。

在我国文物定级体系中，"竹林七贤与荣启期砖画"被定为一级文物，属于"具有特别重要历史、艺术、科学价值的代表性文物"。2002年国家文物局印发《首批禁止出国（境）展览文物目录》，规定64件（组）一级文物为首批禁止出国（境）展览文物，"竹林七贤与荣启期砖画"（特指南京博物院馆藏的无错版，六朝博物馆的"错版竹林七贤拼镶砖画"虽然不是目录内的，却和它是一母同胞）名列其中，可以说成为国宝中的国宝。2001年由中国社会科学院组织权威专家评选出"中国20世纪100项考古大发现"，"江苏南京地区东晋、南朝模印拼嵌砖画大墓及大族家族墓地的发掘"是其中一项。

活动目标

1. 现场参观，了解"错版竹林七贤与荣启期拼镶砖画"的规模、画面主要图案，初步感知"错版"之"错在何处"，并提出自己想要进一步探讨的话题。（健全人格）

2. 集体讨论，感受到"竹林七贤"的人物品格是六朝时期社会主流所追求的价值内涵。（健全人格、道德修养）

3. 观察砖的四面，解密拼镶密码，了解砖画制作工艺蕴含的智慧，为祖先骄傲。（政治认同）

4. 动手实践，复原拼镶砖画，从而进一步体会到用这种特别的方法完成的砖画在考古史和艺术史中独一无二的地位。（政治认同、道德修养）

活动重点

了解砖画拼镶密码。

活动难点

通过画面的规模、内容，感受砖画的价值。

活动准备

1.六朝拼镶砖块砖模型，每人一块。

2.拼镶砖画拼图模型，每人一份。

年级

小学中高年级

活动过程

活动1：生活链接，让文物接上地气

师：今天的话题中有个词叫"粉丝"，它是什么意思呀？

生1：是吃的粉丝吗，像面条一样的长长的、透明的东西？

生2：就是你崇拜谁，你就是谁的"粉丝"。

师：第二个同学表达的，就是话题里"粉丝"的含义。这是个英语词fans，意思就是迷恋、崇拜某个人或某个事物的人，也可以简单地说是"追星族"。同学们在生活中最崇拜谁，最渴望成为谁，是谁的"粉丝"？

生1：我爸爸，他非常能干，有什么困难找他都没问题。

生2：苏炳添，中国飞人，我的偶像，特别励志。

生3：……

师：偶像的身上，有我们想要学习、模仿的品质。六朝时期的人们，是谁的粉丝？答案就藏在今天的主题文物中，我们一起去展厅看一看。

活动2：深度参观，让文物走到眼前

师：文物在这里，让我们首先用自己的身体作为标尺，测量一下它的长度与高度。

生1：我走了十步，才把它的长度走完。

生2：它跟我的个子差不多高。

师：大家想象一下，在一个墓葬中，左右两壁的一段装饰着这两幅画，两壁其他部分还装饰着别的拼镶砖画。这个墓葬的规模算大，还是小呢？

生：大！

师：没错。"六朝人把谁作为偶像"的话题呀，我们在南京发掘的几座大墓中发现了线索。这几座大墓很特别，规模比较大，属于帝王或王侯级别。墓室墙壁上都有两幅相对的画面。画面内容就是我们今天要讲的主题文物"错版竹林七贤拼镶画像砖"。

六朝博物馆的"错版竹林七贤拼镶画像砖"发掘于2010年南京西善桥附近的石子岗。南京地区到目前为止一共发现五幅这样的砖画。西善桥一幅、丹阳三幅、西善桥附近的石子岗一幅,就是我们六朝博物馆的这幅。只有西善桥官山大墓中发现的是完整的,基本没有错乱,目前展示在南京博物院。其他的要不有缺损,要不有错误。

虽然我们六朝博物馆的是错版,但是我们也能大致看出画面上有什么。说说你看到了什么。

生1:有一个人坐在这里,但是不全。

生2:有两个字"王戎"。

生3:这里好像还有一条鱼的尾巴。

生4:这个花纹有点像狮子的一部分。

生5:这个画面好乱,看不出来是什么。

师:来,我们回到研究课堂,做进一步的讨论。

活动3:实践研究,动手拼搭砖画

师:画面上究竟画了什么,我们从文物上看得不太清楚。那从标题上猜一猜,会画什么?

生1:竹林七贤。

生2:荣启期?

师:我们看一看"无错版"的砖画,了解了解。

生1:嵇康、阮籍、山涛、王戎、荣启期、阮咸、刘伶、向秀。

师:他们中间还有一些植物。

生和老师一起说:银杏、松树、槐树、柳树、银杏、竹子。

师:六朝人喜欢和崇拜的就是文物上的这些人们,渴望成为他们。六朝人是"竹林七贤和荣启期"的粉丝。

现在,你有什么问题或有什么想知道的吗?

生1:为什么画面上有这些人,你们就能认为他们是"竹林七贤和荣启期"的粉丝?

生2:"竹林七贤和荣启期"是什么样的人?为什么会是他们的粉丝?

生3：这些画是怎么拼起来的？为什么六朝博物馆的这幅画会这么乱？

生4：六朝博物馆的这幅画，还能复原吗？

师：同学们的问题都很好。我们一个一个来探讨。

为什么这几幅画上有"竹林七贤和荣启期"，我们就可以说六朝人崇拜他们呢？答案和我们刚刚的测量活动有关。通过测量我们发现这些砖画所在墓室规模很大，属于王侯级别。那么多王侯级别的人都在自己死后，选择与这些先贤为伴，这就说明当时的社会上层人士是非常崇拜他们的。社会的风尚，往往是自上而下进行影响的，因此可以说当时的整个社会如果追星的话，竹林七贤代表了社会主流风尚。

"竹林七贤和荣启期"是什么样的人呢？我们通过一个视频来了解。

（学生共同观看《国家宝藏》中对"竹林七贤和荣启期"的介绍）

师：了解了他们是什么样的人，知道了当时的人们为什么崇拜他们，现在同学们最好奇的是砖画是怎么拼成的了。

生：我看到，每块砖上的花纹都不一样，和我们玩的拼图很相像。

师：拼图还原原理是找对应的花纹。整幅画面越大，拼的难度越大。这么大的画面如果从正面找纹路，会非常困难。所以，拼图的秘密有的同学已经猜到了，藏在砖的其他面。大家可以打开文件袋，看看里面的拼图模型，发现了什么？

生：反面有字。

师：模型的反面有拼图标记，不过老师要提醒大家，真正的实物，标记不在砖的反面，我们拿出文件袋里的砖块模型，看看标记在哪里。写了什么？

生1：在侧面。字上写着"嵇下第一"。

生2：我的砖块上写着"阮下第一"。

……

师：标记为什么不在花纹的背面，而是在侧面？

生：在墓里砌砖画的时候，工匠如果每块砖都看背面，就要把砖翻一下，那么多砖，太麻烦了。字写在侧面，看的时候侧一下砖就可以了，比较省事。

师：大家拿着砖，试着感受一下他的推测，对吗？

生：很有道理呢！

师：我们来试试拼一拼。

（学生试拼）

生：砖块上虽然有字，但不知道该怎么拼。

师：有同学找到拼的规律了吗？

师：我们来看拼图密码。

（出示小组活动要求：

按小组内序号，读一读图上的字。

刚刚看到砖块上的四个字，每个字代表什么意思？）

生讨论：第一个字代表画像的主人公是谁。第二个字代表这块砖在图案的上部、中部还是下部，第三、四个字表示砖块的顺序。

师：砖块的顺序是怎样的？

生：从下到上，从左到右。

师：现在根据砖上的密码，再次尝试拼一拼手中的砖画吧！

（学生每人拼出一个人物的砖画，合起来成为一幅完整的"竹林七贤与荣启期砖画"）

活动4：思考总结

师：借助六朝时期工匠的巧思，同学们巧手"复原"了一幅完整版的"竹林七贤与荣启期砖画"。现在我们来聊聊今天的收获吧！

生1：我觉得六朝的工匠非常聪明，他们能把花纹分别制作在不同的砖上，这些砖拼起来还能还原成为一幅画，很了不起。

生2：我也觉得这些工匠很了不起，他们把拼砖的密码放在花纹的侧面，拼砖的时候就能节约很多时间。

生3：我对画面的内容印象很深，从砖画的内容里我知道了当时的人们崇尚那种具有淡泊名利、清净高洁品质的人。

生4：我觉得能从砖画中推测出当时的人们把谁作为偶像，是一件很有趣的事情。我们不了解当时人们的生活，不过墓里发掘出的文物能告诉我们很多线索，所以我很喜欢考古，虽然不能穿越到那个时代，但观察这些文物然后推测他们的生活，也像是一种拼图。

生5：我有一个问题，为什么六朝博物馆的砖画会错乱呢？

师：老师特别喜欢你们提出问题，因为寻找答案的过程，能让我们再一次从不同的角度去了解文物。同学们，你们觉得什么情况下，砖画会这么乱呢？

生：工匠不认真/砖块不够用/时间不够用/画面坍塌了，没时间一一对应拼好……

师追问：王侯级的大墓，为什么会出现这些马虎敷衍的情况？

生：墓主人犯罪了，或者改朝换代了，建墓的人只要建好就算过关，没人会查得很严，查出来还要花钱重做，所以睁一只眼闭一只眼，干脆不管了。

师：你们的推测都很有道理。到底是谁，能对应上你们的推测呢？

答案是，不知道。目前考古界对此还没有统一的答案。感兴趣的同学可以翻一翻六朝时期的史书，看看哪一位历史人物具有上述的特点。

生：老师，我的问题还没有得到解答呢？六朝博物馆的这幅画，还能复原吗？

师：这个问题和上一个问题，都是留给同学们在活动后思考的，等会儿大家可以再次走到画面前，看着画面想一想哦。

……

十分钟后，一个孩子跑回活动现场："老师，不能复原，因为很多画面的内容都没有了，变成了其他的花纹，所以拼不回去了！"

大拇指手动点赞！

（南京市北京东路小学　丁佳佳）

课程9：为何不可出国出境？

为什么要研究

南京六朝博物馆里展出了1200余件文物，每件文物都有自己独特的历史意义。在众多文物之中，"青瓷釉下彩羽人纹盘口壶"脱颖而出，它是六朝博物馆的镇馆之宝，还在2013年被列为不可出国出境的文物之一。当这些头衔集聚于一件文物身上，不禁让人对它产生了无穷的兴趣：这样的一件文物究竟是什么样子？它的身上究竟藏着什么样的秘密呢？如果可以带着学生一层层探寻，那将会是与文物的一次交流，这是多么奇妙的体验啊！相信孩子们一定可以找寻到属于自己的答案。

有无研究价值

每一件文物的背后都有属于一段历史的独特记忆，了解文物的同时，孩子们可以探寻到历史的足迹，感受到不同文化与属于那个时代独有的工艺。

对于"釉下彩"工艺而言，在世人眼中是从唐代的长沙窑器物开始的，"青瓷釉下彩羽人纹盘口壶"的出土，改变了人们对釉下彩工艺始于唐代的认识，把我国釉下彩绘工艺出现的时间提前了近五百年。这五百年的提前，是古代匠人们智慧的体现，更是每个中国人的骄傲。

那"釉下彩"究竟是什么样的工艺呢？简单的文字说明，无法真正展现这一工艺的独特之处，那么这样一场由文物引发的探寻之旅将是孩子们真正理解这一工艺的助力。孩子们可以通过自己的探究，形成属于自己的独有体验，相信这将是他们走进文物、了解世界的重要手段之一，相信这是激发他们探索身边未知事物的一次启蒙、一次触动。

活动目标

1.了解"青瓷釉下彩羽人纹盘口壶"名称的由来，感受文物的艺术性，了解不可出国出境文物的价值和意义。（道德修养、法治观念）

2.小组活动中，能够建立良好的同伴关系，培养协作能力和互助精神。（健全人格）

3.尝试模拟釉上彩和釉下彩工艺，感受釉下彩工艺的魅力，了解釉下彩工艺的发展，体会"青瓷釉下彩羽人纹盘口壶"的文物价值，赞叹先人的聪明与才智，为自己是中国人而感到骄傲。（政治认同、道德修养）

4.激发学生自觉保护文物，传承民族优秀传统工艺的情感。（责任意识、道德修养）

活动重点

了解"青瓷釉下彩羽人纹盘口壶"。

活动难点

探寻釉下彩工艺的奥秘。

活动准备

1.研学单

2.毛笔、胶水（带刷头更佳）、湿巾、油墨

3.活动PPT

年级

小学中高年级

活动过程

活动1：生活链接，引发思考

师：同学们好，欢迎大家来到六朝博物馆，参加"六朝风物"项目活动。相信来到这里的同学们都对中国的历史文化充满了浓厚的兴趣，在你以往的博物馆参观经历里，有没有特别印象深刻的展品呢？为什么？

生1：我以前来过六朝博物馆，我很喜欢有个展柜里的瓦当，有不同的图案，很好看。

生2：我去过南京博物院，里面的特展馆，每件文物都很吸引人。

生3：我记得六朝博物馆里的"镇馆之宝"——青瓷釉下彩羽人纹盘口壶。

师：看来大家都挺喜欢博物馆之旅。今天，我们就要请出六朝博物馆的"镇馆之宝"，你看——（图片）这件镇馆之宝名字也很特别，（出示：青瓷釉下彩羽人纹盘口壶）这件文物的名字有点长，谁愿意来尝试读读这件文物的名字？

（问题抛出后，学生纷纷尝试着自己读了起来）

生1：青瓷釉下／彩羽／人纹／盘口壶。

师：你是怎么想的呢？

生1：我觉得盘口壶应该是个完整的名称，彩羽应该是彩色的羽毛，人纹是人形的花纹。

师：其他同学有没有自己不同的读法？

生2：青瓷釉下彩／羽人纹盘口／壶。

师：你是怎么想的呢？

生2：釉下彩，我听过，不是彩羽。

师：那究竟怎么读才是正确的呢？我们请刚才那位记得这件镇馆之宝的同学来读一读，你能读对吗？

生3：青瓷／釉下彩／羽人纹／盘口壶。

师：是不是还有其他同学也跟他一样的读法呢？这文物的名字究竟要怎么读呢？等会儿可要同学们自己去找找答案哦！

师：这件文物名字有点拗口，不太好读，可它却是被国家文物局列为不可出国出境的文物呢！看着它，你有什么问题想问吗？在学习单上写下自己的想法。

（学生自写问题）

师：你们都提了些什么问题呢？

生1：这件文物为什么叫这个名字？

生2：青瓷是什么？釉下彩又是什么？

生3：它属于哪个朝代？

生4：它为什么是不可出国出境的文物？

师：那就让我们带着心中的疑惑，走进"六朝风采"展厅，亲眼看看这件"镇馆之宝"，或许你就能找到答案哦！特别提醒：参观时，请大家不要用手触碰展柜，认真倾听，谢谢你们的配合。

活动2：深度参观

老师带领同学们步入展厅，介绍以上文物。

活动3：实践探究，动手研究

师：刚才，你有没有在展厅里寻找到咱们的镇馆之宝？那你提出的问题解决了吗？

生1：我知道这件文物是东吴时期制作的。

生2：我知道这个文物的名字代表的意思了，"青瓷"是它的材质，"釉下彩"是制作工艺，"羽人纹"是它的图案。

师：老师补充一下，其实"盘口壶"就是指这件文物的造型。关于这件文物，老师这里还有段视频，让我们一起去看看吧，或许你还会有什么新的发现或感受哦！

（学生观看视频）

师：你有没有新的发现或感受？

生1：视频里展示了这件文物的装饰和制作的过程。

生2：我了解到，青花和釉里红都属于釉下彩工艺。

师：是的，大家都关注到了釉下彩工艺，这件文物的出名，也是源于这种工艺。原先，人们经过对出土文物的研究，都认为釉下彩工艺始于唐代，可是随着"青瓷釉下彩羽人纹盘口壶"的出土，以及一系列相关文物的出土，专家研究发现我国釉下彩绘工艺出现的时间可以追溯到比唐朝还要早近五百年的东吴呢！

生：这实在太了不起了。

师：提到釉下彩工艺，不得不说一说另一种工艺的名字，那就是釉上彩。有很多人都不太能分得清这两种工艺呢！你能分得清吗？

生：刚才视频中，釉下彩是先绘画，再上一层釉。

师：说对了。两种工艺的顺序有些不同，先画画再上釉，称为釉下彩工艺；而先上釉，再画画，称为釉上彩工艺。那这两种工艺的工序不同会带来什么效果呢？让我们动手试一试吧。

（学生根据活动要求，在研学单上动手实践：花瓶左侧模拟釉上彩工艺，右侧模拟釉下彩工艺）

师：完成了吗？那这两种工艺的工序不同会带来什么效果呢？

生1：釉上彩，必须等釉干了才能画画，否则图案会花掉。

生2：釉下彩，也不容易，如果绘画图案不干就上釉，图案也会变模糊。

师：那釉面在上或在下，对色彩又有什么不同的改变呢？请你试着用老师发的湿巾擦拭你的绘画作品，有什么发现吗？

生：釉下彩的图案一点儿不受影响，但是釉上彩这半边的花纹糊了。

师：让我们再来看看这件历经了1700多年岁月洗礼的文物，在它的外壁和外口沿处绘有图案，其实就连器盖内壁、内口沿等不易落笔之处，都绘满了仙草、云气等精美纹饰，而这些纹样今天看来依然图案清晰，色彩持久，相信都是源于釉下彩工艺的保护！

活动4：思考总结

师：当我们再次看到这件不可出国出境的文物时，你有怎样的感受？

生1：这些手工艺人实在太了不起了。

生2：我很同意前一位同学的看法，多亏了这些工匠的精巧手艺，我们才看到了这样的文物。

生3：我们祖国的文化如此灿烂，太值得我们骄傲了。

师：是呀！中国素有"瓷器之国"的美誉，几千年来无数能工巧匠都为了制作出精美的器物而潜心钻研。其实，在20世纪70年代还出现了一种名为"釉中彩"的工艺，既保留了釉下彩对色彩的保护性，又保证了色彩的饱和度。

师：同学们，今天的课程到这里就结束了，相信现在你一定对这件文物有了更深的认识。或许对于这件文物，你还有更多想要去探索的地方，希望你的博物馆研究探索之旅可以从现在开始了！

（南京理工大学实验小学　刘姗姗）

感悟篇

〰 **教师** 〰

志愿服务，更幸福

几年前，我们就在做志愿服务。

暑假，在王美英老书记组织的公教一村辅导站，我们各个学科党员老师轮流为社区外来务工子女，义务进行课业辅导。后来，团支部的团员们也加入了。王书记组织的这个辅导站，已经开设了近10年，老书记摔骨折了，不能下床，她就让这些孩子到她家，大大小小板凳在床沿边排成一排。孩子做作业，不会的，就问。书记躺在床上，逐一辅导。去年疫情，延迟开学，书记不放心两个孩子的学习，还定期骑车到他们家中辅导。

平日里，我们每周五去慰问公教一村社区的王奶奶。社区将王奶奶推荐给我们，是因为奶奶年岁大了，一人居住，需要陪伴。于是，逢年过节，我们登门祝福；老人生日，我们给她祝寿；老人爱花，我们就送绿植；老人行动不便，我们就帮她擦电风扇、换灯泡，做些力所能及的家务。虽然这些都是举手之劳，但老人非常高兴。为此，她还特地在社区主任的陪同下，给我们送来了锦旗。2020年，老人安然离世。因为疫情，一切从简，我们没能送她最后一程。

这两年，我和伙伴们又投身到博物馆志愿服务之中了。我们锁金一小的学生也加入了，不少孩子经过层层选拔，成为六朝博物馆的"小青莲"。

2021年2月21日，六朝博物馆的工作人员给我发来了模板，很荣幸，六朝博物馆成

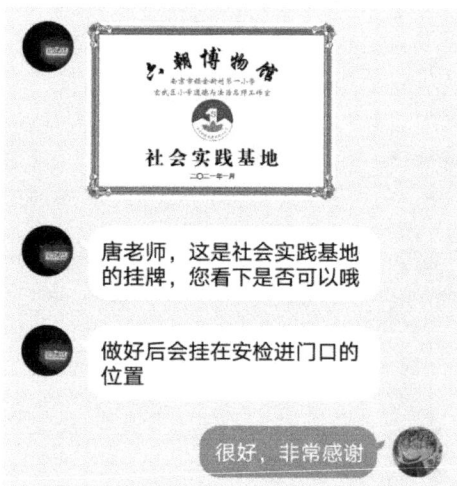

为我们学校和我们名师工作室的社会实践基地。

为什么在繁忙的工作之余，我们自愿利用难得的休闲时间投身志愿服务？为什么志愿服务能从一个人的自觉扩展为一群人的主动？为什么在志愿服务他人的同时，我们也是受益者？

寒假，我阅读了5本与"幸福"有关的书。从中，找寻到了答案。那就是，"志愿服务"能让我们获得"幸福"。

1. 志愿服务是内心希望"为社会做出贡献"的具体举措，与幸福感呈正相关

《内在动机：自主掌控人生的力量》的作者爱德华·L.德西和理查德·弗拉斯特认为，"人们不仅需要胜任和自主，还需要在感受到这种胜任和自主的时候感受到与他人的联系。我们称之为联结的需要，即爱与被爱的需要，关心与被关心的需要"。

书中论及了心理学家理查德·瑞安和蒂姆·卡瑟着重研究的6种类型的人生愿望：

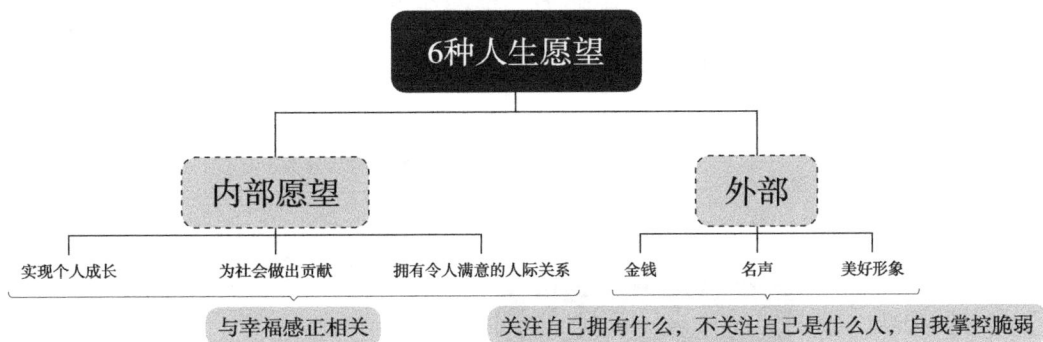

·外部愿望：

——金钱，带来权力和物质财富；

——名声，为创造财富与提升地位提供了机会；

——美好形象，获得推销自己的机会，赢得人们的关注。

·内在愿望：

——拥有令人满意的人际关系；

——为社会做出贡献；

——实现个人成长。

这6种类型的人生愿望有何区别？研究人员发现，"内在愿望给人们带来回

报、提供帮助，以满足人们内心对胜任、自主和联结的需要"，"对任何内在目标的强烈渴望，都与幸福感呈正相关"。"当人们根据内在的努力（相对于外在的努力）来行事时，似乎更为满足，也就是说他们对自己的感觉更好，并且显示出更多心理健康的迹象。""相对于3种内在愿望，一个人如果对金钱、名声、美貌这3种外在愿望中的任何一种渴望更强烈，这个人很有可能心理健康状况较差。"

2. 志愿服务具备最有价值现实的3大要素，让我们关注自己是否在帮助他人

《幸福原动力》中介绍了意大利著名心理学家加埃塔诺·卡尼萨设计的一个著名实验"卡尼萨三角"，这是证明大脑具有非凡的能力，能够从多个角度看待现实的最好事例。这个实验表明，仅仅能够看到多种视角和多种现实还不够，如果我们想提高成功的可能性，还需要培养选择最有价值的现实的能力。"在积极心理学中，'最有价值的现实'指的是最正确（真实的）、最有帮助（能够带来最佳结果）、最积极（能够带来成长）的现实。""做一些亲社会的事情。多做些利他行为。所有这些行为都能打破我们的消极模式，有助于我们看到另一种积极的现实。在这种现实中，我们的行为将发挥影响力。关键在于不要再琢磨自己到底快不快乐了，而应该去关注自己是否在帮助他人。"

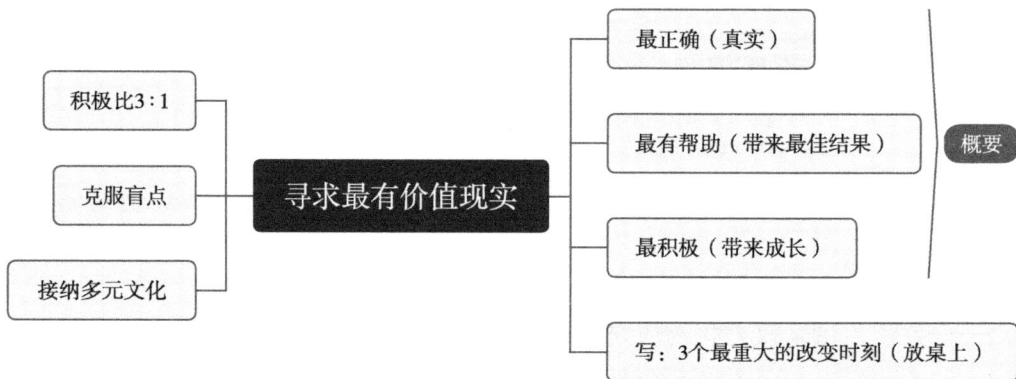

3. 志愿服务有利于我们找到生命的意义，避免"特大号"自我的形成

积极心理学之父马丁·塞利格曼所著的《活出最乐观的自己》，分析了一个问题："抑郁症的泛滥来自个人主义的兴起以及公共意识的消失。这表明我们有两个出路：第一就是改变个人与团体之间的关系，寻求新的平衡点；第二就是找出特大号自我的优势。""过度关心自己的成功与失败，对团体没有认同感与奉献心也会造成我们的危机——抑郁、不健康、生活无意义。""如果你为社区、为团体服务得够久的话，你就会找到生命的意义，你会发现你越来越不容易抑郁，也变得不容易得感冒，你越来越喜欢参加团体的活动而不喜欢关起门来独乐乐。更重要的是，你心灵中的那块空虚，那个个人主义所滋养的无意义感会被填得满满的。""当习得性乐观是与社会奉献相结合时，抑郁症的泛滥和生命的无意义感才会被遏止。"

　　总而言之，"要遏制抑郁的流行，首先要纠正对自我的过度重视，其次要加强社会、国家、集体、家庭等对个人的慰藉作用"。

　　志愿服务，让我们更幸福。

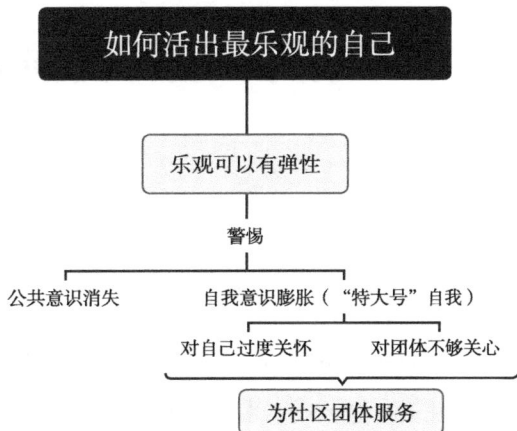

如何活出最乐观的自己

乐观可以有弹性

警惕

公共意识消失　　自我意识膨胀（"特大号"自我）

对自己过度关怀　　对团体不够关心

为社区团体服务

（南京市锁金新村第一小学　唐隽菁）

亲历一次"共同成长"的活动体验

深秋时节，工作室又迎来了"六朝风物"项目志愿活动。这一次，我选择了"六朝菜单上都有啥"作为自己主讲的内容。虽然自己已有多年的课堂教学经验，但这样的活动形式，我还是第一次参与。经历过后，我更深切地感受到，"六朝风物"课程，不仅为孩子打开了一扇历史文化的窗，也可以让教师、学生、家长都获得成长，实现"共赢"课程。

1. 对授课教师而言，是自我知识体系的丰富和完善

"吃"的话题，看起来离我们的生活很近，相关内容难度不大，孩子们也会很感兴趣，但真正开始备课时，我才深深感受到它对我来说是一种挑战。没有教材，没有教参，所有的凭借仅是一份根据考古发掘还原出来的"六朝食单"和一个展柜的文物。从认识食单上的生僻汉字，到查证食单上的菜式，再到了解六朝时期的饮食文化特色，自我学习的过程花费了我大约一周的时间。这期间，我查阅了大量的资料，也多次请教了历史专业的朋友。

在充分占有资料的基础上，设计有效的活动形式是良好教学效果最重要的保障。此时我遇到的难题是，将要面对一组素未谋面、完全陌生的学生。他们的个性如何，知识储备如何，课堂习惯如何，我一无所知。这时，唐隽菁老师多次带着我进行研讨，用她丰富的志愿者服务经验帮助我了解学情，并提醒我在工作室研究小组中和小伙伴们共同商议，对活动目标和环节设置，尽可能准确定位。可以说，这次志愿者活动的准备过程，就是一次自我学习和提升的过程。

2. 对参与学生而言，是社会化学习的真实进程

我认为，学生的社会化学习与成长，需要尽可能在真实的社会场景中进行。"六朝风物"博物馆课程，本身就是一种综合性社会化的活动，具有知识目标、能

力目标和情感态度目标相结合的天然优势。在这个学习场域中，学生所获得的社会化体验和成长，是在学校课堂教育和学科教学中无法复制的。因此，在设计活动目标时，"开放""多元"就是我着力实现的样态。活动中，我不仅讲授六朝时期饮食文化的相关知识，还通过提出问题——参观学习——交流解惑的流程，力争带领学生经历一次研究性学习的过程；通过自我思考后进行小组交流的方式，引导孩子学会倾听，反思和修正自己的想法；通过小组合作答题，引导学生进行团队合作。

令我感到最受益的，是观摩到唐隽菁老师在组织学生参观时所有要求的清晰和细致，从怎样试耳机，到怎样排队，再到对文物如何保护，参观时的秩序如何保证，包括"老师保证你们每个人都能够看清楚，等会儿老师会安排你们交换位置，如果交换后还是看不清楚，请举手示意"这样的细节，唐老师都一一交代明确。正是因为有这样的考虑和要求，虽然活动当天有17个陌生孩子，但在参观中也能够保证井然有序。这种真实场景下的沉浸式体验学习，其效果是教室内的模拟情境远远无法比拟的。

3. 对陪同家长来说，希望课程能够成为他们教育理念更新的体验

"六朝风物"博物馆研学活动，与传统的校内课堂相比，非常大的一点区别是，家长全程参与陪同听课。社会化场域，专业化教师，亲子参与式体验，使得项目课程成为沟通家庭和学校、社会的一座桥梁。对此，我的想法是，通过课堂上我的表达，通过引导和评价，也能向家长传递我们的教育理念。比如在"自主表达"和"尊重他人"两者中如何找到平衡点——每个孩子都有权表达自己的观点和想法，但必须尊重别人思考和发言的权利；再比如"张扬个性"和"遵守规则"怎样在同一个活动中均能关注和达成——教师在活动中给予充分空间，但又有明确的行为界限。作为专业的教师，我认为自己可以做更多，帮助家长正确认识对孩子教育的定位——呵护不是纵容，率性不是随便，有个性不代表唯我独尊，等等。

知识有所得，能力有所长，理念有更新，是我这次活动的目标。最令我感到兴奋的是，在课后，工作室的伙伴们纷纷提出，也想尝试下面的课程，六朝博物馆中的"错版砖雕""城墙遗址""瓦当"等活动主题已经被老师们申领。

（南京市北京东路小学　陆毅天）

爱上一件文物，踏出"传承"第一步

2020年年底，我有幸作为玄武区小学道德与法治唐隽菁名师工作室成员，在"六朝风物"博物馆研学活动中，开发执教了"古代建筑如何防水"。这节课，我选取的教育资源是作为六朝博物馆"LOGO"标志的瓦当。

瓦当，是中国古建筑房梁上的艺术之一，它集实用和美观于一体，是古代匠人智慧的体现，也是古代历史文化精神传承的载体之一。立于六朝博物馆那一面古朴而精美的瓦当墙前，震撼于古代匠人的心灵手巧之余，更多的疑惑向我扑面而来：瓦当为何物？有何用处？在屋顶的什么位置呢？好奇、惊叹这些朴素的情感，让我对瓦当充满了喜爱。那么如何让学生对瓦当也产生喜爱的情感呢？

初体验：拓印瓦当，真有趣

儿童的学习方式是直接感知、实际操作、亲身体验的，有趣的活动可以让传统文化"活"起来，让儿童可以进入文化情境中，多感官地与传统文化相互作用，从而对文化产生好奇之情。因此，在活动一开始，我并没有立刻揭示"瓦当"这一话题，而是采用"拓印"体验活动。

通过动手拓印瓦当上的图案这一趣味盎然的活动，学生既欣赏到瓦当的艺术之美，更自然而然地产生好奇：这些图案出自什么文物？今天我们要了解的历史文物究竟是什么？这些问题是学生自发产生的，也正是自己迫不及待想要解惑的。让学生带着自己的问题进馆参观，强烈的好奇心驱使学生主动发现、主动学习，宛如寻宝游戏一般，在众多的展品中找寻答案。对于儿童而言，"瓦当"这承载着厚重历史的文化名称不是成人告诉他的，而是儿童自己获得的，包含了自己的情感体验。

再体验：模拟实验，好神奇

瓦当究竟是什么？它怎么保护古代建筑，起到防水作用呢？只有了解这些问题，才能真正了解瓦当。展览馆中不管是瓦当的实物陈列，还是文字介绍，虽然也是可视性的，但总感觉与儿童有隔阂感，给人一种距离千里的陌生感。如何让历史文化变得触手可及？

爱因斯坦认为：一个能引起儿童好奇与追求的实验，比从抽象思维的闷罐里得来的二十个公式更有价值得多。因此，设计有趣的实验可以充分调动学生的动手能力、观察能力，让学生无时无刻不充满着好奇，始终保持着探究的专注、情绪的高涨，自然生发对传统文化喜爱崇拜的情感体验。

在本次活动准备中，我利用纸杯和废旧纸盒，做了古代建筑屋顶上的板瓦和筒瓦模型，还用纸杯做了瓦当和滴水的简易模型。在课堂上，我让学生结合观察学习到的瓦当、滴水外形，自己动手操作，正确摆放瓦当、滴水在屋顶的位置，从而直观地诠释了瓦当和滴水得名的原因。随后，我和他们一起合作，用喷壶模拟下雨的情景，借助简单的模型，同学们亲眼见证了瓦当和滴水这对好兄弟抵挡雨水、保护建筑屋檐的神奇。亲身动手体验，让瓦当这件古物不再是展柜里冰冷的艺术品。同学们不仅真正认识了它们，更感受到了这件古物身上流淌的古代工匠的智慧和高超的技艺，在见证奇迹的同时，对瓦当的喜爱油然而生，传承精神自然流进心间。

中华上下五千年，在历史的长河中沉淀了数不胜数的珍贵文物，有的文物讲述着动人的故事，有的文物记载着朝代的兴衰，有的文物展现着匠人们高超的手艺，但我觉得每一件文物都饱含着厚重的情感。本次活动最大的收获：动手体验，拉近和文物的距离，在体验中和古代文物自然产生情感上的共鸣，才能真正爱上它，记住它，文物中饱含的情感才可以得到延续，这就是"传承"。

（南京锁金新村第二小学　程媛媛）

寻访金陵文脉，悠悠文韵润心田

一座博物馆，整部六朝史。说的就是南京长江路上著名的六朝博物馆。这是一座直接建在六朝遗迹上的博物馆，是贝聿铭大师之子贝建中带领贝氏团队设计的博物馆，是以清新、时尚、唯美著称的博物馆。如今已成为南京城一颗璀璨的明珠。这些，大概就是我未成为六朝博物馆志愿者之前，对它的大众化、网红式的了解。

2021年6月，我有幸作为玄武区道德与法治唐隽菁名师工作室的一员参与了一场"六朝风物"主题志愿活动。备课过程中，我首先围绕着"六朝青瓷动物小品"展开了一系列自主学习。从查阅资料到实地参观，一步步深入了解中，那一件件看似没有生命的青瓷动物文物似乎富有了生机和灵气，每一处细节的独具匠心都折射出了那个时代特定的背景，彰显着文化的源远流长。

走进文物，六朝时期匠人精妙的创作手法，现在看来也无与伦比，所以在六朝博物馆能看到这样绝妙的精神财富，我感觉非常荣幸，也更能体会到博物馆在整个社会精神文化传播教育中的重要地位。尽管六朝历史动荡，但透过一件件文物，我们分明能感受到著名美学家宗白华的评价：那是精神上极自由、极解放、最富于智慧、最浓于热情的时代。

在工作室主持人唐隽菁老师的悉心指导和研磨下，我设计的研学活动也由资料的堆砌、陈述转变为富有"有趣·探究·传承"的活动特质。

2021年6月13日下午，由我主讲的博物馆研学活动"动物小品妙趣何在"如期和孩子们见面了。面对来自不同学校、不同年级的孩子，为了缓解初次见面的陌生感，课堂伊始的"破冰之旅"——自我介绍、畅谈参与活动的初衷有效拉近了师生之间距离。

课上，如何让学生感受到最具代表性的六朝青瓷动物小品——鸡首壶的器型演变？我通过引导学生动手实践，使他们充分了解了鸡首壶有无流口的区别，即实心鸡嘴壶作为一种贴塑与壶壁不相通，栩栩如生的鸡首造型仅仅起到了装饰的作用，具有欣赏的艺术性；而空心鸡嘴与壶壁相通，不仅具有美观性，还可以用来倾注流动的液体，具有一定的功能，是艺术性与实用性的完美结合。

每一种社会实践活动都有一种特殊的精神作为其灵魂，而从事这一活动的就是这一特殊精神的创造者和实践者。作为一名博物馆志愿者，也许我是微小的，团队是微小的，但在一次次活动中，我们将会用这份光焰点燃更多心灵，为他人、为社会、为家乡，尽自己最大一份力。

（南京市成贤街小学　陶文静）

博物馆研学活动，不一样

2020年8月，我解锁了一个新身份——"六朝青"，正式成为六朝博物馆的教师志愿者，服务至今已有两年时间了。很多同事和孩子们都会好奇地问我，在六朝博物馆给孩子们讲解文物知识，与学校上课有啥不同？我仔细想想，还真是有很多不同呢。

环境不同：身处博物馆之中，文物近在咫尺，可看可感，氛围感十足。目之所及的文物不仅是知识载体，更是会说话的"朋友"，历经岁月沉淀，唤醒观者内在情绪，走进尘封的往昔。

受众不同：每次活动现场都能认识近20位来自南京各个小学的不同年级的孩子们，在短暂的一个半小时里，彼此携手共进，边研边学，这种"缘来有你"、亲密陪伴的感觉真的特别棒。

演绎不同："六朝风物"课程设计的初衷，就侧重于活动化、探究性、体验感。以木封检教学为例，从学生的视角出发，以层层递进的问题，"在参观文物的过程中仔细聆听介绍，找找哪一件文物起到了信封的作用""怎样使用木封检呢？请你借助老师提供的文物复原物，动手试一试""木封检还有其他样式吗""木封检还有哪些用处呢"……引领学生深度学习、拓展思维边界。在动手操作环节，请学生们说说自己是怎么想的，怎样做的，鼓励试错，包容失败。在小组讨论中，更是让孩子们畅所欲言，彼此启发、活跃思维。教学过程如同探案解密一样精彩有趣。每次活动结束，孩子们都兴致盎然、意犹未尽。

今年5月8日的世界博物馆日，"文澜博物馆学论坛·青年工作坊"举办了特别专场，邀请南京博物院院长龚良、山东大学副教授尹凯，围绕博物馆日的主题共同"对话博物馆的力量"，聚焦博物馆与社会之间的关系，探讨博物馆的创新力、影响力与生命力。龚院长认为，在新的历史时期，博物馆应服务人民更美好的生活，博物馆可以成为学校教育的第二课堂，还可以成为历史艺术的殿堂、文化休闲的场所，通过博物馆服务社会发展与社会公众领域所表现出来的创造力，来提升博物馆的产品质量和服务水平。

身为一名"六朝青"，在其中能发挥自己的微薄力量，我深感荣幸与骄傲。

（南京市同仁小学　蔡兰华）

博物馆新体验

这次的志愿者活动，我早在2021年10月就已经着手开始做起了准备。初次选题的时候，我便被"青瓷釉下彩羽人纹盘口壶"所吸引，这件文物大有来头，它是六朝博物馆的"镇馆之宝"，还被收录于永久不可出国出境的文物目录之中。这样的文物该怎么与同学们相遇、相识呢？

在备课过程中，工作室主持人唐校长还有工作室的小伙伴们给予了我极大的帮助，经过一次次推敲以及线上的磨课，最终活动围绕着"有趣·探究·传承"，确定了活动流程。

2022年2月，我终于迎来了这一场期待已久的探究之旅。对于"青瓷釉下彩羽人纹盘口壶"而言，最大的魅力便是釉下彩工艺。如何让孩子们感受到这种工艺的惊人之处呢？课上，我组织学生开启了一次动手实践、探究的旅程：用胶水代替釉面，请学生在研学单上分别模拟釉下彩工艺和釉上彩工艺。学生在亲手绘制图案，上釉面的过程中，体会到先上釉面再绘制图案和先绘制图案再上釉面的不同难度，也感受到了釉面对图案所起到的保护作用。在动手探究的过程中，学生切实感受到了古代匠人们为了做好一件工艺品所付出的极大努力，以及印记在文物之上的前人的智慧。

在这样一场活动中，学生投入活动之中所绽放的不同模样，让我深深感动了，或许这就是"博物馆"的魅力，或许这就是"传承"的力量。作为博物馆志愿服务者中的一员，我深感骄傲，愿每个孩子都可以在博物馆之旅中收获成长的乐趣，传承中国的文化。

（南京理工大学实验小学　刘姗姗）

三重时空的交叠

穿越，是小说的表现手法。现实中，很多考古工作者都有一个穿越梦，想要一朝穿越到过去，站在古人的身边去亲睹他们的生活点滴。在无法实现穿越的时候，古人的物质生活，我们可以凭借出土的器物进行直观的了解，古人的精神生活却又要通过文物进行迂回的诠释，难度又有增加。

今天的主题文物"错版竹林七贤拼镶砖画"恰恰是一个有趣的介质。当我们站在画面前观赏它研究它的时候，一方面我们在和竹林七贤时代的生活进行精神对话，另一方面我们也是在探寻千年前同样站在砖画前的六朝先人的精神世界和现实世界。一幅砖画，三重时空的交叠，甚是有趣。

但是当活动引导对象是一批小学生时，第一个要解决的问题是：怎样让本时空通向另两重时空的通道打开呢？说白一点，就是如何让小朋友们对这件文物感兴趣呢？为了让文物和生活链接上，我借助了一个网络词语"粉丝"。一个词，缩小了时代感，引领着小学生们开始六朝人精神世界的研究之旅。孩子们的认知获得，最好通过多方面的渠道，我们与其告知结果，不如由他去亲身获取。于是我架构了如下研究脉络：

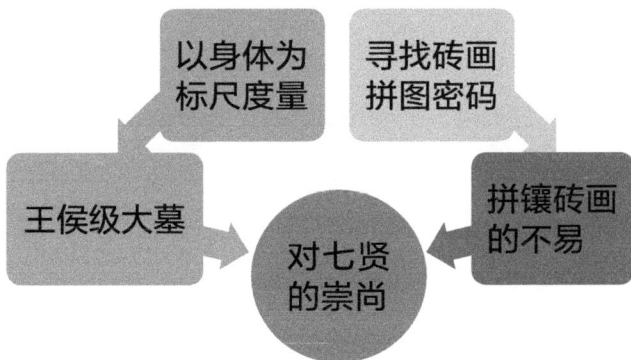

以身体为标尺度量　　寻找砖画拼图密码

王侯级大墓　　对七贤的崇尚　　拼镶砖画的不易

两条研究线，均从动手实践开始。实践中，小朋友们实现了另一种意义上的时空穿越，一会儿他们仿佛置身于砖画的设计拼镶现场，体悟六朝工匠的智慧，一会儿又仿佛穿越到六朝时代，附身于六朝人的身上追思七贤的精神。

串联起三重时空的，是来自孩子们的一个个小问号，这些小问号是他们思考的火花闪现，也是一个个研究路径上的小路标。小朋友们带着问号来到活动现场，通过碰撞研讨解决了一些小问号，又带着新的问号离开这里。我期待，离开后的他们，也许还真的会有一两位能接着思考自己的问号，然后进一步走近六朝时代的生活，更深入地领略另两重时空的奥秘吧！

（南京市北京东路小学　丁佳佳）

志愿服务也是一所学校

　　我是一名小学语文教师，工作之余热爱旅行，每到一个城市参观名胜古迹的同时也要打卡博物馆，常常在课上课下与孩子们分享各地的历史风情。我也是一名热爱公益的户外爱好者，时常参与生态环保活动。作为土生土长的南京人，对这座六朝古都有着特殊的情怀。无六朝，不南京。六朝承汉启唐，创造了极其辉煌灿烂的"六朝文明"。

　　一个冬日的午后，有幸作为党员志愿者来到南京六朝博物馆。我们学校、唐隽菁名师工作室与南京六朝博物馆联合开发了以"六朝风物"为主题的小学博物馆研学课程，我一直很好奇。这次我能够以志愿者的身份参与其中，很是欣喜，来到博物馆门前，不禁对门口的五个大字更加肃然起敬。"南京梦，梦六朝"，这是承载六朝文化的地方，这是让世人了解六朝艺术之美的窗口。正如馆长致辞所说："曾经的六朝，今日的六朝博物馆，仿佛璀璨的北斗七星，闪耀在古都新城的南京。"那么，我要在这里做怎样的志愿服务呢？

　　人员陆陆续续到齐，唐书记带领我们来到了负一层的角落，原来这里藏着一个博物馆课堂场所，简单看了一下墙面上的图文介绍，原来六朝博物馆为了深化馆校合作机制，升级了四个主题的博物馆教育系列课程，为5至13岁的孩子持续提供包括"儿童美育教育""多学科与博物馆的融合""道德与法治视角下的探索性学习"等同一主题文物、不同年龄段及不同授课方式的博物馆系列教育课程。本次活动的主题是"六朝的信封什么样"，由来自同仁小学的蔡兰华老师任教，她带来了小木块、绳子、白纸、彩笔等道具，指导我们志愿者分发到每一张桌上摆放整齐。准备工作完毕的间隙，我在负一层浏览了一圈，展览分为城市篇和生活篇两个部分：城市篇主要展现六朝建康城的建筑规模、官殿、城市道路和排水系统等；生活篇则使用了大量文物，还原六朝时期人们的衣食住行。

稍后，一批来自全市不同小学的同学们来到现场，他们在蔡老师的启发下思考"逛"博物馆的意义，带着"六朝博物馆的哪件文物和信封的作用一样"这个问题，跟随唐隽菁老师来到"六朝帝都"展厅参观。在唐老师的生动解说下，笼罩在六朝建康城上的神秘面纱被一点点揭开，同学们通过了解六朝时期建康人的起居、饮食等社会风貌，认识了六朝都城的繁华。参观结束，孩子们纷纷带着答案回到了课堂，一位同学迫不及待地大声说道："六朝的'木封检'和现在信封的作用一样。"接着，蔡老师鼓励同学们利用桌上提供的道具，尝试使用木封检捆扎竹简。这个时候，志愿者的任务便是观察孩子们的动手情况，给他们提出建议、提供帮助。一个实践成功的同学说，古代人真是聪明呀！在这一系列实践过程中，木封检这样的文物变得鲜活起来，它向同学们展现了古人卓越的生活智慧和创造力，同学们也为中国传统文化的博大精深而深感骄傲。

我们的志愿活动每个月开展一期，我也在活动中学习到了更多的知识。记忆深刻的有"古代建筑怎么防水"。六朝博物馆负一层最妙的，当属红墙上的瓦当，每一个瓦当上都有不同的花纹。一些人面纹的瓦当，神情各异，简直是文物界的表情包。瓦当挂满一整面墙，在红色墙面的衬托下，更显震撼！这一期的活动便以瓦当墙为核心，带领学生通过拓印的方式，了解瓦当的纹样，志愿者则在操作过程中帮助年龄偏小的孩子一起完成拓印。通过"我是小瓦工"的活动，以小组为单位，同学们尝试在屋面模具上铺设瓦当、滴水，并接受雨水喷淋测试。授课老师是锁金新村第二小学的程媛媛老师，她用一次性纸杯制作出的瓦当模具堪称一绝，给了孩子们最直观的体验。

每一次的授课老师都煞费苦心地研发课程。有南京市北京东路小学的丁佳佳老师带领同学们从"竹林七贤与荣启期砖画"里一起找寻"六朝人是谁的粉丝"的答案。同学们了解了砖画是如何拼成的，体悟了砖画背后所传递的"超然物外、不附权贵、追求自由"的人生态度。还有南京理工大学实验小学的刘姗姗老师带着孩子们对釉下彩工艺进行了深入研究，先动手摸一摸两种不同工艺的瓷碗，从直观上感受两种工艺的不同，再通过有趣的活动实际操作模拟釉上彩和釉下彩的工艺，让同学们在实践参与的活动中，感受到了不同工艺的特点，感慨中国手工匠人的技艺。

我的博物馆志愿者工作已经一年多了，从一开始对博物馆各个展厅都不熟知，到现在跟着同学们一起学习"六朝帝都""回望六朝""六朝风采""六朝人杰"等各展厅的相关文化背景知识，获益匪浅，从而更加热爱上了志愿者工作。虽然我做的志愿服务微不足道，但这个平台可以让同学们近距离观赏六朝文物，感知文物背后的故事，让每一位参与的同学通过"六朝风物"公益活动，玩转六朝，从而热爱南京，为我们的祖先而骄傲。希望这样的课程可以成为他们日后对中国文化研究探索的起点。

志愿服务也是一种学习，我虽然没做讲解员与授课教师，只做些辅助性的工作，但通过听讲解、参与课堂学习、协助孩子们完成实践活动，耳濡目染，学到了一些文博知识，开阔了视野。在这之前，自认为还是有点文化的，文史哲经、诗词歌赋多少知道一些，但比起博物馆的工作人员和工作室的老师们还是有很大的距离。这里人才济济、卧虎藏龙、后生可畏，就连"小青莲"讲解员也一个比一个厉害。古人云"腹有诗书气自华"，中华文化源远流长、博大精深，几辈子也学不完，我要活到老学到老。

（南京市锁金新村第一小学　景晓梅）

传"六朝"昔日繁华，扬"古都"今朝新貌

2021年下半年，我有幸参加了"六朝风物"志愿服务。在服务活动过程中，陪同孩子们参观、游览，感觉自身增长了知识，拓宽了视野，可谓乐在其中；看到孩子们兴致勃勃地参观展厅、聆听讲解、动手动脑、实践体验，在对文物进行全方位了解和探究的同时，充分感知到了文物所蕴含的历史底蕴和文化气息，可谓美在其中。

其中让我最感兴趣的文物当属"青瓷莲花尊"和"青瓷釉下彩羽人纹盘口壶"了。它们保存得相当完好，是极为珍贵的国宝级文物。其中，"青瓷釉下彩羽人纹盘口壶"还是不可出国出境文物。我和孩子们一样，为自己的家乡能出土这样两件"国宝"而自豪。"六朝"先人们在一千多年前就有这样的工艺，让人不得不佩服他们的聪明才智，他们身上蕴含着多么强大的智慧和创造能力啊！而如今的古都南京，在中国共产党的坚强领导下，正沿着中国特色社会主义道路奋勇前进，在习近平新时代中国特色社会主义思想的指引下，城市面貌焕然一新，经济建设突飞猛进，人民生活蒸蒸日上。各行各业的人们充分发挥自己的聪明才智，为建设家乡、报效祖国，为实现中国梦而努力奋斗着。

孩子们的实践体验活动，在老师们的匠心设计下也开展得丰富多彩、成效显著。其中，"木封检"的制作和"釉下彩、釉上彩"的不同上色方法孩子们最为感兴趣。他们从模拟制作"木封检"的过程中，体验到古人是用怎样的巧思密封信件的；从"釉下彩"和"釉上彩"的不同上色方法上，感受到先人们的灵思妙想和无穷智慧，让人着实叹为观止。

总之，"六朝风物"志愿服务是一件很有意义的活动，在活动中，我们既服务于孩子，又能和孩子共成长，让人乐享其中。

（南京市锁金新村第一小学　张殊良）

我是博物馆的力量

"跟我去博物馆做志愿者吧。"还记得2020年冬天唐书记和我说的这句话，让我与六朝博物馆的缘分就此结下。

2020年11月，我第一次走进六朝博物馆，带着好奇，带着期待，由于没有做过志愿者还有一点儿慌张。那个周末，我提前上网搜索了一些关于六朝博物馆的背景知识，身临其境后，我近距离、沉浸式地触摸着六朝历史脉络，感受着时代变迁，更加深入地了解历史，爱上历史，阅读着能文能武、风流倜傥的六朝人杰，见证着变换光影的皇城宫阙、烟雨楼台的六朝帝都，深刻地体会到作为中国人的底气和自豪。穿上六朝青志愿者马甲，我怀着一颗感恩的心，坚定地走上志愿者之路；挂上服务工作名牌，我提醒自己，在这里我的身份是一位文化的传播者，是一位守护者，是一位服务者，我是博物馆的力量！

人为什么会感到幸福、快乐？是因为内心那份渴望被满足了吧。作为志愿者的我们，在服务过程中传承多元文化，担当历史使命，我们让文物说话，让历史说话，让文化说话。我是博物馆的力量！我一路奉献，一路收获，为小朋友们指明道路，安排座位，帮助他们倾听讲解员的解说。在亲身参与和投入中，我实现了个人价值，实现了社会价值，我被需要着，我有价值感，我是博物馆的力量！我幸福着快乐着。如果说博物馆是一座大学校，每件文物就是一部生动的历史教材，都能润泽人心，我不仅在守护着中华文明的优秀成果，也在守护着华夏子孙的心灵，点亮着他们的未来。

志愿者工作是一种奉献，我学会了将浮躁的心沉静下来。博物馆的学习实践，不仅扩展了我的知识面，还让我学会了如何为人处事，学会了如何倾听，学会了从观赏文物中积淀自己的内涵，学会了思考……只有不断地学习才会发现自己还有许多不足，只有学习不同的知识才会更加懂得如何完善自己。我珍惜每一次志愿服务机会，这让我可以为社会贡献力量。在以后的人生路上，我会像千千万万志愿者那样，坚持为他人服务。

我的理想在博物馆飞扬，我的青春在博物馆发光，我是六朝博物馆志愿者，我是博物馆的力量！

（南京市锁金新村第一小学　洪玮）

毕业季，最美好的回忆

回忆在锁一的最后一年，每个星期的星期四都十分有趣。为什么有趣呢？因为那天有一次博物馆研学活动。

第一节博物馆课，我走进教室就看见了一个陌生的老师。"这个老师是我们学校的吗？我怎么没见过啊？"我带着这个疑问上课。老师做了自我介绍，她是来自六朝博物馆的王老师，老师先说到了六朝，我心想：这还不简单吗？唐宋元明清啊，可是怎么有5个呢？听了老师的介绍我才知道，原来是"东吴、东晋、宋、齐、梁、陈"这6个在我们南京定都的朝代。

在博物馆研学课程中，我印象最深的是程老师介绍的瓦当。瓦当有人面纹瓦当、兽面纹瓦当、莲花纹瓦当。人面纹瓦当是独具特色的，因此也成为六朝博物馆的标志性LOGO。瓦当用于中国古代建筑的屋面，主要功能是防水，保护木构的屋架部分。其样式主要有圆形和半圆形两种，是古代建筑用瓦的重要构件。瓦当的造型有很多种，汉代瓦当四神纹分别是青龙、白虎、朱雀、玄武图案，古代常用它们来表示方向。

端午节的时候，我收到了一份特别的礼物，就是唐老师带我们去参观六朝博物馆。我们看见了很多文物。其中就有我们上课讲的瓦当、席镇、错版竹林七贤拼镶砖画、鸡首壶、青瓷釉下彩羽人纹盘口壶、青瓷莲花尊，还有遗址城墙等等。这次去博物馆真是让我大开眼界啊！

（南京市锁金新村第一小学　陈亿涵）

拼"砖画"

　　这个学期，每周四我们都有一节博物馆课。在一系列博物馆课中，我学到了不少有关六朝博物馆的知识，也见识了许许多多六朝时期的文物。

　　其中有一节课，唐老师给我们每个小组一个信封，让我们来"复原"竹林七贤与荣启期砖画。这有什么难的，不就是拼拼图嘛！谁不会呀！我们组拿到信封，倒出里面的纸片，开始拼。不过，我们是按顺序拼的。我们先找来了"嵇下行一"和"嵇下行二"开始比较。怎么一在二的右边呢？按理说一应该在左边吧！可是一放在左边图就不对了。所以，小的数在右，大的数在左！

　　很快，第一行我们就都拼好了。可是，这一行好像不是最上面的。于是，我们又找出了三、四、五，和一、二进行了对比。原来，古人拼砖画是按从右往左、从下往上的顺序呀！找到这个规律，我们组分工明确，把剩下的十五张纸片反了过来，只看图案背后的文字，三个人找，一个人贴，很快就拼好了"嵇康"。

　　老师还请我们当小老师，帮助其他组的同学。

　　那节课，我们还知道了南京博物院所收藏的那幅砖画有一个残缺的姊妹砖画，在六朝博物馆。正是因为这个残缺的姊妹砖画，古人如何拼出竹林七贤与荣启期砖画的谜团才被人们所解开。

　　古人的智慧是无限的。

（南京市锁金新村第一小学六3班　王佳懿）

难忘的拼搭砖画课

　　这学期，我们班级被选为首个六朝博物馆的研学实验班。每周四，唐老师都会带我们开启一场古代旅行。

　　"同学们，这是一幅砖画，名字叫《竹林七贤与荣启期砖画》。"老师指着黑板上的几个大字，面带笑容，开始了这节课，"竹林七贤是魏晋名士，而荣启期是春秋隐士，他们为什么会在一幅砖画上呢？我们通过一段视频来快速了解这幅砖画。"

　　这个视频叙述了荣启期穿越到魏晋时代，与竹林七贤，开了一场派对，并详细了解对方的故事。它用幽默的语言，让我们了解了这一幅砖画。

　　"砖画是通过在很多块石头上画完后，拼接出来的，那么是怎么拼的呢？"老师一边说着，一边故作神秘地拿出了8个信封，"每个信封里都有一幅画，不过需要你们借助智慧，把它拼出来。"

　　我们组长领到的信封上写着"荣"，毋庸置疑，这一定是荣启期。我们激动地拿出一张张纸片，七手八脚地干了起来。虽然每张纸的背面都标了数字，可这是什么意思呢？我们足足拼了半节课也没有半点头绪，手忙脚乱间，只用4张纸片拼出了一个小角。

　　而此时，肖雅男小组已经拼好了。老师把他们组的4位同学请到台前，鼓励我们邀请他们前来助阵。

　　我们组赶紧把金恩泽请了过来。他向我们面授机宜："拼接是有规律的，数字小的在下面，数字大的在上面，横着写的就横着拼，竖着写的就竖着拼，每一排中，较大的数字放在左边，较小的数字放在右边，很快便可以拼出。"在他的指导下，一幅栩栩如生的砖画很快出现在我们的眼前，画上正是荣启期。只见他端坐在地上，双眼平静地看向前方，双手平放在腿上，身穿长袍，仙气飘飘。大家看得入神，无人不惊叹砖画中的奇妙之处。

我们完成了砖画的学习，但这只是六朝的冰山一角，还有更多的文物等待我们去探索……

（南京市锁金新村第一小学六3班　赵立昂）

感谢老师们

"本学期我们会有一节不同的德法课。"唐老师说道。是什么课？有什么不同？谁来给我们上？这一系列的问题都出自我们同学的眼神中，大家互看，脸上写满了问号。"从今天开始，每周四下午的这节课我们班将开展'六朝风物'博物馆研学活动！"这话一说，全班同学的心都有一些小激动！大家纷纷露出了微笑，眼神中满含着期待。

有一节课是一位漂亮的王老师给我们上的，她向我们介绍了"釉下彩""釉上彩"两种工艺，让我们以小组的形式展开讨论研究。小组交流结束，老师请我们说说自己的看法，其他同学也可以补充。大家畅所欲言，还围绕两种工艺的优劣进行了互相"辩斗"，整个课堂仿佛变成了"法庭"。王老师笑了，连唐老师也笑了！

王老师引导我们关注课桌上的物件："你们看到桌上的水笔和胶水了吗？大家可以尝试一下釉下彩和釉上彩的工艺！"之前，老师已经介绍过了，釉下彩是先在陶器上画画，再在上面上一层釉，釉上彩正好相反，在陶器上先上一层釉，再在上面画画。通过实验比较，我们发现青瓷釉下彩羽人纹盘口壶这件文物图案之所以历久弥新，就是因为采用了釉下彩这个工艺。

一学期很快就结束了，我们的"六朝风物"博物馆研学活动也结束了。通过这节课，我更加了解我们家乡的历史文化，更加敬佩祖先的聪明才智，更加热爱我们的祖国了。

谢谢老师们为我们开展博物馆研学活动！

（南京市锁金新村第一小学六3班　李漠）

与众不同的德法课

在六年级下学期的学习生活中，道德与法治的课与众不同。

这一学期，唐老师利用每周四的德法课，带我们了解了六朝博物馆中的一些文物。其中有一堂课的内容让我印象颇深。

在一个风和日丽的下午，"丁零零……"上课铃响了，我们开始上下午第一节课——德法课。这一节课是程老师来上的，她点开PPT："同学们，我们来看一下这个LOGO，大家知道这是什么吗？"李漠毫不犹豫地站了起来，答道："这个是六朝博物馆的标志，它是以文物人面纹瓦当为原型设计出来的。""回答得非常正确。"老师夸赞道，"那么……"我拿出笔记本边听老师讲，边记着自己认为重要的知识。就在这时，老师声音变得又轻又慢，嘴角微微上扬："同学们，你们看看这张图，猜猜这件文物是什么。能说出它的名字吗？可以说出你在哪看到过这件文物吗？"我们沉默了，只听得见窗外树叶被微风吹动的沙沙声。老师请了祝婧雯："我认为它是瓦当，我在我们学校厨房看到过类似的。""这个文物的确是瓦当，不仅我们学校有，一些建筑上也有，那你们知道它是用来做什么的吗？好，那我们就带着问题往下学习……"

瓦和当是同一体的吗？它是用来防雨的吗？它是安在屋檐上的吗？它的形状可以不一样吗？我把我自己的疑问写在了笔记本上，准备在课上"战胜"它。

就这样，老师带我们了解了关于瓦当的知识。原来瓦是瓦，当是当，它们是两个不同的东西，同时板瓦顶端还有一个类似倒三角的东西，它的名字叫"滴水"。"滴水"顾名思义就是让雨水从这滴下，当瓦当和滴水配合时，就能防雨水。它们安在房檐处。瓦是安在房顶上，它也有两种瓦，一种叫筒瓦，一种叫板瓦，筒瓦和当连一块就是瓦当。

　　老师还给我们拓展了相关知识：云纹瓦当是东吴西晋时期的，莲花纹瓦当是南北朝（宋、齐、梁、陈）的，兽面纹瓦当是晋朝时期的，最后人面纹瓦当是东吴时期的。

　　这一节课让我学习到了瓦当的相关知识，它是古代人民的智慧结晶。我收获颇多。

（南京市锁金新村第一小学六3班　韩梓琦）

我也想成为小青莲

　　我的家就在风景秀丽的紫金山脚下玄武湖畔，但因为爸爸妈妈工作比较忙，平时基本上就在小区里走走逛逛，所以我对家乡南京的了解并不多。

　　六下这学期，博物馆研学课程在我们班试点，六朝青们通过多媒体向我们介绍了青瓷莲花尊、瓦当、陶牛车、鸡首壶……为了让我们了解六朝人用的信封，蔡老师带来了文物复制品木封检小模型；为了让我们知道砖画是怎么拼搭的，唐老师鼓励我们通过小组合作，动手动脑完成砖画"拼图"……一次次博物馆研学活动在我的心中种下了求知的种子，架起了一座感知历史脉络的桥梁。

　　今年的六一节和端午节紧挨着，唐老师给我们送了一份节日大礼，那就是在端午节当天，带领我们和家长一道参观六朝博物馆。"博物馆里过端午"这可是我有生以来的头一次，这一天也是我第一次来到六朝博物馆。

　　走进阳光大厅，东吴、东晋、宋、齐、梁、陈，六面条幅悬挂在大厅尽头。在唐老师的带领下，我们先来到负一楼，一整面的瓦当墙，感受到纹饰之美；金陵第一路，路面上的车辙印清晰可辨，印证着六朝时南京的繁华，也让我们回想起课上王老师介绍的秦始皇统一中国后制定的"车同轨"。除了我们课上已经了解过的文物，唐老师特地向我们介绍了一件不可移动的文物，那就是长20米，宽10米的夯土城墙遗址，这可是正宗的台城遗址，是南京六朝历史文明的核心和根基！

　　这次参观丰富了我的知识，开拓了我的视野，解开了我的不少疑惑，那些摆放在展柜中的文物在我眼中有了生命，它们凝聚了古人的智慧，折射出我们中华民族深厚的文化底蕴。我也想成为小青莲，像唐老师一样作为六朝志愿者如数家珍般地介绍家乡的文物，接力传承千年文脉。

（南京市锁金新村第一小学六3班　王子谦）

爱上六朝博物馆，爱上南京城

本学期第一节周四的德法课，讲台上照例出现的是唐老师。但我注意的是她身后的PPT：六朝博物馆。六朝博物馆在哪里？收藏了哪些文物？众多问题立刻涌入我的脑中。这时我们才知道，原来我们班非常荣幸地成为六朝博物馆设立的首个馆校合作研学课程实验班，以后每周四，唐老师都会组织我们开展博物馆研学活动。

今年端午节，唐老师特地带我们一起进馆参观，并全程讲解。听了唐老师的介绍，我才知道，六朝博物馆是中国展示六朝文物最全的博物馆。

唐老师请我们回忆，课上介绍过的文物：瓦当、木封检、金陵第一路、青瓷釉下彩羽人纹盘口壶、席镇……每说一个，唐老师就让同学站在不同位置。等我们梳理完之后，她才揭秘：站在左侧的同学所说的文物在负一楼，右侧的在二楼展厅。这就让我们非常明确，到了负一层，我们该去找哪些"老朋友"。

我们先来到负一楼展厅，展厅右侧整整一面墙全是瓦当。上课时，程老师让我们铺瓦，还模拟了下雨时的场景。唐老师把我们带到瓦当墙前，一层一层领着我们观察。第一层是云纹瓦当，下面三层是兽面纹，再下面是莲花纹，最下面一层，也是离我们最近的就是人面纹瓦当。当时，程老师告诉我们，人面纹瓦当仅见于东吴时期的首都建业（也就是我们南京）和湖北宜昌。唐老师让我们观察："在哪儿还能找到人面纹瓦当？"王子谦妈妈举起了手中的宣传页："这儿有。"我也找到了，就在玻璃门上；还有同学想到了博物馆大门处也有。"正因为它非常特别，所以，博物馆工作人员就把它进行艺术加工，作为了六朝博物馆的LOGO。"听了唐老师的介绍，我们恍然大悟。

接着我们来到了二楼，走进这里，犹如走进了一座美丽的园林，有翠绿的竹子、红艳艳的梅花，还有石阶、荷塘……我们穿行在园林中观赏六朝文物，有精美的青瓷，有惟妙惟肖的人物塑像，还有名家书画作品……大家都被一尊青瓷莲花尊吸引住了，这座莲花尊1972年出土于南京东郊麒麟门外灵山南朝墓，同时出土一对，造型端庄宏伟，高达85厘米，堪称"青瓷之王"，它是六朝博物馆的镇馆之宝。这些只在学校研究过、在书本上见过的文物，我终于见到了实物，真是太高兴了。看了以后，我们不得不对古代人的智慧和创造能力由衷地佩服。

　　值得一提的是，在参观中，我们还遇见了来自我们锁金一小的"小青莲"志愿者，她们正在为游客义务介绍"动物小品"和"青瓷莲花尊"，这让我也感到非常自豪。

　　参观六朝博物馆，我们仿佛穿越到了1500多年前的"东方大都会"，让我们更加爱这座城市！交融着古都的韵味和国际化大都市的魅力，南京一定会越来越美好！

（南京市锁金新村第一小学六3班　娄靖瑶）

小青莲——我热爱的新身份

"千里莺啼绿映红，水村山郭酒旗风。南朝四百八十寺，多少楼台烟雨中。"一首《江南春》描绘了南京的迷人春景。一直以来，我都为自己能生活在这"金陵帝王州"感到骄傲。

2021年，我有幸成为南京六朝博物馆的一名"小青莲"——六朝文物小讲解员。每个"小青莲"负责一个专项讲解，我的任务是为游客讲解六朝饮食文化。博物馆安排了一位"六朝青"对我进行文物讲解传帮带。

南京六朝博物馆是中国展示六朝文物最全面的遗址博物馆，各地来参观的人络绎不绝。在博物馆内，有一群可爱的人。他们身穿青色马甲，穿梭于馆内各个角落，向需要帮助的人伸出援助之手。他们是无私奉献的志愿者，在博物馆与游客之间搭建起文化传递的桥梁，他们有一个共同的名字——六朝青。

我的培训老师姓余，四十开外的年纪，小小的个子，大大的眼睛。就算疫情之下戴着口罩，你也能发现她总是眉眼弯弯，笑意盈盈，讲解时不急不缓，让人如沐春风。余老师是一个特别细心的人，每次我练习讲解，她都在一旁录视频，温和地帮我分析需要改进的地方。在她的悉心指导下，不到两周，我就顺利通过了考核，能独立带团讲解啦！老师逢人便开心地说我是她的得意小弟子。

这么温柔的余老师，却因为一次请假狠狠批评了我。大年三十晚上我因为贪玩晚睡，初一早上起不来，没法按原计划去博物馆讲解了，于是自作聪明地向余老师请假说要上网课。当天，余老师从妈妈的朋友圈发现了我的"秘密"，立刻打电话过来，严厉地说："优优，你如果真的有事或者生病了，提前请假没问题。我们虽然是志愿服务，但是，请一定要遵守纪律信守承诺。"我羞愧难当，脸一下子红成了猪肝色，忍不住大哭。

　　余老师沉默了一会儿，给我讲了她的亲身经历。老师本职是一名会计，因为喜欢历史，从六朝青服务社成立就一直在馆内做志愿者。2015年2月份，她在馆内连着几天都看到一位老爷爷，总是一个人拄着拐杖默默参观。经过攀谈得知，这是一位1949年从南京到台湾的老兵。他在对岸的那些年，无时无刻不思念着故乡，两岸通航后回到南京，喜欢到博物馆回忆过往。余老师主动提出，第二天带一本南京城墙文化书籍送给他。可第二天，余老师经不住朋友邀约，临时出去游玩，忘了赠书的约定。之后她再到馆服务，却再也没有见到过那位老兵，这件事成为余老师心中永远的遗憾。从那时候起，余老师每周六周日都到博物馆服务，风雨无阻，坚持了七年。

　　我明白了，身边那些让我们敬佩的人，他们之所以做出成就，一切皆因热爱。自己当初为什么能入选"小青莲"？这也是源自我对家乡的热爱呀！因为有余老师这样可敬的"六朝青"们热爱着志愿服务工作，他们不辞辛劳，怀着一颗热爱家乡的赤子之心，努力追逐家国梦。回想起在六朝博物馆的每次讲解之后，游客给我的鼓励和赞许，我心里弥漫着幸福，那感觉，真甜。爱因斯坦说过："对于一切来说，只有热爱才是最好的老师。"从今往后，我会将热爱化作动力，认真负责地对待我的讲解工作。

　　如果我们还在为学习的目的是什么而迷茫，那不妨从现在开始做一个传承人，传承我们的历史、文化、艺术，传承一切美好的事物。这是一种社会责任，它将成为我们宝贵的财富。

　　我热爱自己的新"身份"——小青莲，虽然一年服务期满，我已经不再佩戴胸牌了，但"小青莲"的使命我会一直坚守：志愿守护国宝文物，传承家乡千年文脉。

（南京市锁金新村第一小学六3班　　吴承优）

文物守护，薪火相传

　　去年，我通过考核、培训，光荣地成了首批"小青莲"志愿者，每个周末会在妈妈的陪同下来到六朝博物馆，讲解文物"青瓷莲花尊"。因为经常讲解这件文物，我对它非常熟悉，而馆内其他的文物我并不是很了解。

　　这个学期，在进行常规的书本上的德法学习之余，我们每周四的德法课变成了六朝博物馆"馆校合作"课，介绍六朝时期的文物。"馆校合作"博物馆研学课程使我了解了六朝博物馆更多的文物，大开眼界。

　　疫情之前，我们的课程是由唐老师和六朝博物馆的王老师来为我们介绍这些文物，我印象深刻的是讲解"青瓷釉下彩羽人纹盘口壶"的那次课。我们是在录播教室进行录课的，在老师的带领下，我们分组尝试了釉下彩和釉上彩两种工艺，还了解了釉中彩。

　　疫情后返校，我们在唐老师和外校老师的带领下了解了瓦当、木封检、金陵第一路、席镇等。在上瓦当这节课时，程老师用纸杯来模拟瓦，让我们来感受一下瓦当以及滴水的用处。在上席镇这节课时，唐老师向我们展示了来自不同时期、有着不同样貌的席镇，我们还知道了席镇虽然现在不用了，但是在写毛笔字时会用到一种与它相似的物件——镇纸。

　　今年的端午节，唐老师带我们到六朝博物馆来找找这些"老相识"，在地下一层，我们找到了瓦当、席镇等"老相识"，瓦当有云纹、兽面纹、莲花纹与人面纹瓦当，其中人面纹瓦当只在东吴时期出现，所以，它也顺理成章地成为六朝博物馆的LOGO。

　　到了地上二层，我们看到动物小品、青瓷莲花尊、错版竹林七贤和青瓷釉下彩羽人纹盘口壶。再次看到自己熟悉的青瓷莲花尊，我心潮澎湃，真想再戴上胸牌，为大家讲解。正巧，新一届的"小青莲"已经上岗了，她正在进行志愿讲解，定睛一瞧，她的着装好熟悉呀，这不是我们锁金一小的校服吗？太棒了，我的接力棒交到了学妹的手中，真是太幸福啦！虽然现在我已期满从"小青莲"毕业了，但守护文物的精神一直在传承。如果有机会我希望我还能加入文物守护志愿者行列，守护并讲解其他文物。

文物是一个地区的象征，是一个城市的名片，是一段历史的沉淀。守护六朝文物，就是在传承家乡文化，这是我作为一名南京市民肩负的使命和责任！

（南京市锁金新村第一小学六3班　许业成）

报道篇

党员冬训　南京市锁金新村第一小学：
党员先锋在行动，彰显冬训"历史魅力"

历史是最好的教科书，为扎实有效开展2020-2021年度党员冬训工作，中共南京市锁金新村第一小学党支部充分利用六朝博物馆雄厚的文物资源，将其作为培养青少年爱国主义情感和弘扬优秀传统文化的研学基地，与玄武区小学道德与法治唐隽菁名师工作室、南京六朝博物馆联合开发了以"六朝风物"为主题的小学博物馆系列教育课程，积极开展志愿服务活动。

让资源"合"起来——投身博物馆公益服务，发挥党员教师专业优势落实立德树人根本任务

中共锁金一小党支部拥有一支政治素养高、教学能力强的党员队伍，始终坚守政治信仰，为党育人，为国育才。六朝博物馆是中国展示六朝文物最全面的遗址博物馆，也是六朝文化最系统的专题博物馆。

这两个优质资源强强联手，中共锁金一小党支部党员教师充分发挥自己的专业优势，积极发掘六朝博物馆中的优秀教育资源，开发了深受少年儿童喜欢的"六朝风物激爱国情，文化自信立强国志"爱国主义主题志愿服务活动，通过领略文物背后的悠久历史，让孩子们感知祖国文化的源远流长和灿烂辉煌，为提高青少年思想道德素质和科学文化素质、落实立德树人的根本任务发挥了重要作用。

让文物"活"起来——充分挖掘博物馆资源，激发少年儿童热爱家乡热爱祖国的真挚情感

"六朝风物激爱国情，文化自信立强国志"志愿服务活动，以促进少年儿童学习为中心，根据博物馆环境、藏品、展览等，综合运用解说导览、互动游戏、角色扮演、动手实践等方式，增强博物馆学习的趣味性、互动性和体验性。

志愿者老师以讲故事的方式让每一件文物走出历史的尘埃，变得鲜活生动起

来。"文物是怎么命名的""六朝的信封什么样"……一个个由志愿者老师自主开发的活动，让稀松寻常的文物名称成了孩子们手中的词卡，可以不断排列组合，趣味无穷；让很不起眼的"木封检"从展柜来到孩子们的面前，孩子们摆弄着复制品，探寻着1000多年前的古人是如何使用的。

老师们生动活泼的语言、绘声绘色的讲解，深深地吸引着孩子们，把孩子们带回到1000多年前的六朝时代。他们发现文物背后竟然有如此精彩的故事，每件文物的命名方式如此有趣，当时人们的衣食住行原来这么富有情趣。一件件文物不再是冷冰冰的存在，而是鲜活留存于孩子们心间。他们被六朝人们生活的闲适、潇洒和智慧所折服，为家乡悠久的历史而感到骄傲，为祖国灿烂的文化而感到自豪。

让手脑"动"起来——创新博物馆学习方式，积淀人文底蕴传承中华优秀文化坚定文化自信

在设计"六朝风物"博物馆研学课程中，中共锁金一小党支部以"有趣·探究·传承"为项目特质，结合少年儿童心理特征、认知能力和心理需要，在内容上有所取舍，在方式上有所选择，构建了"问题引入——场景讲解——实践探究——交流分享"这一教学流程。老师们通过富有启发性的问题激发少年儿童的求知欲、借助安全的文物复制品鼓励他们大胆猜想不断尝试、通过分享研学收获引发深入思考。

　　古人是怎样寄信的？他们的信封是什么样的？志愿者老师先让孩子们思考、猜测，再带孩子们参观发现，原来古人的信封叫"木封检"，接着请孩子们跟着老师一起动手制作"木封检"。在制作过程中，孩子们积极开动脑筋，先自己大胆尝试，接着在老师引导下，一步步揭开"木封检"的神秘面纱，最后独立动手制作。孩子们在动手实践的过程中，不仅增长了知识，积淀了自己的人文底蕴，还真切感受到古人的高超智慧。一根绳子、一块木板、一块印泥，既可以完成信息的传递，又可以保护信件的机密。在孩子们的啧啧赞叹声中，祖国优秀文化的种子已悄然播撒在他们心间。由此，更加热爱祖国的文化，坚定文化自信。

　　六朝风物激爱国情，文化自信立强国志。此项党员冬训志愿服务活动将课堂移到博物馆的现场，党员教师志愿者们带领孩子们从众多的文物中打捞历史，挖掘其蕴含的优秀传统文化，让文化传承悄然发生。少年儿童在这样的活动中，自觉传承中华优秀传统文化，守住我们中华民族的根与魂，为自己是一名中国人而感到骄傲和自豪。

作者单位：南京市玄武区教育局、南京市锁金新村第一小学
责任编辑：朱欣然、刘瀚聪、卞灿灿、史骏、吴艺梦、宋德生
2021年02月09日
来源：学习强国平台

南京市锁金新村第一小学和六朝博物馆联合开展
"小青莲"六一展演活动

　　6月1日中午，南京市锁金新村第一小学开展了"小青莲"六一展演活动。在这个孩子们自己的节日里，在中国共产党成立100周年之际，学校15名同学非常荣幸地成为"小青莲"。他们主动利用课余时间来到博物馆守护国宝文物，传承家乡千年文脉！

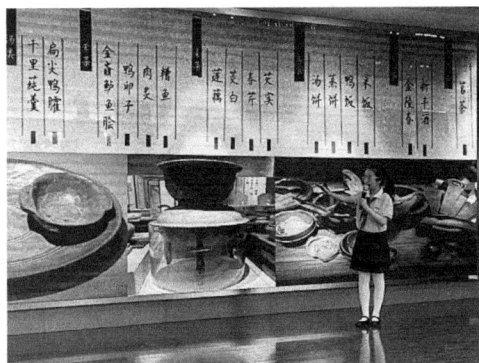

　　许业成同学作为小青莲代表与同学们分享了自己参加培养计划的经历与成长，翁睿泽同学带领大家了解了六朝博物馆，领略了六朝风采。随后，小青莲们讲述了自己所守护的文物背后的精彩故事。

青瓷釉下彩羽人纹盘口壶、青瓷伎乐俑、错版竹林七贤拼镶砖画、青瓷莲花尊……六朝博物馆每一件文物都让在场的同学叹为观止，大家更加热爱祖国悠久灿烂的文化，更加坚定文化自信。

此项活动将博物馆移至学校，相信锁金一小的金豆豆们一定能自觉传承中华优秀传统文化，守住我们中华民族的根与魂，为自己是一名中国人而感到骄傲和自豪。

作者：陈娟娟、陈曦
责任编辑：朱天文、聂龙妃
2021年06月03日
来源：学习强国平台

南京市锁金新村第一小学开展"六朝风物激爱国情 文化自信立强国志"主题研学活动

南京市锁金新村第一小学、南京市小学道德与法治唐隽菁名师工作室与南京六朝博物馆联合开展"六朝风物激爱国情 文化自信立强国志"主题研学活动，将馆藏文物资源所蕴含的中国故事、民族精神引入学校教育，更好地引领学生传承中华优秀传统文化，坚定文化自信，厚植爱国主义情怀。

党员志愿队——项目精准发力，落实立德树人任务

组织党员教师参加志愿服务，每月在六朝博物馆开展"六朝风物"主题党日活动，面向全市青少年开设公益研学课堂，该项目被中共南京市委教育工作委员会评为"南京市中小学校党建文化品牌示范点"，成功立项"南京市中小学品格提升工程项目"。"六朝风物激爱国情 文化自信立强国志"研学课程被评为南京市优秀研学实践教育课程，锁金一小党员志愿队荣膺"六朝博物馆优秀志愿团队"称号。

成立实验班——走近馆藏历史文物，感受中华文化魅力

为了放大博物馆研学课程的效用，探索馆校合作新路径，让更多学生受益，2022年初，达成"研学课程进班级"意向。2月24日，六朝博物馆在南京全市确定首批馆校合作研学课程实验班级，南京市锁金新村第一小学六（3）班成为第一个馆校合作研学课程实验班级。简短的开班仪式上，六朝博物馆教育专员王艳、尹之柏、梁佳园期待同学们通过一学期的博物馆研学课程的学习，爱上博物馆、爱上南京城。

每周四下午第一节课，是六（3）班的博物馆研学课。六朝博物馆志愿者唐隽菁、蔡兰华、王双、程媛媛等老师带领同学们以小组为单位，通过猜一猜、剪一剪、拆一拆、拼一拼、画一画等实践形式，让六朝博物馆馆藏文物"转"起来、"智"起来、"动"起来、"活"起来。新颖独特的授课形式、广博深厚的文物资料、实验探究的学习方式，将文物所承载的灿烂文明直观地呈现在大家面前。

6月3日，实验班还开展了别开生面的"博物馆里过端午"主题活动。同学们在六朝博物馆志愿者、江苏省特级教师唐隽菁老师的带领下，进入各个展厅，课堂上研究的文物终于见到了实物，同学们特别激动，被古人高超的技艺深深地震撼，深切感受到中华民族悠久历史积淀孕育出的魅力无穷的灿烂文化。

争当小青莲——传承家乡千年文脉，共同守护国宝文物

2020年末，六朝博物馆启动了大手拉小手——六朝青"小青莲"培养计划，招募三年级到高二的青少年成为小小志愿者。这为青少年们提供了一个积淀文化底蕴、提升自我修养的平台。

南京市锁金新村第一小学抓住这一契机，组织同学们积极报名参加。其中15名同学经过层层选拔，顺利当选。经过六朝博物馆"六朝青"志愿服务社资深志愿者的指导培训，他们正式上岗为观众服务。许业成同学就是其中一员，他守护的文物是镇馆之宝——青瓷莲花尊。节假日，许业成就在家人的陪同下，来到六朝博物馆，为广大游客义务讲解文物的故事、装饰、工艺等。去年年末，一年志愿服务届满到期，许业成非常不舍地取下了胸前的挂牌。不过，让他高兴的是，当他跟随老师再次进馆参观时，守护这件文物的小青莲竟然还是来自锁金一小的同学。他不仅感慨："文物保护，薪火相传。"

2022年，第二批"小青莲"中，锁金一小又有15名同学成功入围。他们学习服务礼仪，参与文物讲解，担任起守护文物的职责，在六朝博物馆内积极地开展起志愿服务，赢得广泛赞誉。小小的他们有一个大大的目标，那就是弘扬美丽古都的文化，传承创新名城的历史，让观众们因为他们的讲解爱上六朝博物馆，因为六朝博物馆，爱上南京城。

作者：陈娟娟、唐隽菁　责任编辑：朱天文、聂龙妃
2022年06月09日|来源：学习强国平台

传承家乡文脉　厚植爱国情怀

为了贯彻落实《新时代爱国主义教育实施纲要》等相关文件精神，中共南京市锁金新村第一小学党支部坚持开展"六朝风物激爱国情，文化自信立强国志"主题党日活动，全体党员以志愿服务的形式，引领学生传承中华优秀传统文化，坚定文化自信。

主题党日活动应该有"魂"——以"爱国"统整，确定"文化自信"之志愿服务项目活动目标

"六朝风物激爱国情，文化自信立强国志"主题党日活动将活动目标确定为"爱国"，即引导学生树立身份自信和文化自信，从而建立国家认同，能够豪迈地说出："我骄傲，我是中国人。"从"知识与技能""过程与方法""情感、态度、价值观"3个方面制定了活动目标。

知识与技能：通过欣赏、研究六朝文物，了解其用途和作用，知道文物具有极其宝贵的价值；

过程与方法：通过欣赏、探究文物，培养收集、处理信息的能力，提高解决问题的能力；

情感、态度、价值观：体会中国文化的丰富与精深，增强保护文物的责任意识，唤起对家乡的自豪感，树立文化自信，激发热爱家乡、热爱祖国之情，感受作为中国人的自豪感，立下强国志向。

主题党日活动应该有"目"——以"对话生活"活化博物馆教学质料，激发文化探究与传承

"六朝风物激爱国情，文化自信立强国志"主题党日活动秉持着活动内容甄选应源于现实这一共识，着力寻找与现实生活有着密切关联的教学质料，积极对话生

活，围绕"有趣·探究·传承"之活动特质，努力让文物"活"起来，让它们变得鲜活而立体，变得可亲且可感，让学生直观感受先人的聪明才智，为祖先而骄傲。

主题党日活动应该有"举"——以"4S"架构博物馆学习流程，自主体悟中国故事与精神

在主题党日活动中，支部制定了"4S"活动流程，即"链接生活、馆内参观、深度体验、反思总结"。学生通过与博物馆文物关联度极高的生活场景和物件，激活学习兴趣，进而大胆提出问题；之后，通过探究、实验，建构新的知识和经验，最终进行反思总结，进一步激发爱国热情，立下强国宏志。

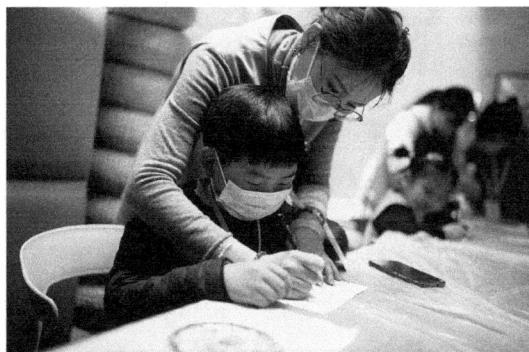

主题党日活动应该有"法"——以"思维与能力"创新学习方法，夯实文化自信之思想根基

在主题党日活动中，老师们立足不同的学习环节，确定了"示范、辅导、脚手架、表达、反思、探索"等基本的学习方法；并根据不同角色的作用，明确了适合主讲人与志愿者使用的不同的教学方法。主题党日活动强调"四个性"，即情境真实性、过程生成性、序列循序渐进性、共同体建设性，从而切实培养学生的爱国之情、砥砺强国之志、实践报国之行。

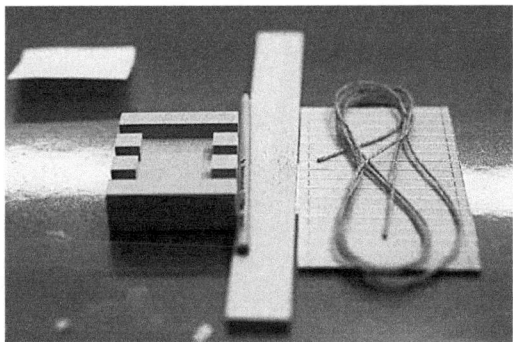

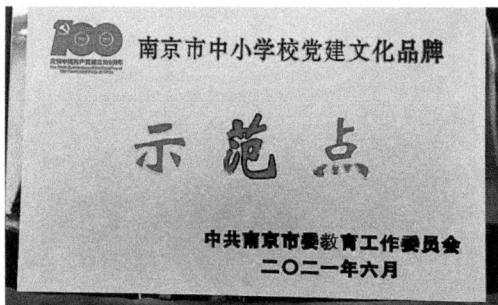

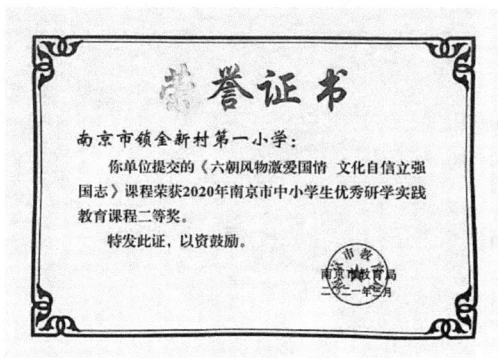

　　该主题党日活动被评为"南京市中小学校党建文化品牌示范点"，立项成为2021年南京市中小学品格提升工程项目；"'四史'初心之旅　追寻红色印记"荣获南京市家校共育"四史"学习教育示范项目；研发的"六朝风物激爱国情　文化自信立强国志"课程被评为南京市优秀研学实践教育课程。党员志愿团队被评为2021年度六朝博物馆"优秀志愿团队"。

审核：裴丽

责任编辑：徐路平

2022年06月08日

来源：新华日报官方人民号

"六朝风物"博物馆课程进班级活动正式启动

9月21日，"六朝风物"博物馆课程进班级活动正式启动。来自南京市两个区三所学校四个班级的学生，同时开启了"六朝风物"博物馆研学之旅。

"六朝风物激爱国情　文化自信立强国志"（简称"六朝风物"）博物馆课程是唐隽菁名师工作室与南京六朝博物馆联合开发的。从2020年开始，每月在六朝博物馆面向全市小学生开展公益社教活动。此项活动深受各界好评，只要博物馆公众号上预约通道一打开，"六朝风物"博物馆课程所有免费名额秒抢一空。为了让更多同学受益，上学期，工作室主持人唐隽菁老师尝试将这一课程带入班级，赢得了同学们的一致好评。本学期，"六朝风物"博物馆课程进班级活动继续开展。

启动课由六朝博物馆公共服务部教育专员顾子淳老师、周雨璟老师执教。他们先后来到南京市力学小学海德北岸分校六（3）班、南京市立贤小学五（3）班、南京市锁金新村第一小学五（3）班和六（2）班，向同学们介绍了六朝博物馆的地理位置、展馆分布和馆藏情况等。两位老师的介绍让同学们大开眼界。

顾老师和周老师的介绍让锁金一小五（3）班的钱可凡同学心驰神往："虽然我没去六朝博物馆，但我听了今天博物馆老师的讲解，我想博物馆一定非常优雅，

处处充满六朝古韵。它就是一个博大精深的知识海洋，我一定要去看看。"王依一说："那些文物是我们祖先的智慧结晶，作为南京人我感到骄傲。"

锁金一小六（2）班的陈灿同学说："我第一次真正意义上了解了六朝博物馆，这里的文物不仅历史悠久，还各具特色，十分有趣。"原先认为博物馆没意思、太枯燥的陈权伟、周晨雨同学听了介绍后，对博物馆的认识改观了："今天六朝博物馆的老师给我们讲课，让我再一次认识到了咱们中国文化悠久，真了不起。"牛梓珂同学以前"不喜欢那些古董，只喜欢恐龙骨架。所以，没想去博物馆"，这节课了解了一些文物后，好像开始喜欢博物馆了。她不仅表示"哪天去看一下"，更希望"下次还要上这个课"。束均昱同学刚开始是有些疑惑的："博物馆好玩吗？在图书馆长的见识不比博物馆多吗？博物馆的东西书上不都有吗？所以去博物馆好还是图书馆好？"听完周老师的介绍，他对博物馆也开始感兴趣了。沈恩慧同学之前"更喜欢图书馆，因为泡在书里的感觉很舒服，但在博物馆就不行"，现在她表示："虽然我之前去过六朝博物馆，但我现在又想去了。"

每个班的同学都按捺不住激动的心情，纷纷表示："我一定要去一次六朝博物馆，了解我们南京的历史。"当然，也有同学遇到了困惑："我很喜欢博物馆，但我爸妈非常不喜欢，也不喜欢旅游，更别提去博物馆了。如果我非常想去，但爸妈不同意，怎么办？"没关系，本学期的博物馆课程将弥补这一缺憾。

"大手拉小手——六朝青'小青莲'培养计划"是六朝博物馆于2020年末启动的一项青少年文物守护志愿者培养计划。该计划面向全市10-17周岁的青少年，由"六朝青"志愿服务社资深志愿者负责指导培训，旨在更好地宣传六朝文化，弘扬志愿服务精神，传承南京千年文脉。锁金一小的同学积极参与了此项活动，六（2）班就有两位六朝博物馆的"小青莲"，他们分别是张令怡同学和周墨涵同学。他们俩真不简单，每月都要去六朝博物馆为游客做志愿讲解。这周六，周墨涵又要进馆服务了。见到六朝博物馆的周老师，他们感到分外亲切。对于周老师的介绍，他们听什么都很熟悉。

据介绍，本学期4个班级将开展9次"六朝风物"系列研学活动，同学们会在教室开展研究性学习、去博物馆进行实地参观，还可以报名参加"小青莲"选拔。

作者：陆敏　张淑环　王海燕　唐隽菁

审核：潘瑞凯

责任编辑：徐路平

2022年09月23日

来源：新华日报官方人民号

馆校合作研学课程实验班
开展"博物馆里过端午"主题活动

　　一个博物馆就是一所大学校。为了让收藏在博物馆里的文物、陈列在广阔大地上的遗产、书写在古籍里的文字都活起来，从本学期开始，南京市小学道德与法治唐隽菁名师工作室联合六朝博物馆在南京市锁金新村第一小学六（3）班成立了首个馆校合作研学课程实验班，每周开设一节博物馆研学课程。

　　6月3日正值端午佳节，馆校合作研学课程实验班的同学们来到南京六朝博物馆，开展了"博物馆里过端午"主题活动。六朝博物馆教育专员王艳老师早早就为大家准备好了电子设备，大家佩戴好耳机后，在六朝博物馆志愿者、江苏省特级教师唐隽菁老师的带领下，进入各个展厅，走近历史文物，感受中华文化的魅力。

　　【学生课程感受】

　　杨峻宇：今天唐老师带我们来到六朝博物馆，带我们回忆了之前博物馆课上学习的内容，并看了实物。让我最感兴趣的是青瓷马。从不同角度看，它的表情是不一样的。我还知道了鸡首壶上的鸡首一开始是做装饰用的，后来才有了流口、执手。

　　娄婧瑶：我们进入大厅，映入眼帘的是六个条幅，按照定都顺序，从右往左依次是东吴、东晋、宋、齐、梁、陈。我们先来到负一楼展厅，唐老师向我们介绍了瓦当墙。整整一面墙上整齐摆放着不同图案的瓦当，随后我看到了"金陵第一路"复制品、木封检……这些在学校研究过的文物，我终于见到了实物，真是太高兴了，希望有机会可以再来参观六朝博物馆。

　　祝婧蕙：今天我又认识了一件文物，它在木封检旁边，叫作"木名刺"。它就是六朝时人们使用的名片，和我们现在的名片不同，它是用木头制成的。今天我们遇到了两位来自我们锁金新村第一小学的"小青莲"，她们分别在给游客义务介绍

"动物小品"和"青瓷莲花尊"。听了她们的讲解,我对这两组文物有了更多的了解。谢谢她们。

王子谦:"无情最是台城柳,依旧烟笼十里堤。"诗里的台城到底在哪里?今天我们来到了六朝博物馆,一进大门,12米挑高阳光大厅明亮大气,黄色的地砖上规则地排列着玻璃地砖。我们首先参观负一楼,光线从一楼地面的玻璃射下,宛若繁星点点。右边是一面瓦当墙,有莲花纹、兽面纹、人面纹。而"金陵第一路"也搬进了博物馆,路面上的车辙印清晰可辨,印证着六朝时南京的繁华。我们在展厅还找到了席镇。除了这些我们课上已经了解过的文物,唐老师特地向我们介绍了一件不可移动的文物,那就是长20米,宽10米的夯土城墙遗址。这次参观丰富了我们的知识,开阔了我们的视野。那些摆放在展柜中的文物在我眼中都是有生命的,它们凝聚了古人的智慧,折射出我们中华民族深厚的文化底蕴。

任伊然:今天来到六朝博物馆,通过这一个多小时的参观,我了解了许多文物,感受到六朝时期的文化之美。进入六朝博物馆的大厅,映入眼帘的是从右往左按时间顺序排列的东吴、东晋、宋、齐、梁、陈六面大旗。随后我们陆续参观了陶牛车俑、席镇、陶男俑、伎乐俑、鸡首壶……还欣赏了镇馆之宝青瓷莲花尊和青瓷釉下彩羽人纹盘口壶。见到这些珍贵的文物,我被古人高超的技艺深深地震撼了,深切感受到中华民族悠久历史积淀孕育出的魅力无穷的灿烂文化。

审核:裴丽

编辑:徐路平

2022年06月07日

来源:交汇点新闻

江苏100名乡村优秀青年教师接受奖励培训

今天（11月30日），2020年江苏省乡村优秀青年教师培养奖励计划成员高级研修班暨南京市张齐华、唐隽菁名师工作室联合研讨活动在南京市锁金新村一小举行，线上线下共100名乡村教师参加了培训。

本次研讨活动的上午场首先由特级教师张齐华、刘桂芹分别分享关于社会化学习内涵、意义与实践的内容，接着由南京市北京东路小学教学副校长吴贤和六（2）班的学生展示一节社会化学习数学课例《解决问题的策略》，由锁金新村第一小学校长唐隽菁和四（3）班的学生展示博物馆研学活动"为何不可出国出境"。南京市玄武区教师发展中心副校长余夕凯做针对点评。

下午场依旧是一场学习盛宴，在张齐华老师和五（2）班学生展示社会化学习数学课例《用字母表示数》之后，分别由江苏省师干训中心研修发展部主任、江苏人民教育家培养对象、江苏省特级教师魏洁等多位老师进行话题为"儿童、家长、教师和校长视角下的社会化学习"的访谈交流。

接着由齐华工作室核心成员姚晶晶主任、吴卓校长、马丽丽老师通过讲座进行分享。

国家督学、原江苏省教育科学研究所所长成尚荣对活动进行点评指导。

江苏省师干训中心研修发展部主任魏洁说："从2018年开始，我们江苏省示师干训中心就在江苏省教育厅的这个我们的教师工作处的指导之下，承担了对这100位乡村优秀青年教师的这个培养的工作。那么培训的时间是一年，我们希望通过一年的时间对这部分老师进行奖励，奖励什么呢？就是培训，让他们真正地有更大的本领能够扎根我们的乡村教育，真正为乡村孩子做服务。"

南京市锁金一小教学副校长陶金花说："这样的名师引领的课堂变革，给予学生互相启发学习的时间和空间，让学生做课堂的主人，真正实现为了每一个学生的幸福成长而教，每一个学生为了幸福收获而学，学生的综合素养得到了快速提升。"

————江苏广电融媒体新闻中心/明玉花　仇煜　编辑/李时

2021年11月30日

来源：荔枝新闻网

六朝博物馆确定首批实验班级　探索馆校合作新路径

昨天（2月24日），六朝博物馆在南京全市确定首批馆校合作研学课程实验班级，南京市锁金新村第一小学六（3）班成为第一个馆校合作研学课程实验班级。

从2020年9月起，南京市锁金新村第一小学、唐隽菁名师工作室与六朝博物馆联合研发"六朝风物激爱国情，文化自信立强国志"博物馆研学课程。

该课程围绕"有趣·探究·传承"的活动特质，每月面向全市小学生免费开设，通过丰富多彩、极具教育意义的体验活动，努力让文物"活"起来，赢得了广泛好评。该研学课程为坚定文化自信、传承中华文明做出了积极贡献。

为了放大博物馆研学课程的效用，探索馆校合作新路径，让更多的学生受益，2022年初，南京市锁金新村第一小学就与南京市六朝博物馆达成了"研学课程进班级"意向。

2月24日下午，南京市锁金新村第一小学六（3）班举行了简短而隆重的开班仪式。六朝博物馆教育专员王艳、尹之柏、梁佳园期待同学们通过一学期的博物馆研学活动的学习，爱上博物馆、爱上南京城，共同守护国宝文物，传承家乡千年文脉。

　　简短的开班仪式结束后，名师工作室主持人、江苏省特级教师、南京市锁金新村第一小学书记唐隽菁为六（3）班学生上了第一课"文物是怎么命名的"。同学们以小组为单位，通过猜一猜、剪一剪、拆一拆，解构了六朝博物馆馆藏文物的名称，探寻出文物命名的规律。新颖独特的授课形式、广博深厚的文物资料、实验探究的学习方式，让同学们兴致盎然。据悉，"六朝风物"研学课程每周开设一节，历时一个学期。

　　六朝博物馆社会服务部的李舟主任说："我们围绕教育的3大根本问题'培养什么人''为谁培养人''怎么培养人'研发博物馆研学课程，努力把党的教育方针落到实处，共同落实立德树人根本任务。"

——江苏广电融媒体新闻中心/明玉花　编辑/高若婷

2022年02月25日

来源：荔枝新闻网

古人也爱玩"拼图"！
六朝博物馆馆藏文物砖画竟是这样拼搭的……

　　在国际博物馆日来临前，馆校合作研学课程实验班开展了"六朝风物"博物馆研学活动。本次研学活动由南京市小学道德与法治唐隽菁名师工作室主持人、六朝博物馆志愿者唐隽菁老师带领同学们一起探究六朝博物馆馆藏文物"错版竹林七贤拼镶砖画"的同时，共同研究"砖画是怎样拼搭的"。

　　这节课最有意思的地方是，每个小组组长去老师那儿拿了一个信封。每个信封里有一幅画，可画不是完整的，而是被分成了好几块，这是因为这幅画是一块块砖头拼上去的，老师希望同学们更加了解这件国宝。

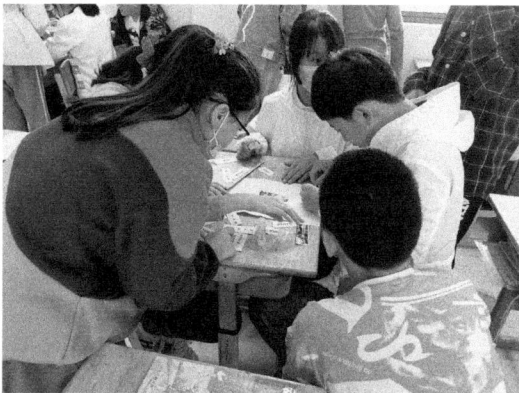

　　这幅《竹林七贤与荣启期砖画》，人物的塑形十分生动，刻画得也很精细，砖画的拼搭很有规律：人物砖块在砖画内是竖着放的，风景上、下两层为横放。这种高难度的作品，绝非普通工匠所为。

　　嵇康、向秀、山涛、王戎、刘伶、阮籍、阮咸、荣启期，由竹林七贤的顺序开始排列。但因为古人喜欢左右对称，所以又让春秋时的荣启期加入进来。每块砖面上有排列的提示，使匠人能知道这块砖该怎么放、放在哪里。

　　孩子们按照从《国家宝藏》上发现的规律拼搭砖画。张宛珊同学说："我们组拼的是山涛，按照从小到大的顺序把几块拼图排列好。第一行的右下角是第一块，以此类推，我们发现，数字小的就在最下面、最右边。"

　　周政烨同学告诉记者："我感受到了古人的智慧。他们很早就会玩'拼图'了，通过用手来拼模拟的砖画。"

　　尹誉涵同学说："我了解了古代的人是如何将砖拼起来的。因为砖块上有'某向上几行'或'某向下几行'。我和小组里的组员一起拼出了向秀的砖画。虽然看上去很简单，但是拼的时候可难了，我们看不懂后面的排序，这不仅让我敬佩起古人，他们不仅有超高的绘画技艺，还有着超凡的智慧。"

——江苏广电融媒体新闻中心/明玉花　编辑/高若婷

2022年05月17日

来源：荔枝新闻网

"六朝风物"有多神秘?
党员教师志愿者为孩子们来解密

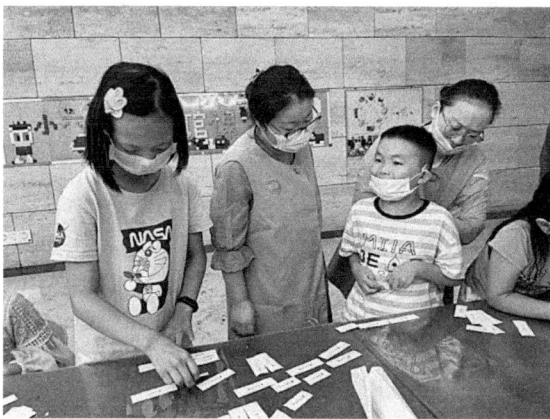

近日，六朝博物馆社教公益课如期开展。南京市锁金新村第一小学的党团员们以志愿者身份开展了以"六朝风物"为主题的小学博物馆研学公益活动。

此次活动的主题是"六朝人是谁的粉丝"。担任本次主讲的是六朝博物馆志愿者、南京市优秀青年教师、北京东路小学的丁佳佳老师。一批来自南京近10所小学的同学来到现场，他们探究六朝博物馆馆藏文物"错版竹林七贤拼镶砖画"并共同研究"砖画是怎样拼搭的"。

"竹林七贤和荣启期"是南朝大型墓葬砖拼壁画中最为常见的画像主题。馆藏的这套错版的拼砖画并没有拼出该主题完整的画面，虽然错版的具体原因不能确定，但我们仍然可以从中感受到线条的洒脱灵动。同学们在实践活动中，感受到了古人的智慧。

党员教师志愿者们用生动活泼的语言、绘声绘色的讲解带领孩子们从众多的文物中打捞历史，挖掘其蕴含的优秀传统文化，让文化传承悄然发生。

——江苏广电融媒体新闻中心/明玉花　通讯员/洪玮　编辑/国正

2022年09月22日

来源：荔枝新闻网

六朝菜单上都有啥?
南京这位小学老师为同学们来揭秘

　　五一节前夕，馆校合作研学课程实验班开展了"六朝风物"博物馆课程研学活动。本次研学活动由南京市小学道德与法治唐隽菁名师工作室主持人、六朝博物馆志愿者唐隽菁老师带领同学们一起探究"六朝菜单上都有啥"这一主题。

　　南京市锁金新村第一小学的金恩泽小朋友说："通过上课我明白了'金齑鲈鱼脍'中的'齑'是捣碎的葱、姜、韭菜。原来六朝人吃的'扁尖鸭臛'就是我们现在吃的老鸭煲。"

　　唐隽菁告诉同学们，六朝菜单上的水果有龙眼、柑橘、荔枝、青梅，主食有米饭、蒸饼、汤饼，这些我们现在也在吃。当讲到蒸饼时，课堂上一片谈论声。

　　陈亿涵小朋友说："大家猜图的时候，都以为是烧饼，结果都错了，是馒头。我们还了解到早在六朝时，南京人就喜欢吃鸭子。没想到咱们餐桌上的美食竟然有着悠久的历史。我很喜欢上六朝博物馆课程。"

　　王佳懿同学说："我们研究了六朝时期的食单。原来在一千多年前，我们的祖先与我们所吃的食物并没有太多区别。他们吃的东西，现在我们也能吃到，只是名字与现在有所不同。通过这节课，我对六朝有了更多的了解。"

——江苏广电融媒体新闻中心/明玉花　编辑/李时

2022年04月30日

来源：荔枝新闻网

古代建筑如何防水？
东台一小学动手实操去体验

今天（10月19日），记者从东台市实验小学获悉，该校616中队在韩莉老师的带领下，踏上了"古代建筑如何防水"的探索之旅。

你认识瓦当吗？韩老师由寻常屋面上的瓦说起，引导同学们认识了中国古建筑中的"瓦当"和"滴水"，激发了同学们观察探究中国古建筑的兴趣。同学们跃跃欲试，积极开展小组合作讨论，制定了多种瓦当模型的制作方案，亲身体验古人的建筑智慧。

课堂上，同学们进行了一次瓦当防水小实验。实验中，水流沿着瓦当和滴水落下，而檐头内依然干燥。同学们纷纷惊叹于古人的创造力。

来自千余年前的"表情包"。当六朝时期的各种瓦当图形呈现在同学们面前，人面纹瓦当吸引了同学们的目光。人面纹瓦当，宛如一张张千余年前生动的脸庞展现在今人的面前，地域特色十分鲜明。小小的瓦当图案清晰饱满，五官刻画逼真，同学们感受到传统艺术魅力。

韩莉说："这次实践活动，同学们不仅领略了六朝风情，感受到中华民族的灿烂文明，爱国主义情怀也根植于心。"

——来源：江苏广电融媒体新闻中心/明玉花

通讯员/唐隽菁 程晓琳 周海莉 韩莉 编辑/赵梦琰

2022年10月19日

来源：荔枝新闻网

暑假里，六朝博物馆来了小学生讲解员

今天（7月12日），记者从南京市锁金新村第一小学获悉，这个暑假，老师带着同学们来到了六朝博物馆，当起了讲解员。

活动当天，南京市锁金新村第一小学党支部书记唐隽菁担任讲解员，她带领大家走进"六朝风物"展厅，近距离观赏了青瓷器、陶俑、墓志、建筑构件、石刻、书画等大量珍贵文物以及六朝建康城的大型排水设施遗迹，每到一处，都辅之以专业而细致的讲解。

唐隽菁老师的讲解总是带着问题启发大家思考，在经历了饶有兴趣的猜测之后才能获得正确的解答，这样的讲解方式让参观者听得津津有味，他们不仅增长了历史知识，对于知识背后的典故也有了更清晰的了解。

　　据了解，南京市锁金新村第一小学自2020年9月起，与六朝博物馆开展了馆校合作的深度交流活动，在此期间，培养了一批优秀的"小青莲"志愿者。这个暑假，"小青莲"在老师的带领下，通过声情并茂的讲述，为参观者还原了丰富的历史文化。该校一位参加讲解志愿服务的男生说："为了做好小小讲解员，幕后我们在老师的指导下反复地打磨解说词和背诵，因为我们要把历史知识和典故告诉大家，一定要做到精确无误。通过做志愿服务，我磨炼了胆识和口才，同时也在志愿服务中，获得了快乐和成就感！"

——江苏广电融媒体新闻中心/明玉花　编辑/李时

2022年07月12日

来源：我苏网

六朝的"镇馆之宝"有了群南京"小青莲"守护者!

"出土于南京灵山南朝大墓的青瓷莲花尊是迄今为止发现的存世莲花尊中体型最大、制作最精美的器物,被誉为'青瓷之王'。这件青瓷莲花尊胎色灰白,釉色青绿,上有莲瓣形盖……"今天(12月27日)在六朝博物馆的镇馆之宝青瓷莲花尊旁,多了一个小小的身影,一直守护在左右。他,就是六朝博物馆的小小文物守护者——许业成。

青瓷莲花尊守护者 许业成

今年11岁的许业成,是南京市锁金新村第一小学五(3)中队的一名小学生。今天上午,他抽出半天的时间,守护在青瓷莲花尊的左右,并为来往的参观者介绍这件造型独特、藏着丰富历史故事的国宝。

这两天，六朝博物馆中多了不少这样的南京娃，成为馆中一道独特的风景线，不少周末前来参观的孩子听着小守护者们的介绍，兴奋地互动、交流、学习。

"这是六朝博物馆正式启动的六朝青'小青莲'培养计划。"六朝博物馆相关负责人告诉记者，2020年岁末，迎着"馆校合作"的春风，"六朝文物守护者"系列率先来袭，首次面向社会招募首批"小青莲"守护人，在本周末正式与大众见面。

20余位小小守护人，从10岁到17岁不等，他们通过前期的报名、培训、考核之后，在包括六朝瓦当、青瓷莲花尊、羽人纹盘口壶、青瓷伎乐俑等10余件六朝博物馆的馆藏文物中挑选出自己守护的文物，在接下来一年的时间内抽出一定的课余时间，了解守护文物的历史文化内涵之余，向来往的参观者传递文物背后的精彩故事，传递对博物馆文化、文物保护传承的思考。

"小青莲可以完成一个月一次的守护，只要他们愿意，并且通过我们的相关考核，守护的时间可以延续下去。"相关负责人告诉记者。

记者在现场看到，每一个"小青莲"的身后，都有一位"六朝青"志愿服务社资深社会志愿者相陪。"小青莲守护文物，我们守护小青莲。"作为六朝青的一员，罗建告诉记者，"小青莲培养计划"实行导师制，"大手拉小手"，由志愿者组队指导培训，并默默站在小青莲的背后支持鼓励他们。

今天的"小青莲"许业成，一个上午就为六组参观团队进行了青瓷莲花尊的讲解，周末前来参观的不少小朋友，也被许业成的讲解深深吸引。"在这里不仅可以学习历史知识，了解文物信息，和其他小朋友们的互动，也让我们结识到了很多兴趣相投的小伙伴。"这两天的四位小青莲纷纷表示。这时的六朝博物馆，俨然成了一座校外的大课堂，作为校内课堂的延续，让孩子们交流、学习，一路成长。

守护国宝文物，传承城市千年文脉。"小青莲"的招募还在持续进行中，六朝博物馆除了推出"六朝文物守护者"系列，小青莲们还将有机会成为"六朝文物观察员""六朝文物发明家"，丰富这独特的校外课堂。

南报融媒体记者：王婕妤
2020年12月27日
来源：紫金山新闻

牵手六朝博物馆，南京学生开辟校外新课堂

　　近年来，博物馆逐渐由被动"参观"走向主动"社交"。为进一步健全馆校合作机制，促进博物馆资源融入教育体系，提升中小学利用博物馆学习效果，近日，六朝博物馆举行2021年度馆校合作签约仪式，与南京市第三幼儿园、南京市长江路小学、南京市玄武区小学道德与法治名师工作室、南京市锁金新村第一小学签订了合作共建协议。

　　"六朝博物馆探索馆校合作的实践始于2017年，馆方联合南京市历史教研室开发'小石榴课堂'项目，与南外、树人等6所学校的年轻历史教师一起，以南外

初一年级为试点，将博物馆内容融入初中历史的学科教育当中。2018年，该项目也被评为全国博物馆青少年教育课程优秀案例，南京市百名优秀文化人才培养项目。"六朝博物馆公共服务部主任李舟介绍，近年来六朝博物馆进一步深化馆校合作，相继与南京市第三幼儿园、南京市长江路小学、南京市锁金新村第一小学、南京市玄武区小学道德与法治名师工作室签订了"六朝青"志愿服务社团队志愿服务协议，联合开发了"美在六朝""六朝×长小课堂"和"六朝风物"3项青少年博物馆教育系列课程。

目前，3项课程已开展活动22场次，参与人数660人次。"名校名师出校园"，使更多孩子受益，正是六朝博物馆馆校合作的特色所在。

南京市锁金新村第一小学校长唐隽菁认为，"文化强国"离不开优秀传统文化的发扬与传承，老师们需要埋下"真善美"的种子，引导少年儿童去扣好"人生第一粒扣子"。她承诺3所学校将继续与博物馆强强联手，充分发挥教师专业优势，积极发掘六朝博物馆中的优秀教学资源，继续开发深受少年儿童喜欢的课程。"六朝风物激爱国情，文化自信立强国志"，将课堂转移到博物馆，在文物中打捞历史，馆校合作携手同行。

现场，来自锁金新村第一小学的"小青莲"志愿者们告诉记者，他们利用周末时间，来到馆内一对一负责讲解文物。孩子们很喜欢这种公益志愿活动，为成为一名小小志愿者而自豪，也为南京源远流长的历史文化底蕴而自豪。

促进博物馆资源融入教育体系是博物馆义不容辞的社会责任。接下来，六朝博物馆将持续深化馆校合作，服务社会，为青少年提供丰富的公共文化教育资源和优质的博物馆教育服务。

南报融媒体记者：王婕妤
实习生：雍婕
2021年01月29日
来源：紫金山新闻

博物馆是另一个课堂！
南京多家学校"牵手"六朝博物馆

都说博物馆是最幸福的课堂。如何把"博物馆课堂"搬进学校，让"六朝文化"走进课堂？1月26日，六朝博物馆与南京市第三幼儿园、南京市长江路小学、南京市锁金新村第一小学、南京市玄武区小学道德与法治名师工作室签订馆校合作共建协议。未来，双方将共同研发博物馆教育系列课程。

手牵手，博物馆课堂超有趣

在六朝博物馆，你经常会看到一个个小小的身影，他们带着观众看展，讲解，有模有样。他们有一个好听的名字："小青莲。"

六朝博物馆公共服务部主任李舟介绍说，把"博物馆课堂"搬进学校，让"六朝文化"走进课堂，是2014年六朝博物馆开馆以来，一直在进行的一件事。

李舟告诉现代快报记者，六朝博物馆的馆校合作实践始于2017年的"小石榴课堂"，当时，该馆联合南京市历史教研室组成项目组，与南外、树人等六所学校的年轻历史教师一起，以南外初一年级为试点，将博物馆内容融入初中历史的学科教育当中。2018年，该项目被评为全国博物馆青少年教育课程优秀案例，南京市百名优秀文化人才培养项目。而到目前为止，已经研发了多个博物馆教育课程。

专家表示，博物馆的教育课程充满趣味性，在博物馆里，一件件国宝吸引着你，想看什么就看什么，想怎么看就怎么看，潜移默化，寓教育于服务之中、站立和行进中……

签协议，六朝文物在孩子们心中"活"起来

为了深入贯彻落实教育部、国家文物局联合印发的《关于利用博物馆资源开展中小学教育教学的意见》文件精神，促进博物馆资源融入教育体系，提升中小学利用博物馆纪念馆学习效果，六朝博物馆和多家学校签订了馆校合作协议。

现代快报记者了解到，六朝博物馆相继与南京市第三幼儿园、南京市长江路小学、南京市锁金新村第一小学、南京市玄武区小学道德与法治名师工作室签订了"六朝青"志愿服务社团队志愿服务协议，联合开发了"美在六朝""六朝×长小课堂""六朝风物"三项青少年博物馆教育系列课程。

"博物馆丰富了学校的课程资源，在双方合作中，师生们能了解到那些在学校课程中不容易见识到的知识。"南京市长江路小学校长兼书记周卫东告诉现代快报记者。目前，长小三至六年级的孩子，都进入到博物馆的学习中。博物馆专家提供资源，双方合作提炼出适合儿童的小课题进行研究。比如：六朝的瓦当就很值得探究，他们把对瓦当的研究融入美术、音乐、数学等教学中，让课堂变得更生动，让文物在孩子们心中"活"起来。

南京市锁金新村第一小学校长兼书记唐隽菁说，南京六朝博物馆是中国展示六朝文物最全面的遗址博物馆，是反映六朝文化最系统的专题博物馆，同时也是南京市玄武区素质教育实践基地之一。签约的三所学校已经在之前的工作当中开始了和六朝博物馆合作，在接下来的日子里，将继续强强联手，充分发挥作为教师的专业优势，积极发掘六朝博物馆中的优秀教育资源。

实习生：徐慧珊

现代快报+/ZAKER南京记者：胡玉梅　黄艳/文

牛华新/摄

2021年01月26日 | 来源：现代快报+ZAKER南京

馆校合作：博物馆课程开发与实践工作坊
暨2021冬季南京博物院种子教师线下培训

为进一步拓展博物馆和学校合作教育活动的覆盖范围和研究深度，共享成果、互相促进，南京博物院定于2021年12月25日到26日举办第四季"馆校合作·博物馆课程开发与实践工作坊"活动。

随着教育部、国家文物局印发了《关于利用博物馆资源开展中小学教育教学的意见》（文物博发〔2020〕30号），越来越多的学校开始关注博物馆与学校的合作，也越来越重视博物馆课程的开发。

为推动更多的学校与教师走进博物馆，本次工作坊举办期间，会议现场还将对所有关注馆校合作与博物馆课程开发的学校开放，也诚邀有合作意向的学校派员参加。

会议邀请了南京地区2021年度在馆校合作博物馆课程策划与实施方面取得优秀成绩的南京市第一幼儿园、南京市第三幼儿园、南京市海英小学、南京市天正小学、南京市紫竹苑小学、南京市锁金新村第一小学、南京市北京东路小学、南京市文靖东路小学、南京市长江路小学、南京市29中初中部、南京市建宁中学、南京市金陵汇文学校、南京师范大学附属中学新城初级中学、南京市育英外国语学校、南京宁海中学、南京外国语学校、南京田家炳高级中学、南京信息职业技术学院等学校的教师学者及南京市职教（成人）教研室、鼓楼区教师发展中心、唐隽菁名师工作室、陈红名师工作室、胡斌名师工作室等组织，就各自领域内推进的馆校合作项目进行主旨发言，交流共享优秀课程与合作模式。

25 日馆校合作　博物馆课程开发与实践工作坊议程

25 日上午场

	主题	发言人	单位	时间
1	园本课程："发现"一座博物馆——以"学龄前儿童视觉"聚焦博物馆的实践探究	顾　婧 王维宇	南京博物院、南京市第一幼儿园	9：30-9：45
2	美在六朝——5-7 岁儿童博物馆美育活动开发的初步思考	杨佳佳	南京市第三幼儿园	9：45-10：00
3	构建素养导向的馆校课程——以"追随时间的脚步"为例	杨芯蕊	南京市海英小学	10：00-10：15
4	天地有节　四季皆美——天正园里的节气生活	李　华	南京市天正小学	10：15-10：30
5	研学·让文明传承	王　宁	南京市紫竹苑小学	10：30-10：45
6	"车辙为什么这么深"课程策划与实施	王　双	南京市锁金新村第一小学	10：45-11：00
7	文靖东路小学博物馆课程策划与实施	戴　璐 贾　璐	南京市文靖东路小学	10：00-11：15

25 日下午场

	主题	发言人	单位	时间
1	"六朝人是谁的粉丝"课程策划与实施	丁佳佳	南京市北京东路小学	14：00-14：15
2	德性生态场：馆校合作，涵养"脉"动童年	张思瑶	南京市长江路小学	14：15-14：30
3	博物馆课程开发与实施的校本实践	杨芯蕊	南京市海英小学	14：30-14：45
4	"馆校合作"的博物馆视角：为什么到附近的博物馆学习？	花　溢	南京博物院	14：45-15：00
5	博物馆里的小学思政课初探——乐学在博物馆之八礼四仪篇	李　华	南京市天正小学	15：00-15：15
6	"中国传统文化课程"策划与实施	杨　欣	南京博物院	15：15-15：30
7	让素养在项目化学习中真实成长	姜　玲	南京市紫竹苑小学	15：30-15：45
8	共享博物馆——探索馆校合作的多元化发展	顾　婧	南京博物院	15：45-16：00
9	六朝风物系列课程策划与实施	唐隽菁	南京市唐隽菁名师工作室	16：00-16：25

26日馆校合作　博物馆课程开发与实践工作坊议程

26日上午场

	主题	发言人	单位	时间
1	"陶瓷器文化"校本课程策划与实施	陶海燕 刘研	南京市第29中学初中部、南京市建宁中学	9：30-9：45
2	"汉字与文物的故事"课程策划与实施	沈智俊	南京市金陵汇文学校初中部	9：45-10：00
3	"讲好中国故事"校本课程策划与实施	兰婧文	南京市第29中学初中部	10：00-10：15
4	"探物南博"校本课程策划与实施	梁湾 邵静	南京师范大学附属中学新城初级中学	10：15-10：30
5	"到博物馆玩去"校本课程策划与实施	江小兰	南京市第29中学初中部	10：30-10：45
6	触摸历史：宁海中学利用校史馆、纪念馆课程策划与实施	姚乔君 杜鹃	南京市宁海中学	10：45-11：00
7	和平成长课程中馆校合作教学设计与构想	田玲 罗雨萌	南京市第29中学初中部	10：00-11：15
8	多学科融合下博物馆资源的利用：晶华——矿物之至善至美	庞红梅 顾婵 朱敏	南京市宁海中学	11：15-11：30

26日下午场

	主题	发言人	单位	时间
1	科技与考古——真实情境下的STEM教育实践	沈涛 施江	南京田家炳高级中学	14：00-14：15
2	三位导师和三个案例——馆校合作的博物馆课程实践	徐俊	南京信息职业技术学院数码艺术学院	14：15-14：30

"大运河文化进校园"馆校合作主题沙龙

	主题	发言人	单位	时间
3	国家文物局"大运河文化进校园"示范项目介绍	许越	南京博物院	14：30-14：45
4	博览、格物、博悟："最鲜活的教育在这里发生"	胡斌	南京市鼓楼区教师发展中心、南京市陈红名师工作室、南京市鼓楼区胡斌名师工作室	14：45-15：00
5	职业教育视角下大运河文化进校园馆校合作的开展与展望	戴斌	南京市职教（成人）教研室	15：00-15：10
6	南京外国语学校"大运河口述史"项目策划与实施	周媛媛 李炜	南京外国语学校	15：10-15：25

（续表）

	主题	发言人	单位	时间
7	大运河文化中学历史课程设计大赛点评	陈　红 金　波	南京市鼓楼区教师发展中心、南京市陈红名师工作室、南京市鼓楼区胡斌名师工作室	15：25-15：40
8	"千年大运河"课程设计	乔　珺	南京育英外国语学校	15：40-15：50
9	新教材、新课程、新高考情境下的一节高中大运河文化教程	甘宜轩	南京田家炳高级中学	15：50-16：00
10	"大运河与美好生活"课程设计	钟一鸣	南京市宁海中学	16：00-16：10
11	当下"馆校合作"本地化实践的反思与展望	陈　刚	南京博物院	16：10-16：25
12	学术总结	许　越	南京博物院	16：25-16：35

本年度馆校合作工作坊的关注点：

（1）汇报学校的优秀案例中，"馆校合作"中的"馆"，除了包含南京博物院、六朝博物馆这样的综合性博物馆、专题性博物馆，更将内涵扩充到纪念馆、校史馆、名人故居等不同等级与类别的机构。

（2）汇报学校的优秀案例中，既有已经策划并实施达到3年以上的成熟课程或项目，也有自2021年年初才开始策划并实施的项目。处于不同成长阶段的项目，其在"馆校合作"过程中遇到的问题与解决方法，都有极强的借鉴意义。

（3）遴选汇报学校的优秀案例中，特别突出了地理空间距离上"馆"与"校"的"15分钟生活圈"的概念。不是每一所学校附近都有一个大型博物馆，但大多数情况下，学校所在的"15分钟生活圈"内，通常都有不少于一处的可供利用的文博资源。本次汇报的这些案例，将有广泛的样本参考意义。

（4）汇报学校的优秀案例中，除了一部分自下而上的合作以外，相当多的案例，则是来自国家文物局、省市区文旅及教育系统项目和课题中的阶段性成果，汇报案例的政策性、前瞻性、理论性等方面都值得关注。

2021年12月23日

来源：南京博物院官方微信

我叫"六朝青"（团队篇）
六朝风物激爱国情　文化自信立强国志

2014年成立的"六朝青"志愿服务社是六朝博物馆的重要组成部分，共有注册社会志愿者84名，志愿团队5个，服务总时长近9万小时，为观众提供讲解导览、咨询引导、社会教育等志愿服务。团队及成员曾荣获全国学雷锋志愿服务"四个100"先进典型最佳志愿服务项目、中国博物馆优秀志愿服务团队提名奖、中国博物馆十佳志愿服务组织工作者、南京市社科普及先进集体、南京市优秀志愿者等荣誉。

小六官方微信特别推出专栏《我叫"六朝青"》，和大家一起分享志愿者们的心声。

"尚青"·"奉献"

党的十九大报告指出："文化是一个国家、一个民族的灵魂。文化兴国运兴，文化强民族强。"由此可见，我国要建设社会主义文化强国，就必须要传承中国优秀的传统文化。只有这样，才能让中华民族的优秀文化生生不息，才能实现中国复兴的伟大梦想。

南京市锁金新村第一小学、南京市玄武区小学道德与法治名师工作室和南京六朝博物馆联合开发了以"六朝风物"为主题的小学博物馆系列教育课程，充分利用六朝博物馆雄厚的文物资源，将其作为培养青少年爱国主义情感和弘扬优秀传统文化的研学基地，积极开展志愿服务活动。

课程开发团队以"爱国"统整博物馆资源与德育课程，以"六朝风物激爱国情，文化自信立强国志"为目标，以"有趣·探究·传承"为特质，构建了"问题引入——场景讲解——实践探究——交流分享"的教学流程。

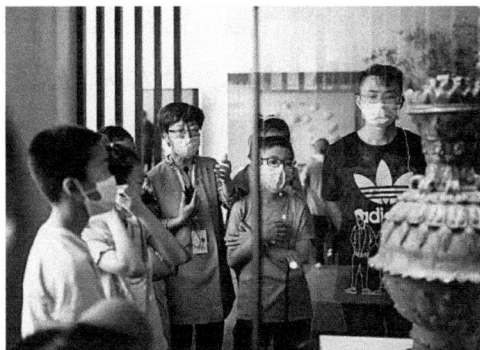

"六朝风物"志愿服务活动将课堂移到博物馆的现场，让资源"合"起来，通过投身博物馆公益服务，发挥教师专业优势，落实立德树人根本任务；让文物"活"起来，通过充分挖掘博物馆资源，激发学生热爱家乡热爱祖国的真挚情感；让手脑"动"起来，通过创新博物馆学习方式，积淀人文底蕴，传承优秀文化，坚定文化自信，进一步激发学生的爱国热情，促使他们立下强国宏志。

尚青·奉献

陆敏：南京市德育带头人　南京市立贤小学副校长

志愿服务，增添了靠近文化的亲近感，因为要给来参观的孩子上课，我们翻阅了很多资料，也听展馆人员进行了详细的介绍，让平时只能隔着玻璃罩的文物变得更加生动，仿佛我们就生活在那个时代，了解到文物背后的故事。同时，在学习的过程中，也增加了我们身为南京人的骄傲，华夏五千

年，六朝作为南京的前身，我们的祖先在这片土地上生养作息，把智慧一代代传承，我们就是这份骄傲的见证者和传承人。能用自己的一技之长服务大众，也增加了我们的满足感，赠人玫瑰手留余香，我们在服务他人的过程中，也收获了孩子们对课程的喜欢，增进了文化自豪感。

陆毅天：南京市学科带头人　南京市北京东路小学教研组长

参与"六朝风物"项目志愿活动后，我深切地感受到，"六朝风物"课程，不仅为孩子打开了一扇历史文化的窗，也可以让教师、学生、家长都获得成长。对授课教师而言，备课学习的过程是自我知识体系丰富和完善的过程；对参与学生而言，这种现场体验和学习是社会化学习的真实体现；对陪同家长来说，课程则有可能成为他们教育理念更新的一种契机。因此，这个志愿项目可以说是非常有益的"共赢"课程。

杨明波：南京市优秀青年教师　南京市北京东路小学教科室副主任

工作室打造博物馆课程，带领学生进行项目化学习，作为一名参与其中的志愿者，一路走来，也有些感触。之于教师，博物馆课程的开发是挑战，课程内容的选择、学生学习过程的指导、课堂学习的组织引导，都是摆在教师面前的新课题，大家从开始的疑惑、迷茫、不理解到后来的探索、研究、实践、创新；之于学生，博物馆学习之旅从被动接受到主动探索，每个人都参与到整个学习过程中来，让学习真正发生。

博物馆是开放的、多样化的教育平台，是儿童成长的第二课堂，博物馆课程也是无边界的，承载着历史积淀，充满智慧与创造，在这里，师生共同发现、共同学习、共同成长。

王双：南京市优秀青年教师　南京市锁金新村第一小学教科室主任助理

非常有幸成为六朝博物馆公益课程活动的一员，作为志愿者，我深感这是一项非常有爱、有意义的活动。这样的活动，带领儿童在历史的空间行走，以一件件文物为依托，充分领略中华优秀传统文化的灿烂辉煌，培养家国情怀，增强少年儿童的民族认同感。我们将继续紧扣"有趣·探究·传承"的研学特点，积极展现儿童在博物馆学习中热情互动、大胆实践、趣味研究的生命状态，引导他们主动做传统文化的传承者。

蔡兰华：南京市优秀青年教师　南京市同仁小学教师

你为什么会想到去六朝博物馆当志愿者？这个问题很多同事问过我，我也问过自己。是啊，为什么呢？是为了激发潜能，探索自身能力的边界吗？是为了跳出舒适圈，挑战全新的目标吗？有，但也不是全部。默想之后，更多的是因为自己想让生活多些活力与乐趣。

法国思想家蒙田在自己的随笔中写道："我愿意走遍天涯海角去寻找一个地方，在那里度过饶有趣味、充满快乐的一年安静的时光。"而六朝博物馆恰好就是这样一个能让人饶有趣味地观赏文物，又充满快乐地学习文物知识的地方。能够成为这儿的志愿者，是教师，更是学习者，与一群孩子同行相伴沉浸在文物世界中，幸甚乐哉。

丁佳佳：南京市优秀青年教师　南京市北京东路小学教师

和大小朋友们共同走近南京的历史遗存，了解千百年前发生的故事，解密祖先们的生活密码，真是神圣而又快乐的经历。

景晓梅：南京市优秀青年教师　南京市锁金新村第一小学教师

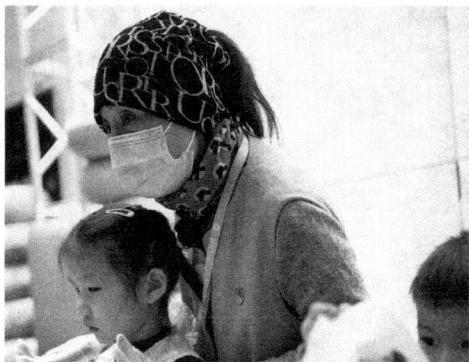

有幸作为志愿者参与了以"六朝风物"为主题的小学博物馆系列教育课程的公益活动，老师带着孩子们了解南京的建城史以及六朝时期老百姓的衣、食、住、行，安排趣味盎然的动手实践环节，让孩子们身临其境地感受六朝底蕴，拓宽视野。作为志愿者，我也跟孩子们一起丰富了知识，希望能一直参与其中。

陶文静：南京市玄武区学科带头人　南京市成贤街小学教研组长

从查阅资料到实地参观，一步步深入了解中，那一件件看似没有生命的青瓷动物文物似乎富有了生机和灵气，每一处细节的独具匠心之处都折射出了那个时代特定的背景，彰显着文化的源远流长。整个活动过程让我深深地感受到每一种社会实践活动都有一种特殊的精神作为其灵魂，而从事这一活动的就是这一特殊精神的创造者和实践者。作为一名六朝博物馆志愿服务者，爱心之火早已点燃，也许我是微小的，团队是微小的，但在一次次活动中，我们将会用这份光焰点燃更多心灵，照亮更多黑暗。为他人、为社会、为家乡，尽自己最大一份力。

刘姗姗：南京市玄武区学科带头人　南京理工大学实验小学教师

小时候最爱去博物馆，走在展柜边，看着各种带有时代印迹的文物，总会被深深吸引。现在，有机会走进六朝博物馆成为一名志愿者，我感到非常高兴。换一种身份走进博物馆，看着承载着南京历史的一砖一瓦，想着能与孩子们共同走近文物，去研究、了解南京所经历的历史变迁，不禁深深感慨志愿服务中非凡的意义。

程媛媛：南京市玄武区优秀青年教师   南京市锁金新村第二小学教师

在志愿活动中，我和学生穿越千年，真实体验了瓦当滴水的神奇，拉近了和文物的距离，在体验中和古代文物产生了情感上的共鸣，实现了中华优秀文化的传承。

张殊良：南京市锁金新村第一小学教师

作为志愿者，看到孩子们增长了知识，受到了热爱南京、热爱家乡的教育，激发了民族自豪感和爱国热情，我特别高兴，这项志愿服务意义非凡。我能投入其中，深感荣耀。

洪玮：南京市锁金新村第一小学教师

在志愿活动中，我真切感受到了付出的快乐！六朝博物馆清雅静谧，文化气息浓郁，我更加深刻地感受到了源远流长、博大精深的中华传统文化。青春在奉献中闪光！

2021年10月30日

来源：南京六朝博物馆官方微信

六一节，"小青莲"母校展演

南京市锁金新村第一小学的15名同学是六朝博物馆"小青莲"文物守护者，他们主动利用课余时间来到六朝博物馆守护国宝文物，传承家乡千年文脉。

6月1日中午，南京市锁金新村第一小学开展了"小青莲"六一展演活动。在这个孩子们自己的节日里，在中国共产党成立100周年之际，学校15名六朝博物馆"小青莲"通过展演，让更多身边的同学认识自己家乡的文物，热爱自己的家乡。

许业成同学作为小青莲代表与同学们分享了自己参加培养计划的经历与成长，翁睿泽同学带领大家了解了六朝博物馆，领略了六朝风采。随后，小青莲们讲述了自己所守护文物背后的精彩故事。

瓦当的故事、六朝时南京的道路交通车辆、六朝美食美器、六朝青瓷、六朝印章等六朝时期的独特文物，动物造型的青瓷器、青瓷伎乐俑、错版竹林七贤拼镶砖画等具有极高艺术价值的文物，镇馆之宝青瓷莲花尊、不可出国出境展览的国宝青瓷釉下彩羽人纹盘口壶，每一件文物都让在场的同学们叹为观止，感悟传统文化的博大精深。

"小青莲"从学校走向博物馆，本次展演又从博物馆走回学校。锁金一小的小青莲们将家乡文物传递给更多的同学，不仅以自己的行动守护国宝文物，更自觉地传递着中华优秀传统文化，让灿烂中华文明在更多幼小的心灵中扎根。

六朝博物馆"小青莲"培养计划

2020年岁末，迎着"馆校合作"的春风，六朝博物馆正式启动六朝青"小青莲"培养计划。该计划面向全市10-17岁的青少年，培养计划将实行导师制，大手拉小手，由"六朝青"志愿服务社资深社会志愿者组队指导培训。入选"小青莲"培养计划的同学将参加系列培训展示和评选活动，并获得相关志愿服务证明，该培养计划全程免费。

培养计划发布后，有近200人参与报名，经过面试审核，目前共有"小青莲"74名。74名"小青莲"均已通过培训和考核，于4月初陆续正式上岗，为观众服务。

编辑：王道程

审校：李舟

终审：宋燕、叶家宽

2021年06月03日

来源：南京六朝博物馆

馆校合作：共建创新，我们一直在路上

2020年10月，教育部、国家文物局印发了《关于利用博物馆资源开展中小学教育教学的意见》，省教育厅、文物局也转发要求：进一步健全馆校合作机制，促进博物馆资源融入教育体系，提升中小学利用博物馆纪念馆学习效果。2021年上半年，南京市文旅局与南京市教育局联合发布了《南京市关于利用博物馆资源开展中小学生教育教学的实施意见》。在国家及省市上级单位的明确政策指导下，六朝博物馆的馆校合作项目逐渐走向品牌化、系统化，合作机制也在不断完善健全。

25 日上午场

	主题	发言人	单位	时间
1	园本课程："发现"一座博物馆——以"学龄前儿童视觉"聚焦博物馆的实践探究	顾 婧 王维宇	南京博物院、南京市第一幼儿园	9：30-9：45
2	美在六朝——5-7 岁儿童博物馆美育活动开发的初步思考	杨佳佳	南京市第三幼儿园	9：45-10：00
3	构建素养导向的馆校课程——以"追随时间的脚步"为例	杨芯蕊	南京市海英小学	10：00-10：15
4	天地有节　四季皆美——天正园里的节气生活	李 华	南京市天正小学	10：15-10：30
5	研学·让文明传承	王 宁	南京市紫竹苑小学	10：30-10：45
6	"车辙为什么这么深"课程策划与实施	王 双	南京市锁金新村第一小学	10：45-11：00
7	文靖东路小学博物馆课程策划与实施	戴 璐 贾 璐	南京市文靖东路小学	10：00-11：15

25 日下午场

	主题	发言人	单位	时间
1	"六朝人是谁的粉丝"课程策划与实施	丁佳佳	南京市北京东路小学	14：00-14：15
2	德性生态场：馆校合作，涵养"脉"动童年	张思瑶	南京市长江路小学	14：15-14：30
3	博物馆课程开发与实施的校本实践	杨芯蕊	南京市海英小学	14：30-14：45
4	"馆校合作"的博物馆视角：为什么到附近的博物馆学习？	花溢	南京博物院	14：45-15：00
5	博物馆里的小学思政课初探——乐学在博物馆之八礼四仪篇	李华	南京市天正小学	15：00-15：15
6	"中国传统文化课程"策划与实施	杨欣	南京博物院	15：15-15：30
7	让素养在项目化学习中真实成长	姜玲	南京市紫竹苑小学	15：30-15：45
8	共享博物馆——探索馆校合作的多元化发展	顾婧	南京博物院	15：45-16：00
9	六朝风物系列课程策划与实施	唐隽菁	南京市唐隽菁名师工作室	16：00-16：25

从每月一期的分众化文物主题课程，到"小青莲"培养计划，再到"六朝青"博物馆课堂进校园，2021年，六朝博物馆的馆校合作内容在丰富，形式在创新，也积累了宝贵经验和成果。

2021年12月25日，六朝博物馆馆校合作系列课程代表教师杨佳佳、王双、丁佳佳、张思瑶、唐隽菁，受邀参加南京博物院第四季"馆校合作·博物馆课程开发与实践工作坊"活动，并进行主旨发言，交流分享优秀课程和合作经验，六朝博物馆公共服务部工作人员及部分"六朝青"志

愿服务社成员也共同参与了现场学习。

　　各美其美，美美与共。"美育"是南京市第三幼儿园的教育特色，在与六朝博物馆的馆校合作中，三幼的志愿者老师们以文物欣赏与美术创作相结合，开发了"美在六朝"这一适合幼儿年龄和学习特点的系列课程。杨佳佳园长以"5-7岁儿童博物馆美育活动开发的初步思考"为主题，分享了"美在六朝"的开发背景、过程思考及活动展望，展示了湿画点彩、黏土贴画与刻画、水粉拓印等手工形式，介绍了三幼的老师们如何通过与幼儿生活经验的链接、与自然元素的链接、与文化符号的链接，寻找合适的馆藏展品、探索适宜的课程内容。

　　千米长江路，半部南京史。六朝博物馆与相距不远的长江路小学的合作由来已久，从早期的《南京宝藏》舞台剧表演到2021年的"六朝青"博物馆课程进社区（校园），长小的张思瑶老师从"缘起""探索"和"融合"三个方面做了以"德性生态场：馆校合作，涵养'脉'动童年"为主题的分享汇报，并阐述了"生态场"的内涵：在时间上是连续的、空间上是连贯的、在课堂上是连续的。

　　"车辙为什么这么深""六朝人是谁的粉丝"，来自"六朝风物"志愿项目的王双老师与丁佳佳老师从具体的课程设计与实施出发，分享了这样两个具体案例。从选题可以看出，这一系列的课程都是从孩子们感兴趣的文物和问题出发的。王双老师介绍了自己如何通过"5W"（人物、地点、时间、行为、思想）思维工具系统分析课程资源，丁佳佳老师则从课程聚焦、活动设计、文物选择、活动落实这几个环节，分享了如何在博物馆教育课程中对孩子进行推断—逻辑训练。

　　馆校合作中的"校"，已经不再局限于传统的学校主体。南京市锁金新村第一小学党支部书记兼校长唐隽菁老师，同时也是玄武区小学道德与法治唐隽菁名师工作室的主持人，在汇报中，唐校长从"申请参加，卷入培训——线上研讨，头脑风暴——学生讲解，志愿服务——来到学校，进入课堂"几个行动展开，以"六朝风物"整个系列课程为例，解答了"如何依托名师工作室开发并实施馆校合作课程"这一很多老师关注的问题。

　　2022年1月6日，六朝博物馆与合作共建学校的馆校合作座谈会如期举行。六朝博物馆公共服务部社教小组负责馆校合作的工作人员先后总结了2021年馆校合作课程开展情况，提出了2022年的工作规划和合作思路。

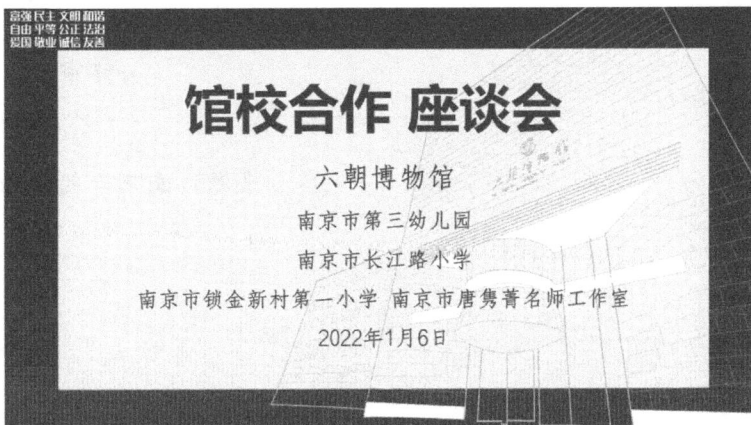

随后，南京市第三幼儿园副园长杨佳佳、南京市长江路小学副校长徐妍以及南京市锁金新村第一小学校长唐隽菁对各校合作工作进行了经验总结，并提出了新的设想。

头脑风暴，集思广益。围绕常规课程项目、"小青莲"招募和岗位创新、"博物馆学校"的概念、馆校线上课程等主题，大家展开了热烈讨论，为今年的馆校合作工作奠定了坚实的基础。

最后，六朝博物馆公共服务部的李舟主任向各学校授予"优秀志愿团队"的证书，感谢每一个团队、每一位老师的奉献和付出。

2022年1月14日上午，六朝博物馆公共服务部邀请南京师范大学文物与博物馆学系副教授黄洋，开放大学沈文婷、任钰老师，参与"六朝文化进校园"专家研讨会。会上，黄洋副教授对六朝博物馆目前的馆校合作项目提出了一系列建设性意见和指导，如关注学校与博物馆信息不对等的问题，进行以博物馆资源为主要内容的教师培训；广泛发动教师力量，将博物馆课程纳入学校课程体系当中；将"校园博物馆"概念实体化，打造六朝文化主题空间等等。

2021年7月，中共中央办公厅、国务院办公厅印发了《关于进一步减轻义务教育阶段学生作业负担和校外培训负担的意见》，在新的一年，新的背景之下，关于馆校合作，还有更多的内涵等待被发掘和探索。2022年，六朝博物馆将继续为教育资源融合、"双减"政策落地出力，通过馆校合作项目，为学校师生、为社会公众，带来更多惊喜。

编辑：王道程

审校：李舟

终审：宋燕、叶家宽

2022年01月19日

来源：南京六朝博物馆官方微信

馆校合作：六朝风物

——博物馆与学校教育的"双向奔赴"

11月30日，"2020年江苏省乡村优秀青年教师培养奖励计划成员高级研修班暨南京市张齐华、唐隽菁名师工作室联合研讨活动"在南京市锁金新村第一小学举行。在这一场围绕"基于证据的课堂评价与教学转型"展开的课堂评价与教学转型的活动中，六朝博物馆志愿者、锁金一小校长兼书记、江苏省特级教师唐隽菁老师展示了"六朝风物"博物馆研学活动——"为何不可出国出境"。

指向"每一个"学生的课堂评价与教学转型

——2020 年江苏省乡村优秀青年教师培养奖励计划成员高级研修班

暨南京市张齐华、唐隽菁名师工作室联合研讨活动

培训时间： 2021 年 11 月 30 日 8：30-17：00

培训地点： 南京市锁金新村第一小学五楼报告厅（线上同步直播）

研究主题： 基于证据的课堂评价与教学转型

参与人员： 江苏省乡村优秀青年教师培养奖励计划成员 100 人，南京市张齐华、唐隽菁名师工作室全体成员

活动安排：

时间	内容	主讲人
8：30-9：20	报告：社会化学习：内涵、意义与行动路径	张齐华
9：20-10：00	分享：社会化学习：一个独立教师的班级行动	刘桂芹
10：10-10：50	观摩：解决问题的策略（社会化学习数学课例）	吴　贤
11：00-11：40	观摩：为何不可出国出境	唐隽菁
11：40-12：00	专家点评	余夕凯

（续表）

时间	内容	主讲人
	午间休息	
13：00—13：50	观摩：用字母表示数（社会化学习数学课例）	张齐华
14：00—14：40	访谈：儿童、家长、教师和校长视角下的社会化学习	魏洁等
14：40—15：20	分享：社会化学习：一个学科团队的集体行动	姚晶晶
15：20—15：50	分享：社会化学习：一所学校的全学科整体行动	吴卓
15：50—16：30	分享：社会化学习：乡村教师的困境与行动路径	马丽丽
16：30—17：00	专家点评	成尚荣

　　课程伊始，唐隽菁老师首先介绍了自己作为六朝博物馆志愿者"六朝青"的身份和"小青莲"培养计划及展演活动，并邀请了班级里三位"小青莲"上台，展示了他们在六朝博物馆中为观众讲述六朝文物故事的风采。

　　在40分钟的课堂上，唐老师循循善诱，鼓励学生自主思考、大胆发言，讨论了为什么"青瓷釉下彩羽人纹盘口壶"是六朝博物馆的镇馆之宝，是不可出国出境展览的文物，并通过巧妙设计的对比实验，让孩子们理解了"釉上彩"和"釉下彩"的含义和各自特点，感悟了古代中国匠人技艺的高超，激发了同学们内心的自豪感。

　　"为何不可出国出境"是这次研讨活动的观摩展示课，也是"六朝风物"系列课程中的一次馆校合作教育实践。"六朝风物"是六朝博物馆与南京市玄武区小学道德与法治名师工作室、南京市锁金新村第一小学合作开发的小学博物馆系列教育课程，它以六朝博物馆内相关文物资源为切入点，引导儿童窥见古代人们的生活点滴，感受先人的聪明与才智，通过有趣的博物馆课程激发儿童的探索欲望，让他们从"道德与法治视角下的探索性学习"出发，汲取并传承中华优秀传统文化的思想精华，培养家国情怀。

　　目前，六朝风物已经开展了多个主题课程，例如，文物是怎么命名的：让稀松寻常的文物名称成了孩子们手中的词卡，可以不断排列组合，趣味无穷；六朝的信封什么样：让不起眼的"木封检"从展柜来到孩子们的面前，解开1000多年前古人信封的秘密；还有六朝菜单上都有啥、古代建筑如何防水、动物小品妙趣何在等等。项目课程每月面向社会公众开放报名，将优秀的学校师资力量与博物馆独有的馆藏资源相结合。

　　从最初的团队志愿者服务协议的签订，到社会实践基地的挂牌，再到馆校合作共建协议的正式签约，六朝博物馆与合作学校的合作机制正在不断健全，也会在不断地探索与实践中，通过多元的馆校合作形式，实现博物馆与学校教育的"双向奔赴"。

编辑：王道程

审校：李舟

终审：宋燕、叶家宽

2021年12月01日

来源：南京六朝博物馆官方微信

2020-2021服务年度六朝青志愿服务社"云年会"

在六朝博物馆，

有一群最可爱的人。

他们身穿代表六朝的青色马甲，

穿梭于小六家的各个角落，

为公众提供形式多样、

富有特色的志愿服务。

他们默默耕耘、无私奉献，

他们因为共同的兴趣和志向

走在了一起。

他们有一个共同的名字——六朝青！

回顾2021

2020-2021服务年度，"六朝青"志愿者服务总时长10416.5小时，讲解场次581场，开展社教活动56场。走进8个社区，开展进社区活动41场。

特殊时期，我们选择了"云年会"的方式。希望在记录六朝青志愿服务社点点滴滴的同时，使表彰更具有纪念意义。

十佳志愿者

罗　建　　倪红燕　　皇甫素红　　徐　坚　　张南岚　　吕世琳　　余宏玲
曹秋萍　　于　波　　张　兵

线上考核成绩优异志愿者

邓增萍　　顾静秋　　黄梦贤　　江　伟　　陶　宁　　罗　建　　陈之旸

吕世琳　　曹秋萍

团队活动优秀组织者

徐　玥　　刘绍鎏　　陈之旸

优秀志愿服务团队

南京市第三幼儿园

南京市锁金新村第一小学

玄武区小学道德与法治唐隽菁名师工作室

南京市长江路小学

南京市中医院

南京市田家炳高级中学

2021年我们迎来了第二批志愿服务满五周年的六朝青

2020-2021服务年度六朝青志愿服务社服务满五周年志愿者名单（15人）

励宁高　　杨一帆　　姜　涛　　祝　越　　张南岚　　郝月辉　　余宏玲

于　波　　钱　源　　陈宁碧　　潘玉婷　　付金颖　　刘　冲　　胡　芳

徐　玥

編辑：王道程

审校：李舟

终审：宋燕、叶家宽

2022年02月01日

来源：南京六朝博物馆官方微信

从一个人到一群人　从志愿者到研发者
——"六朝风物"志愿服务团队开展馆校合作博物馆研学课程之回顾
（代后记）

唐隽菁

2021年12月，应南京博物院邀请，我们团队参加了南京博物院第四季"馆校合作·博物馆课程开发与实践工作坊"活动的分享。"请你从名师工作室角度来谈。"南博社会服务部副主任陈刚博士不仅指明了方向，还命了题：此次分享的题目是《"六朝风物"研学课程策划与实施》。

我们"六朝风物"志愿服务团队是由南京市锁金新村第一小学和南京市玄武区小学道德与法治唐隽菁名师工作室两个团队的老师共同组成的。2020年12月19日，我作为六朝博物馆"六朝青"志愿服务团队的一员，参加了南博第三季"馆校合作·博物馆课程开发与实践工作坊"活动，向兄弟学校学习。一年之后，2021年12月25日，丁佳佳老师、王双老师和我就走上了讲台，成为分享者。

借着此次分享，我们回顾了志愿服务的历程：迎着馆校合作的春风，一路花香，一路芬芳。

路径：依托名师工作室开发并实施博物馆研学课程

2018年4月，我有幸成为南京市玄武区首批名师工作室主持人中的一员，和12位志同道合的伙伴们组建了玄武区小学道德与法治唐隽菁名师工作室。2020年8月，我调入南京市锁金新村第一小学，我们成立了教师志愿服务团队。在团队的共同努力之下，我们谋定而后动，大胆实践，锐意进取。

行动1：申请参加，卷入培训

自从埋下了义务讲解的种子，我就关注了南京博物院和六朝博物馆的微信公众号，期盼着两家博物馆尽快开启新一期志愿者招募活动。终于，六朝博物馆开始招募"六朝青"了。2020年3月16日，我填报了申请书。为了增加自己的入选概率，我申报了六朝博物馆推出的所有志愿服务岗位。很快，公众号发布参加面试的名单，很高兴，我通过了首轮材料审核，成功入围。随后又经过线上培训、线下演练、实战考核，我从292个报名者中脱颖而出，成为当年入选的24名志愿者中的一员。

这段经历，对其他志愿者而言，成为合格讲解员是他们的目标，但对我而言，不止于此，它还是一次难得的教师培训，为后期的研学课程开发奠定了坚实基础。

《荀子·儒效篇》中说："不闻不若闻之，闻之不若见之，见之不若知之，知之不若行之；学至于行之而止矣。"我听过了，就忘记了；我看见了，就记得了；我做过了，就理解了。如果说，看文献、听介绍是隔靴搔痒的话，现在我对文物的前世今生已是烂熟于心，对于文物的热爱自然深邃而纯净。这样的卷入式培训，也成了我们团队每位老师的标配。

行动2：线上研讨，头脑风暴

因为我们团队成员来自不同学校，线下集中研讨对于我们而言不太方便，所以通过腾讯会议开展线上研讨，就成了我们课程研发的重要方式。而研讨的时间，要么是工作日的晚9点之后，要么就是节假日。团队老师特别辛苦，但大家乐在其中。

第一步：形成共识

2021年1月26日，六朝博物馆举行了简朴而隆重的签约仪式，六朝博物馆正式成为我们锁金一小、玄武区小学道德与法治唐隽菁名师工作室的社会实践基地。

六朝博物馆是中国展示六朝文物最全面的遗址博物馆，也是反映六朝文化最系统的专题博物馆。我们是一支政治素养高、教学能力强的教师志愿服务队伍，大家富有仁爱之心和服务精神，具有扎实的专业素养和独特的教育眼光，始终牢记政治身份，坚守政治信仰，为党育人，为国育才。全体志愿服务团队的老师们达成了3点共识：

共识1：让资源"合"起来，通过投身博物馆公益服务，发挥教师专业优势，落实立德树人根本任务。

两个优质资源强强联手，共同开发爱国主义主题博物馆研学活动，通过领略文物背后的悠久历史，让孩子们感知祖国文化的源远流长和灿烂辉煌，为提高青少年思想道德素质和科学文化素质、落实立德树人的根本任务发挥了重要作用。

共识2：让文物"活"起来，通过充分挖掘博物馆资源，激发学生热爱家乡热爱祖国的真挚情感。

我们的博物馆研学活动，是以促进少年儿童学习为中心，根据博物馆环境、藏品、展览等，综合运用解说导览、互动游戏、角色扮演、动手实践等方式，增强博物馆学习的趣味性、互动性和体验性，让一件件文物不再是冷冰冰的存在，而是鲜活地留存于孩子们的心间，让他们为家乡悠久的历史而感到骄傲，为祖国灿烂的文化而感到自豪。

共识3：让手脑"动"起来，通过创新博物馆学习方式，引导学生积淀人文底蕴，传承优秀文化，坚定文化自信，进一步激发学生的爱国热情，促使他们立下强国宏志。

在设计博物馆研学课程中，我们一定要结合少年儿童的心理特征、认知能力和心理需要，在内容上有所取舍，在方式上有所选择，通过富有启发性的问题激发少年儿童的求知欲，借助安全的文物复制品鼓励他们大胆猜想不断尝试，通过分享研学收获引发深入思考。

第二步：明确目标

我们要向哪里去？这是我们研讨的第一个主题。

博物馆研学课程应是博物馆与学校为实现共同教育目的，相互配合而开展的一种教学活动。它将博物馆与小学课程共同编入协作系统，利用场馆教育资源的深度开发，对学校教育形成功能性补偿、针对性强化，依托博物馆独特的资源优势，共同促进"人的全面发展"。

通过进一步深入研读社会主义核心价值观、习近平总书记在学校思想政治理论课教师座谈会上的讲话、各学科课程标准、青少年法治教育大纲，我们认为"爱国"与博物馆资源的相关德育价值高度契合。

由此，旗帜鲜明地将"六朝风物"博物馆研学课程的目标确定为"爱国"，即厚植爱国主义情怀，树立身份自信和文化自信，豪迈地说出："我骄傲，我是中国人。"把爱国情、强国志、报国行自觉融入实现中华民族伟大复兴的奋斗之中。

　　第三步：课程命名

　　为了让南京的孩子了解南京、热爱南京，工作室和六朝博物馆开展合作。大家围绕课程名称各抒己见。

　　在初步讨论后，采用了网络投票的方式。不仅有开发团队的老师们参与，还邀请了五所学校的200多位同学参与，"沉浸式体验""探秘亲历"等都是大家心向往之的。

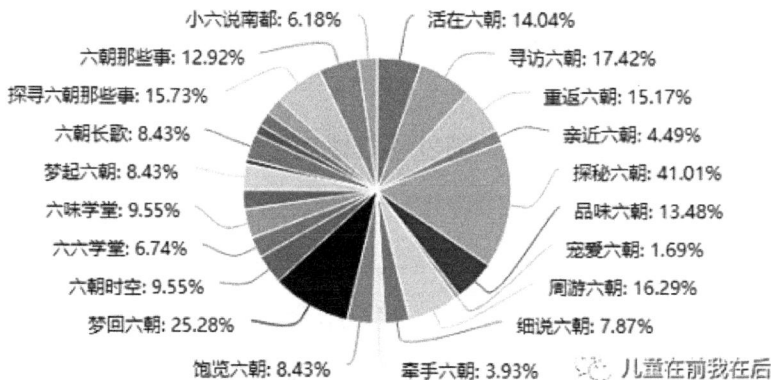

小六说南都: 6.18%
活在六朝: 14.04%
六朝那些事: 12.92%
寻访六朝: 17.42%
探寻六朝那些事: 15.73%
重返六朝: 15.17%
六朝长歌: 8.43%
亲近六朝: 4.49%
梦起六朝: 8.43%
探秘六朝: 41.01%
六味学堂: 9.55%
品味六朝: 13.48%
六六学堂: 6.74%
宠爱六朝: 1.69%
六朝时空: 9.55%
周游六朝: 16.29%
梦回六朝: 25.28%
细说六朝: 7.87%
饱览六朝: 8.43%
牵手六朝: 3.93%　儿童在前我在后

　　如何借助博物馆促进核心价值观的落地落实，实现立德树人根本任务，同时又能凸显课程的特色化、体现内容的包容性？成员们在线上对活动名称再次进行了反复斟酌与探讨，对不同名称的内涵进行了差异分析。

　　大家综合考查200多位学生和成员们的投票结果，进行了第二轮网络投票。最终，"六朝风物"脱颖而出。

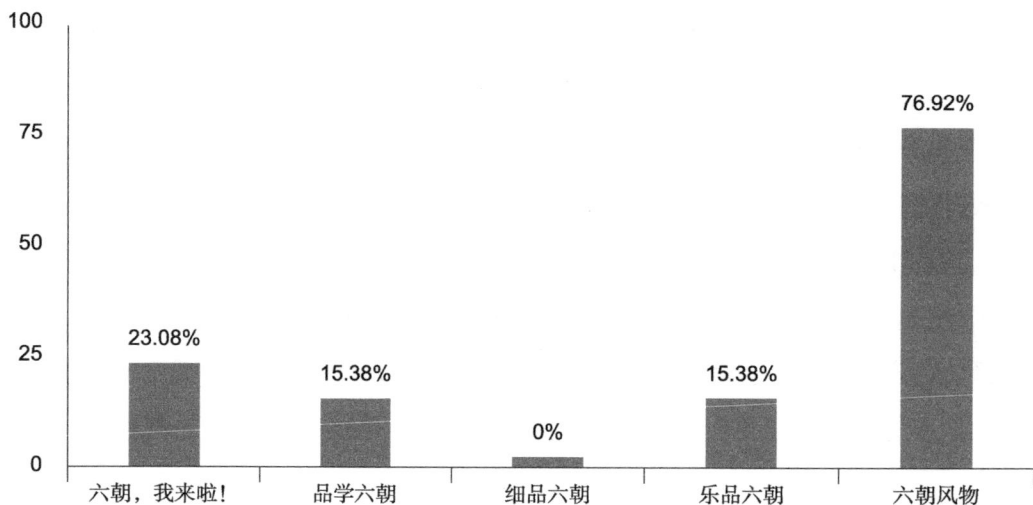

	六朝，我来啦！	品学六朝	细品六朝	乐品六朝	六朝风物
	23.08%	15.38%	0%	15.38%	76.92%

"风物"一词，语出东晋伟大诗人、辞赋家陶潜的《游斜川》诗序："天气澄和，风物闲美。"指风光景物。后又延伸至风俗物产。选用"风物"：一来，南京是东晋的都城；二来，风物，既可以涵盖六朝的物件，又可以涵盖风土人情。这一雅致且中性的名称体现了团队成员们对课程的美好愿景与期待。

第四步：提炼特质

成尚荣先生在《教学主张的追求》一文中，通过曹文轩获得"安徒生童话奖"向我们阐释了教师必须有自己的教学主张："一个儿童文学作家必须要有自己的创作主张，正是这种创作的主张让他走向世界，去和世界儿童文学进行对话。儿童文学创作如此，我们的教学当然也要有自己的主张，形成自己的风格。"而教学主张必须具有学科化、个性化和核心化的特点。这就给了我们启示：作为研学课程，同样也应该提炼出特质，我是这一个，而非这一群。

于是，我们团队成员根据自己对"六朝风物"博物馆研学课程的理解，提出了20个特质，经过票选，3个特质脱颖而出：乐趣、探究、传承。

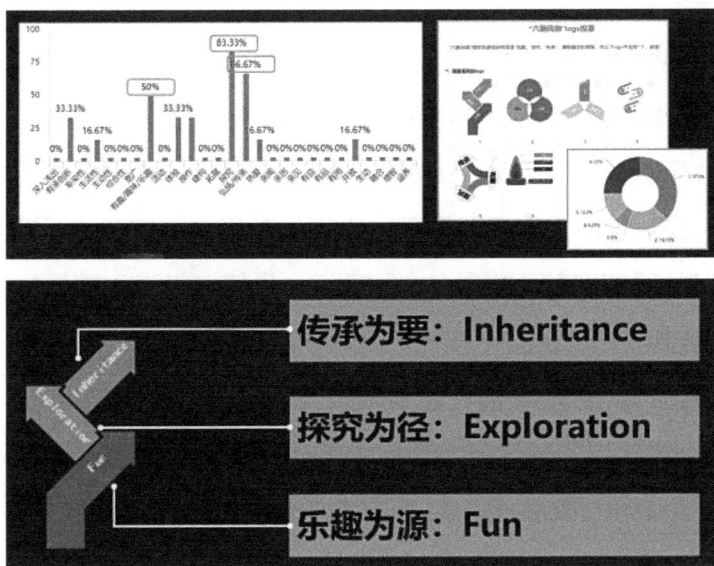

乐趣，Fun；探究，Exploration；传承，Inheritance。我们提取了英文单词的第一个字母，于是"FEI"就成了我们课程特质的简称。

以投票方式确定课程名称、特质，让每一位老师都深度卷入了课程开发之中。大家不再只是执行者，而是成为创生者、规划师，于是，课程就成了"我们"的课程。

第五步：梳理教材

现代教学论认为，要实现教学最优化，就必须实现教学目标最优化和教学过程最优化。教材的分析和教法的研究，正是实现教学过程最优化的重要内容和手段。教材梳理和分析，是我们备课中的一项重要工作，是我们进行教学设计的基础，是备好课、上好课、达到预期教学目标的前提和关键，对顺利完成教学任务具有十分重要的意义。

梳理教材，也是我们进行博物馆研学课程策划前的必做功课。现行的小学教材中，有没有与博物馆有关联的内容？我们团队分工协作，对语文、道德与法治、美术、科学等学科，1-6年级所有教材进行了全面梳理。

通过梳理，我们发现，所有学科都有相关内容，其中，美术是与博物馆联系最为紧密的学科，每个年段每本教材都有涉猎。其次，是科学学科。

通过教材梳理，我们在策划博物馆研学课程前明确了一项宗旨：人无我有，人有我优。也就是说，教材中已有的内容，我们加以提升；教材中没有的，我们进行拓展，绝不做学校教学的复读机。

第六步：开发课程

明确了目标、确立了特质、梳理了教材，做好了这些前期准备，我们开始开发课程。我们以"乐趣""探究""传承"为标准，对六朝博物馆所有陈列文物进行了细致的筛选：我对这件文物感兴趣吗？能不能开展动手实践的活动？是不是体现了古代劳动人民的聪明智慧？带着这3个问题，我们徜徉于六朝博物馆，或沉思，或犹豫，或拍案叫绝。

经过仔细斟酌，我们的1.0版课程推出了。

为了体现3个志愿服务团队研学课程的整体性，六朝博物馆提出，由他们指定核心文物，我们围绕核心文物进行课程开发。这就意味着，我们很可能要面对开发难度极大的文物，比如说"陶牛车及俑群"。这件东晋时期的文物，虽然再现了当时豪门贵族出行时前呼后拥的豪华场景，但开发怎样的实践活动呢？从哪儿体现祖先的智慧？办法总比困难多，我们再次进馆，实地考察研究。经过大家的集思广益，最终我们聚焦于展柜中的一件文物复制品：金陵第一路，研究"车辙为什么这么深"。

我们的2.0版课程，就是这样产生的。

表1 "六朝风物"博物馆研学活动主题一览表（1.0版）与 2.0版

第七步：设计流程

博物馆研学活动怎么开展？我旁听了一些研学活动，发现基本上是学校教学内容+博物馆文物介绍，这样的简单叠加，并没有真正发挥馆藏文物的教育价值。于是，我们根据自己的理解，尝试着提出了3步教学法。

教而不研则浅。

在开展博物馆研学活动的同时，我们也在查找资料，希望能够找寻到可资借鉴的成功经验，从而站在巨人的肩膀上，看得更远。踏破铁鞋无觅处，美国圣保罗博物馆磁石学校总结的博物馆流程这一学习模式让我们眼前一亮。这一学习模式基于博物馆专业人员研究和策展的四个阶段，以学习者主动学习为特点，其本身也是一种与学生一起创建展览，让学生在探究、实验、解释、展示的过程中获得全面发展的教育工具。

我们的研学活动是在博物馆开展的，我们面对的儿童都是父母通过预约系统报名的，他们来自南京市各所学校，年级不同，最小的是一年级，最大的是初中生，而且每次活动报名参加的儿童基本上没有重叠。

于是，根据实际情况，我们依托博物馆流程，制定了2.0版，即"4S"活动流程。

表2 博物馆研学活动"四步"活动流程（1.0版）与 2.0版：4S流程

第八步：创新教法

在具体的教学方法设计上，我们借鉴了认知学徒制。认知学徒制由美国认知心理学家柯林斯和布朗等提出，被视为一种教学模式或学习环境，强调培养学生的认知技能，即专家实践所需的思维、问题求解和处理复杂任务的能力。这种教学方法认为，学生的学习不能脱离相关知识应用的文化背景，否则容易导致学生只能获得无法应用的惰性知识。

　　但是，认知学徒制有一个主要的缺点，即大多数学校无法接触各种学科的专业人员。针对这一问题，我们对认知学徒制进行了改进。即在博物馆研学活动中，立足不同的学习环节，确定了"示范、辅导、脚手架、表达、反思、探索"等基本的教学方法；并根据不同角色的作用，明确了适合主讲人与志愿者使用的不同的活动教学方法。

　　依托认知学徒制，我们明确小学博物馆研学活动必须凸显"四个性"：教学情境真实性、教学过程生成性、学习共同体建设性、教学序列循序渐进性。教师注重"探究、示范、辅导、搭/拆脚手架、清晰表达、反思"，关注学生"探究、观察、讨论、协作、阐释、反思/修正"，从而共同解决复杂问题。

　　行动3：学生讲解，志愿服务

　　2020年岁末，迎着"馆校合作"的春风，锁金一小和六朝博物馆正式启动六朝青大手拉小手"小青莲"培养计划。

六朝青"小青莲"培养计划 招募

—— 小六希望你是这样的 ——

1、善于表达沟通，乐于传播家乡历史文化；

2、需保证至少服务满一年；每月至少有半天时间来馆；

3、年龄：**10-17周岁（四至六年级）**，身心健康，在南京生活、学习；

4、从馆内重点文物中自选1件，守护国宝，传承文脉。

—— 小六能为你做什么 ——

1、每位"小青莲"将成为六朝博物馆小志愿者；

2、获得馆方持续性专业指导培训；

3、参与馆方安排的相关系列评选活动；

4、服务期满，将获得馆方提供的志愿服务证书。

报名时间： 即日起——2021年1月23日（周六）12：00

报名方式： 单独回复班主任QQ："学生姓名+报名小青莲"。

　　锁金一小15位"小青莲"经过面试考核、现场培训、实战考核，从全市近200名同学中脱颖而出，于清明小长假正式上岗，为观众服务。他们利用课余时间，来到六朝博物馆志愿讲解，在解说过程中，探寻文物背后的历史根脉，挖掘文物深藏的精神内涵，展现了锁金一小学生优秀的文化素养。

　　2022年初，第一批"小青莲"届满结业，锁金一小又有15名同学经考核，加入了第二批"小青莲"行列。"接力守护国宝文物，传承家乡千年文脉"已经在锁一成为现实。

行动4：来到学校，进入课堂

　　经过3个学期的打磨，"六朝风物"博物馆研学课程已经在六朝博物馆落地生根。由于每次参加活动的同学都是以网上抢票的方式产生的，无法进行长效研究。为了放大博物馆研学课程的效用，探索馆校合作新路径，让更多的学生受益，我们决定，让这一研学课程来到学校、进入课堂。

　　2022年2月24日，六朝博物馆在南京全市确定首批馆校合作研学课程实验班级，南京市锁金新村第一小学六（3）班成为第一个馆校合作研学课程实验班级。王艳、蔡兰华、程媛媛、唐隽菁等老师，成为授课教师。通过一学期的博物馆研学活动，同学们爱上了博物馆、爱上了南京城。

　　从最初的团队志愿者服务协议的签订，到社会实践基地的挂牌，再到馆校合作共建协议的正式签约，通过多元的馆校合作形式，实现着博物馆与学校教育的"双向奔赴"。

成效：博物馆研学活动让我们走向更美好未来

　　博物馆研学课程策划与实施，我们收获满满。

　　2021年3月25日，我工作室与锁金一小联合开发的"六朝风物激爱国情，文化自信立强国志"研学课程被南京市教育局评为2020年南京市优秀研学实践教育课程。

　　2022年5月，在南京市文化和旅游局、南京市教育局联合举办的"2022年度南京市等级博物馆教育精品课例"评比活动中，六朝博物馆联合我工作室开发的"六朝风物——为何不可出国出境"项目被评为精品课例。

　　2021年6月，中共南京市锁金新村第一小学支部委员会"六朝风物激爱国情，文化自信立强国志"党建文化品牌，被中共南京市委教育工作委员会授予"南京市中小学校党建文化品牌示范点"称号。

2022年1月，锁金一小联合我工作室研发的"六朝风物激爱国情，文化自信立强国志"立项成为2021年南京市中小学品格提升工程项目。

2022年1月6日，我工作室被评为2021年度六朝博物馆"优秀志愿团队"。

2021年12月，成功申报南京市小学道德与法治名师工作室，我们又踏上了新的征程，开启了新的篇章。

乐趣

探究

传承

让我们在馆校合作中

贯彻党的教育方针，协同落实立德树人根本任务

共同培养有理想、有本领、有担当的时代新人

（本文是在 2021 年 12 月 25 日"馆校合作·博物馆课程开发与实践工作坊〔第四季〕"活动上的发言，略作修改。）